PARIS SOUS L'OBJECTIF

1885/1994

Un siècle de photographies
à travers les collections de la Ville de Paris

HAZAN

Comité d'honneur

Jean Tiberi	Maire de Paris
Hélène Macé de Lépinay	Adjoint au Maire de Paris chargé des Affaires culturelles
Patrick-Olivier Picourt	Adjoint au Maire de Paris chargé des relations internationales
Jean Digne	Directeur de l'Association française d'action artistique Ministère des Affaires étrangères
Jean Gautier	Directeur des Affaires culturelles de la Ville de Paris
Henri Vignal	Délégué général aux relations internationales de la Ville de Paris
Henry Chapier	Président de la Maison européenne de la photographie
Jean-Marie Borzeix	Président de l'Agence culturelle de Paris

Comité d'organisation

Emmanuel Daydé	Directeur-adjoint des Affaires culturelles de la Ville de Paris
Anne-Marie Imbert-Tabaste	Sous-directeur chargé de la coordination administrative et financière Direction des Affaires culturelles de la Ville de Paris
Patrice Obert	Sous-directeur chargé des richesses artistiques Direction des Affaires culturelles de la Ville de Paris
Isabelle Secrétan	Chef du bureau des musées Direction des Affaires culturelles de la Ville de Paris

Commissariat

Anne Cartier-Bresson	Conservateur du patrimoine, responsable de l'Atelier de restauration et de conservation des photographies de la Ville de Paris

Remerciements

Cette exposition n'aurait pas été possible sans la collaboration des chefs d'établissement des institutions suivantes :
Jean Dérens, conservateur général de la Bibliothèque historique de la Ville de Paris,
Jean-Marc Léri, directeur du musée Carnavalet - Histoire de Paris,
Jean-Luc Monterosso, directeur de la Maison européenne de la photographie,
Suzanne Pagé, directeur du Musée d'art moderne de la Ville de Paris.
Nous tenons à remercier pour leur contribution et leur disponibilité : Gérard Audinet, Liza Daum, Pascal Hoël, Françoise Reynaud, Catherine Tambrun, ainsi que Ghyslaine Badezet et Sophie Boulé.
Pour leur soutien au projet et leur aide amicale :
Jean-Christophe Ballot, Édouard Boubat, Henri Cartier-Bresson, Jean-Philippe Charbonnier, Claude Dityvon, Martine Franck, Jean-Claude Gautrand, Mimmo Jodice, Michaël Kenna, William Klein, François Le Diascorn, Marc Le Méné, Jean-Luc Moulène, Jean-Claude Mouton, Marc Riboud, Willy Ronis, Jean-Loup Sieff, Keiichi Tahara, Ilan Wolff, et Martine d'Arc, Pierre Bonhomme, Gilberte Brassaï, Francine Deroudille, Marie-Thérèse Dumas, Véronique de Fenoyl, Lucien et Judith Hervé, Louise Izis-Bidermanas, Agnès Sire.

Nous sommes reconnaissants pour leur aide à la réalisation de l'exposition, pour les reproductions et pour le montage des œuvres exposées à l'ensemble de l'équipe de l'Atelier de restauration et de conservation des photographies de la Ville de Paris et plus particulièrement Fabienne Deroux, Daniel Lifermann et Sandra Saïd.
Nous remercions également les Ateliers des musées à Ivry-sur-Seine, qui ont assuré l'encadrement des œuvres, ainsi que les laboratoires Publimod'Photo et Pictorial Service pour les tirages qu'ils ont effectués.

Enfin cette exposition a été conçue à la suggestion du service des relations internationales de la Direction des affaires culturelles et nous remercions pour leur participation efficace, Antonia Bacchetti, Géraldine Fanara, Odile Froument et Sydney Peyroles.

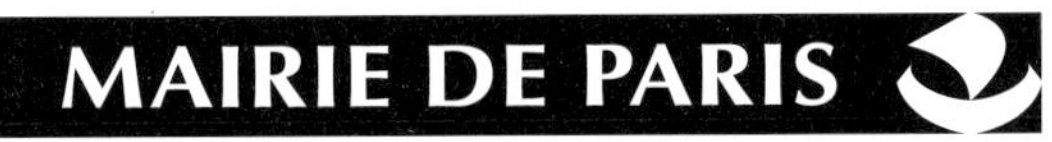

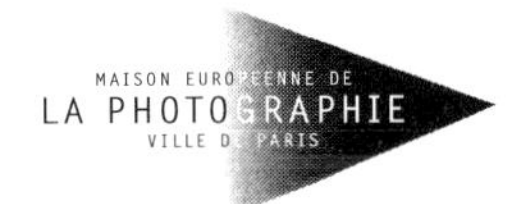

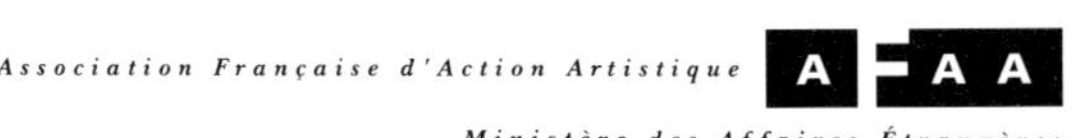

Agence culturelle de Paris / Paris Bibliothèques

Ever since the early days of photography, Paris has fascinated photographers. Over the years its streets, its monuments, its inhabitants, its gardens, and its skies have been as rich a source of inspiration to them as to painters and writers.

What is more, if Paris has always been and is still loved by photographers, the feeling is entirely mutual.

The Maison européenne de la photographie, a unique institution respected and admired by all, has been set up with the express aim of supporting the work of photographers. Their work charts the development of our city, our society, and our time. "It is not the sociologists who probe life's depths, it is the photographers, said Brassaï." They are the observers at the very heart of our age.

Atget recorded a Paris that was fast disappearing. Doisneau and Cartier-Bresson captured what happened in the street, in a public garden, through a window: a smile, a glance, brief moments of life. Younger photographers, like Moulène, Mouton, and Wolff, cast a lively, inquisitive eye over the city and catch the sparkle and bustle of metropolitan life. Now, as always, the photographer of Paris is, in the words of William Klein, "the person who is there when it happens."

This exhibition, "Paris sous l'objectif," will be seen in a number of cities around the world. It bears witness to the multitude of different ways in which photographers view Paris, presenting us with a city that is lively, changeable, and often deeply moving.

JEAN TIBERI

Mayor of the city of Paris

Dès les débuts de la photographie, Paris a fasciné les photographes. Ses rues, ses monuments, ses habitants, ses jardins ou ses ciels les ont inspirés autant qu'ils ont séduit les peintres ou nourri l'imagination des écrivains.

Mais si Paris a été et reste aimée des photographes, elle le leur rend bien.

De véritables liens unissent aujourd'hui les artistes à notre ville.

La Maison européenne de la photographie, institution unique et reconnue par tous, a été créée précisément dans le but de marquer la volonté de la Ville de Paris de soutenir le travail des photographes. Leurs œuvres retracent l'évolution de notre ville, de notre société, de notre époque. « Ce ne sont pas les sociologues qui pénètrent les choses, disait Brassaï, mais les photographes, qui sont des observateurs au cœur même de notre temps. » Paris n'a cessé d'être au cœur du temps de la photographie.

Atget enregistre un Paris qui disparaît, Doisneau, Cartier-Bresson traquent ce qui passe dans la rue, dans un square, derrière une fenêtre, un sourire, un regard, des instants de la vie. Les plus jeunes, Moulène, Mouton ou Wolff, portent un regard nerveux et vif sur notre ville, qui est le reflet de la vie trépidante des grandes métropoles.

Le photographe parisien, dans tous les cas, est aujourd'hui comme hier « celui qui se trouve là quand ça se passe », pour reprendre la définition de William Klein.

L'exposition « Paris sous l'objectif », qui, après Paris, sera présentée dans plusieurs villes du monde, témoigne de la multiplicité de tous ces regards de photographes qui nous restituent un Paris vivant, changeant et souvent émouvant.

Jean TIBERI

Maire de Paris

The city of Paris, aware of the richness of the photographic archives in the city, has done its best to support and promote it's photographie patrimony. The Mois de la Photographie, a month-long biennial event organized by the city of Paris, has gained international recognition. A number of other cities have been inspired by its success to create events of their own.

A number of cultural institutions in the city archives, specialized libraries, museums and now the Maison européenne de la photographie hold important collections of both historical and contemporary photographs, and benefit from a generous acquisitions policy.

In response to the need to preserve this heritage, the Atelier de restauration et de conservation des photographies was in 1983. This pioneering conservation center, the first of its kind in Europe, serves all the photographic collections owned by the city of Paris.

Because photography is a living activity and a living art, the city of Paris has established a policy of support through grants and commissions, which aims to foster young talents as well as to promote the work of well-recognized photographers. The city of Paris anvally awards a for photography Grand Prix.

I am delighted to note that this exhibition, "Paris sous l'objectif," covers all aspects of our support of photography.

I hope that the public, both in France and elsewhere, will look beyond the beguiling images and recognize the strength of the ties that unite talent with perfectionism and knowledge.

HÉLÈNE MACÉ DE LÉPINAY

Deputy mayor of the city of Paris, in charge of cultural affairs

Depuis le début des années 1980, la Ville de Paris, consciente de la richesse de son patrimoine photographique, s'attache à soutenir et promouvoir la photographie. Pour ce qui concerne la diffusion du patrimoine, le Mois de la Photographie à Paris, Biennale organisée par la Ville de Paris, est devenu une manifestation reconnue dans le monde entier. Son succès toujours croissant a déjà inspiré plusieurs autres villes.
De nombreuses institutions culturelles – archives, bibliothèques spécialisées, musées ou plus récemment la Maison européenne de la photographie – sont à la tête de fonds photographiques historiques ou contemporains prestigieux et bénéficient d'une importante politique d'acquisition.
D'autre part, et afin de répondre à la mission de préservation du patrimoine, l'Atelier de restauration et de conservation des photographies a été créé en 1983. Cet atelier, pionnier en Europe, profite à l'ensemble des collections photographiques de la Ville.
La photographie étant une activité et un art vivants, la Ville de Paris a mis en œuvre une politique d'aide à la création à travers des bourses ou des commandes passées à des photographes dans le souci de promouvoir de jeunes talents autant que de soutenir des photographes reconnus. La Ville de Paris a également créé un Grand Prix annuel de la photographie.
Je me félicite de constater que la conception de l'exposition « Paris sous l'objectif » prend en compte tous les aspects de notre action en faveur de la photographie.
Je souhaite que le public, tant français qu'étranger, perçoive au-delà de la magie des images, la force des liens qui unissent le talent, l'exigence et le savoir

HÉLÈNE MACÉ DE LÉPINAY
Adjoint au Maire de Paris, chargé des Affaires culturelles

Cette exposition itinérante est le fruit d'un travail entrepris avec les quatre grandes collections photographiques de la Ville de Paris. Les quatre-vingt-quatre images sélectionnées nous ont semblé représentatives, d'une part des collections, et d'autre part des concordances qui apparaissent au fil du temps entre les transformations de la ville et le mode d'approche des photographes. Elles proposent un parcours qui s'ouvre à la fin du siècle dernier, période de mutation technologique et d'éclatement des pratiques, sans précédent dans l'histoire de la photographie. Celle-ci quitte en effet le domaine artisanal et l'époque où le photographe, qui devait fabriquer ses couches sensibles lui-même, était moitié chimiste moitié magicien, pour se plonger dans la société industrielle dans laquelle il devient l'utilisateur de produits préfabriqués. Les nouvelles industries photographiques qui prennent le relais des inventions dictent des choix techniques dont des photographes comme Atget, attachés à la qualité inégalée des méthodes de tirage du XIXe siècle, feront rapidement les frais. D'autres, au contraire, comme Godefroy, tout en gardant leurs négatifs sur verre de grand format, utiliseront rapidement les nouveaux supports, plus fonctionnels et plus rapides. La pratique de la photographie, facilitée et donc plus proche de la vie quotidienne, évolue dans un monde qui bouge. À la fin de la Première Guerre mondiale, l'avènement des techniques modernes fondées sur les négatifs de petit format et sur l'agrandissement des tirages, permet de privilégier les images prises sur le vif et de développer une sensibilité et un rapport particulier au monde – traits caractéristiques de la photographie française de l'entre-deux-guerres.

Ces mutations technologiques accompagnent celles de la ville. Paris se transforme sous l'objectif des photographes. Les travaux et les grands chantiers parisiens – comme celui du métro – sont enregistrés par eux et vont nourrir les archives photographiques des institutions municipales. Si un siècle est un temps suffisant pour évaluer les modifications de styles et de techniques, ce temps fut pourtant nécessaire pour prendre en compte le statut spécifique des images et parvenir à un consensus sur leur valeur intrinsèque.

Parmi les institutions historiques de la Ville de Paris, rares sont celles qui ne possèdent pas de photographies. Celles-ci proviennent de dons, achats ou commandes à des photographes indépendants ou attachés aux services municipaux. Ces fonds anciens ont d'abord été utilisés en tant que source documentaire, comme ce fut le cas du musée Carnavalet ou de la Bibliothèque historique de la Ville de Paris, qui à l'origine ne formaient qu'une seule institution. L'importance et la richesse de ces fonds sont représentées ici par les œuvres de la première période de l'exposition. Les auteurs comme Atget, Godefroy, Ménanteau ou les thèmes comme les crues de la Seine de 1910, la construction du métro, se retrouvent dans diverses collections municipales, parfois avec un mode de classement différent.

Ainsi, la Bibliothèque historique est orientée vers l'iconographie parisienne et plus particulièrement vers l'évolution de la ville ou l'histoire de ses habitants. Dans cette optique, elle s'intéresse également aux fonds de négatifs, comme ceux de Godefroy, René-Jacques, Thérèse Bonney ou ceux de la construction du métro provenant de la Direction de la voirie. Ces fonds, très prestigieux, ont fait l'objet d'une réévaluation qui prend désormais en compte leur insertion dans l'histoire de la production photographique à Paris. Les acquisitions restent néanmoins éloignées d'une problématique liée à la notion d'œuvre originale, comme on le voit dans le fonds très important recueilli récemment par la Bibliothèque des archives de presse de *Paris-Soir* et *France-Soir*.

Les collections du musée Carnavalet retracent, elles, l'histoire de Paris à travers les œuvres d'art. Les fonds historiques et les photographies anonymes, au fil des recherches ou des traitements de restauration, sont progressivement reclassés par noms d'auteurs. Les acquisitions, qui s'élaborent depuis le début des années 1980 sur la notion de photographie originale, se caractérisent par un intérêt pour les œuvres historiques importantes ou pour la diversité des courants composant la photographie actuelle. Les épreuves choisies pour l'exposition reflètent bien cette articulation entre les diverses époques. Les photographies de Marc Le Méné, Michael Kenna ou Keiichi Tahara s'éloignent de toute signification explicite ou référence obligée au sujet et traitent la matière photographique de façon très personnelle, avec des images parfois énigmatiques. Dans un état d'esprit différent mais qui s'appuie également sur une culture des procédés photographiques historiques, Ilan Wolff retrouve les prises de vue au sténopé et les utilise comme un champ exploratoire des formes.

Les deux autres institutions présentées dans le cadre de l'exposition n'ont plus de lien direct avec une documentation ou des sujets parisiens.

Le Musée d'art moderne s'intéresse aux œuvres photographiques du XXe siècle dans le contexte d'une production artistique globale et en liaison, donc, avec les autres disciplines. Les acquisitions ont été effectuées prioritairement en fonction de projets d'expositions ou à la suite de commissions d'achats ou de dons. Dans un premier temps, le musée s'est d'abord enrichi de nombreuses épreuves de photographes humanistes concernant principalement les années 1930-1970. L'ARC, département contemporain du musée, actif en matière de photographie dès la fin des années soixante, a contribué à porter l'attention sur les œuvres produites par des plasticiens utilisant la photographie, en particulier avec l'exposition « Ils se disent peintres, ils se disent photographes », présentée en 1981. Plus récemment, la politique d'acquisition s'est tournée vers des œuvres contemporaines appartenant à la scène européenne. Ainsi celles de Moulène, de très grand format, participent à une recherche formelle, qui s'appuie sur une démarche artistique picturale. Jean-Claude Mouton, qui obtient une bourse de la Ville de Paris en 1994, emploie, contrecollées dans un ordre interchangeable, des images de petit format, proches des réalisations de la photographie d'amateurs. Sa mise en espace des images confrontées les unes aux autres, rejoint également, dans un registre différent, des courants esthétiques qui dépassent la seule photographie.

La Maison européenne de la photographie est la plus récente des institutions municipales. Tournée vers un programme intensif d'expositions temporaires, la plupart du temps monographiques, elle abrite, autour d'un centre de recherche sur l'image, une collection de photographies contemporaines internationales. Pour respecter l'esprit qui anime cette « maison du regard », les œuvres de l'exposition qui en proviennent, de Kertész à Mimmo Jodice, montrent plusieurs épreuves d'un même auteur afin de permettre une meilleure compréhension de leur approche. Afin d'être cohérentes avec le projet artistique de la Maison, elles traduisent une attention spécifique envers le médium photographique. Ce parti pris a l'avantage de nous permettre de suivre dans le temps les ruptures, les continuités ou même les récurrences de vision entre les auteurs. Il est ainsi frappant de voir que la manière de traiter frontalement l'architecture dans des images récentes telles que celles de Jean-Christophe Ballot ou de Pierre de Fenoyl, n'est pas étrangère à celle employée par certains photographes classiques de la fin du siècle dernier.

Dans le contexte d'une exposition qui se doit de suivre les lignes directrices de quatre collections photographiques, il fallait enfin tenir compte de la nature des tirages et des techniques de prise de vue, non seulement pour des raisons esthétiques, mais également pour pouvoir situer les photographes dans leur époque.

Conscients donc de l'importance de préserver les tirages originaux acquis par les collections, le principe d'une exposition itinérante, largement diffusée autour du monde, nous obligeait à trouver des solutions acceptables pour leur conservation. S'agissant de tirages argentiques ou de divers procédés en couleurs, ces images sont en effet composées de matériaux particulièrement fragiles et donc très sensibles aux variations climatiques et aux expositions répétées à la lumière. Nous avons donc choisi de proposer au public des reproductions de qualité, fidèles à l'esprit des originaux conservés dans nos collections. Pour la période la plus ancienne et lorsque nous n'avions pas accès aux négatifs, nous avons effectué des contretypes. La même solution a été adoptée lorsque les négatifs originaux étaient trop abîmés, comme ce fut le cas des deux clichés en nitrate de cellulose de Godefroy. Les tirages récents ont été effectués sur des émulsions gélatino-argentiques et parfois virés pour obtenir une tonalité proche des œuvres reproduites.

Pour les périodes moderne et contemporaine, les photographes ont contrôlé les modes de tirage de leurs nouvelles épreuves, certains d'entre eux, particulièrement attentifs à leur rendu final, ayant effectué eux-mêmes les nouveaux tirages. Les techniques artisanales de virage employées par Marc Le Méné et Michael Kenna ont donné par ailleurs un aspect visuel légèrement différent à ces originaux de « deuxième génération ».

Tout ponctuel qu'il soit, ce parcours, qui voudrait inviter le public à aller voir de plus près les originaux, a souhaité dégager les grandes lignes qui président au mode d'utilisation des photographies dans les collections. Il montre bien en tout cas que la force inégalée de ces images provient de la grande variété d'intérêts et d'interprétations qu'elles permettent. Parfois liées à la mémoire, parfois à l'imaginaire ou au pur plaisir esthétique, elles s'imposent souvent avec la force d'un constat face à la réalité sociale d'une ville et d'une époque.

Anne Cartier-Bresson

This touring exhibition is the fruit of a project undertaken jointly with the four major photographic collections belonging to the city of Paris. The eighty-four images selected are those that seem to us most representative of the collections, as well as of the parallel processes of transformation that emerge from the history of the city and from the work of its photographers.

The path begins at the end of the last century, when traditional photographic practices were being abandoned in a period of unprecedented technological change. Photographers turned away from their craft techniques – in which they made their own photosensitive coatings and were half chemists, half magicians – and took the plunge into an industrial society, where they became consumers of prefabricated products. The business of technological innovation was taken over by new photographic industries; these dictated a set of practical options that were to be the decline of photographers like Atget, who clung to the unequalled perfection of nineteenth-century printing methods. Others, like Godefroy, kept their large-format glass plates but quickly switched to the new photographic papers, which were more practical and faster.

Now that the practice of photography had become easier, it drew closer to everyday life in a fast-evolving world. At the end of the First World War, the advent of modern techniques, based on enlargement from small-format negatives, made possible more spontaneous shots and the development of individual sensibility and approach – one of the outstanding characteristics of French photography during the period between the two world wars.

Technological advancement was accompanied by changes in the look of the city. Photographers looked on while Paris transformed itself. They recorded the public works and the great construction projects, such as the métro, which feature prominently in the photographic archives of municipal institutions. A century is ample time in which to assess changes in style and technique; but it must be noted that it has also taken all this time for the specific status of photographic images to be recognized, and for a consensus concerning their intrinsic value to emerge.

Virtually all the historical institutions of the city of Paris have photographic collections of their own, whether acquired through donation, purchase, or direct commissions to photographers (both freelance and staff). The initial role of these archives was a documentary one, as in the case of the musée Carnavalet and the Bibliothèque historique de la Ville de Paris, which were originally one and the same institution. Some idea of the wealth of their holdings is conveyed by the work in the earliest chronological section of this exhibition. Photographers such as Atget, Godefroy, and Ménanteau, and themes such as the Seine floods of 1910 and the construction of the métro, reappear in a number of different municipal collections, often under different systems of classification.

Thus the Bibliothèque historique takes an interest in the iconography of Paris, mainly as a reflection of the evolution of the city and the history of its inhabitants. This being the case, it ivalues not only prints but also negatives, such as those of Godefroy, René-Jacques and Thérèse Bonney, and been reassessed, and they now take their rightful place in the history of photography in Paris. Here, however, the criteria for accession are not based on a quest for original, as witness the Bibliothèque historique's recent acquisition of a major body of work from the photographic archives of the newspapers *Paris-Soir* and *France-Soir*.

The collections of the musée Carnavalet trace the history of Paris through works of art. An ongoing program of research and restoration is enabling the historical archive and anonymous photographs to be identified and gradually reclassified under the photographer's name. Since the early 1980s, the museum has treated photographs as original works for acquisition purposes. Its efforts have been concentrated in two directions: significant historical work, and the wide range of styles and tendencies that characterizes contemporary photography. The prints chosen for this exhibition are a good reflection of this encounter between different periods. Marc Le Méné, Michael Kenna, and Keiichi Tahara avoid explicit significance and obligatory reference to the subject; their photography is highly personal, and at times their images are enigmatic. In a different state of mind, rooted in a culture of historic techniques, Ilan Wolff rediscovers the pinhole camera and uses it to search out form.

The two other institutions represented in this exhibition have no direct link with Parisian archives nor with Parisian subject matter.

The Musée d'art moderne de la Ville de Paris sees twentieth-century photography within the context of modern art as a whole, and thus in association with other disciplines. It acquires work in a number of ways: in preparation for an exhibition, through commissions, through donation, and by purchase and by donation. In an initial phase, the museum acquired numerous prints by humanist photographers, mostly taken between 1930 and 1970. The ARC, the museum's contemporary department, which has been actively collecting photography since the late 1960s, has contributed to public awareness of visual artists as photographers, notably in the exhibition "Ils se disent peintres, ils se disent photographes" (They Call Themselves Painters, They Call Themselves Photographers, 1981). More recently, the Museum's acquisition policy has tended towards contemporary work on the European scene. Thus there are the photographs of Moulène, which are large-size prints that take part in an exploration of form, based on the history of pictorial concerns. Jean-Claude Mouton, who was awarded a city of Paris grant in 1994, uses small photographic images mounted in a variable order, which are meant to evoke the work of amateurs. His spatial arrangements of juxtaposed and contrasted images afford one instance, among many, of work that has a place in artistic contexts far beyond photography as such.

The Maison européenne de la photographie (MEP) is the youngest of the municipal institutions represented here. It concentrates on an intensive program of temporary exhibitions, most of them devoted to the work of individual photographers. As well as a photographic research center, it houses an international collection of contemporary photography. To convey some idea of the MEP's approach, and in keeping with its spirit, each of the artists shown in this section of the exhibition, – from André Kertész to Mimmo Jodice –, is individually represented by a number of prints. In keeping with the artistic policy of the MEP, the works are marked by a specific concentration on the photographic medium, which allows us to trace through time the continuities, discontinuities, and even recurrences of the artistic vision. Such work as that of Jean-Christophe Ballot or Pierre de Fenoyl, dating from 1994, treats architecture in a frontal manner, strikingly reminiscent of some of the classic photographers of the late nineteenth century.

In the context of an exhibition committed to tracing the identities and policies of four separate photographic collections, it has also been necessary to take into account the nature of the prints and shooting techniques, not only for aesthetic reasons but also in order to give a notion of the context in which each of the photographers were working.

In view of the importance of preserving the original prints acquired by the collections, the prospect of a worldwide tour confronted us with the need to find suitable methods of conservation. Silver prints and a variety of color processes involve exceptionally delicate materials that are highly susceptible to climatic variations and to repeated exposure to light. We have therefore opted to present these works to the public through high-quality reproductions, faithful to the spirit of the originals. For the earliest works, where no negatives are available, we have made copy prints. The same procedure has been adopted wherever the original negatives are in a poor condition, as is the case with the two cellulose nitrate negatives by Godefroy. The new prints have been done with gelatin silver emulsions and, in some cases, toned to obtain an effect close to that of the works being reproduced.

For the modern and contemporary periods, the photographers have personally supervised the production of new prints; and some of them, in their concern for the perfection of the final result, have done their own printing. The toning techniques employed by Marc Le Méné and Michael Kenna lend a slightly different look to these second-generation originals.

Incomplete though it undoubtedly is, this survey sets out to outline the main ways in which the photographs in these collections are used, in the hope that this will encourage the public to go and take a closer look at the original prints. In any case, it will demonstrate that the unequalled power of these images stems from the great variety of interests and interpretations that they invite. Sometimes they appeal to the memory, sometimes to the imagination, sometimes to a pure sense of aesthetic pleasure; very often, they convey the directness of a confrontation with the social reality of a city and of an age.

ANNE CARTIER-BRESSON

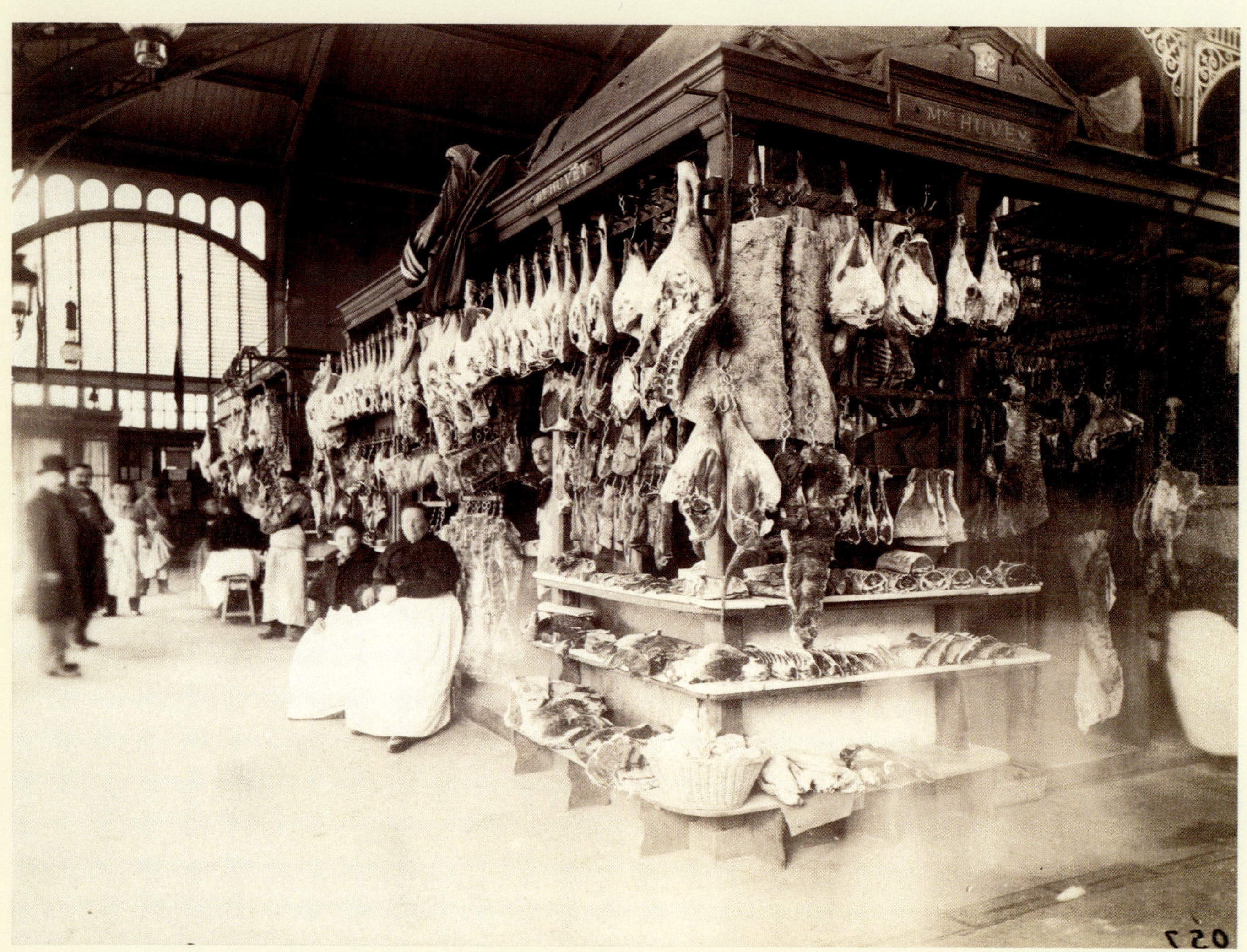

EUGÈNE ATGET. *Les Halles (boucherie)*, vers 1900.

1885 - 1920

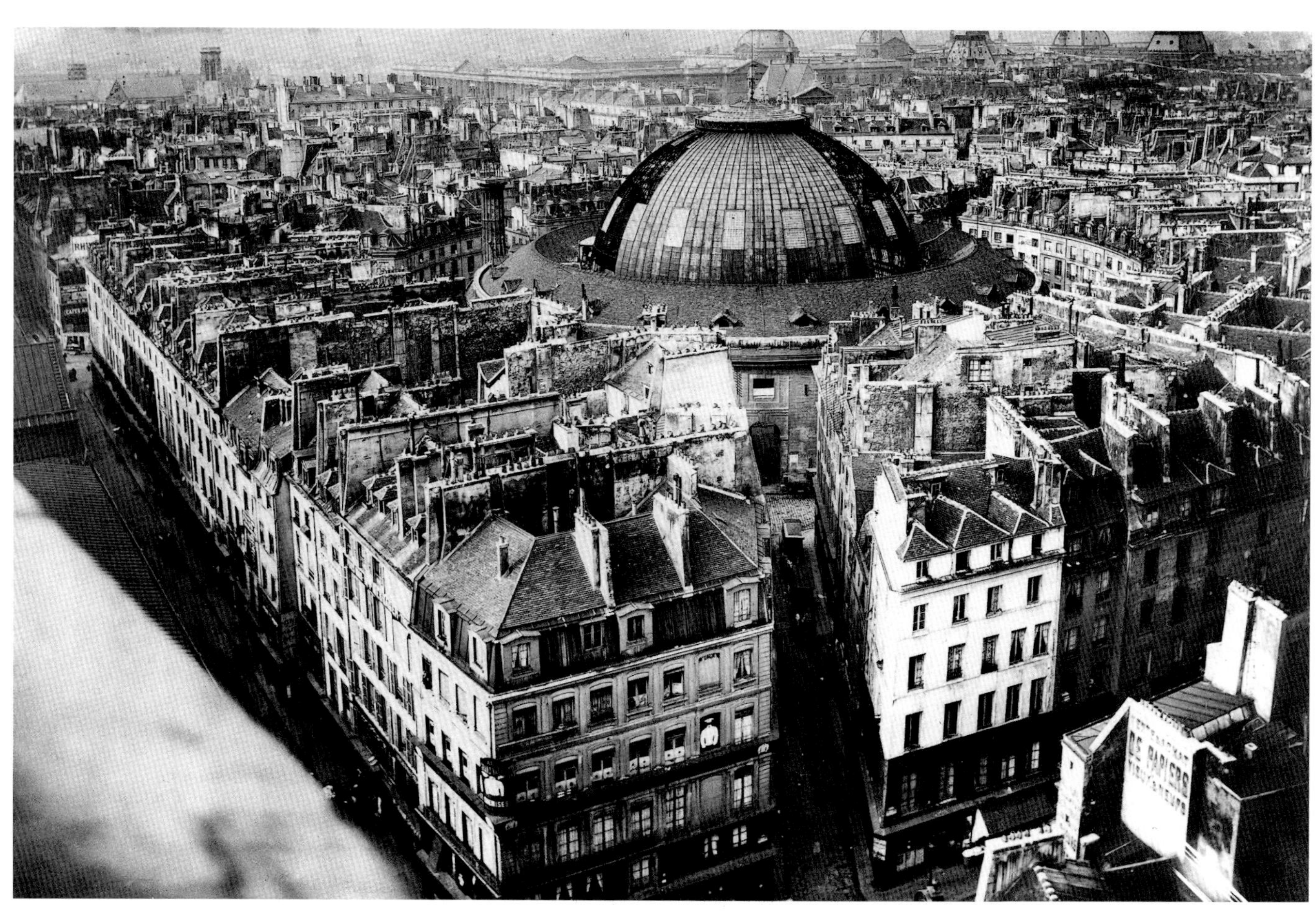

HENRY GODEFROY. *La Halle au blé et ses abords*, 1885.

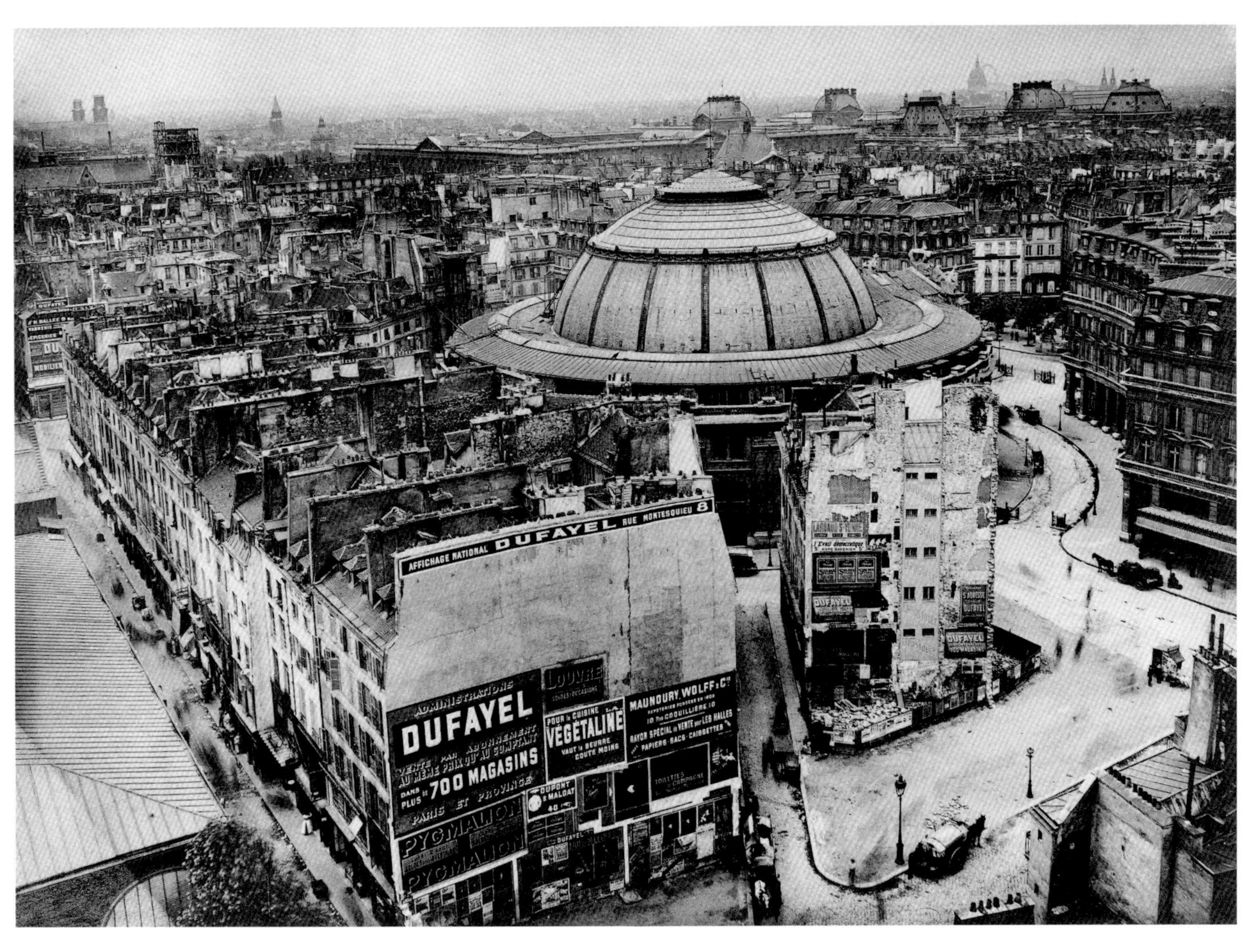

HENRY GODEFROY. *La Bourse du commerce (ancienne Halle au blé) et ses abords,* 1909.

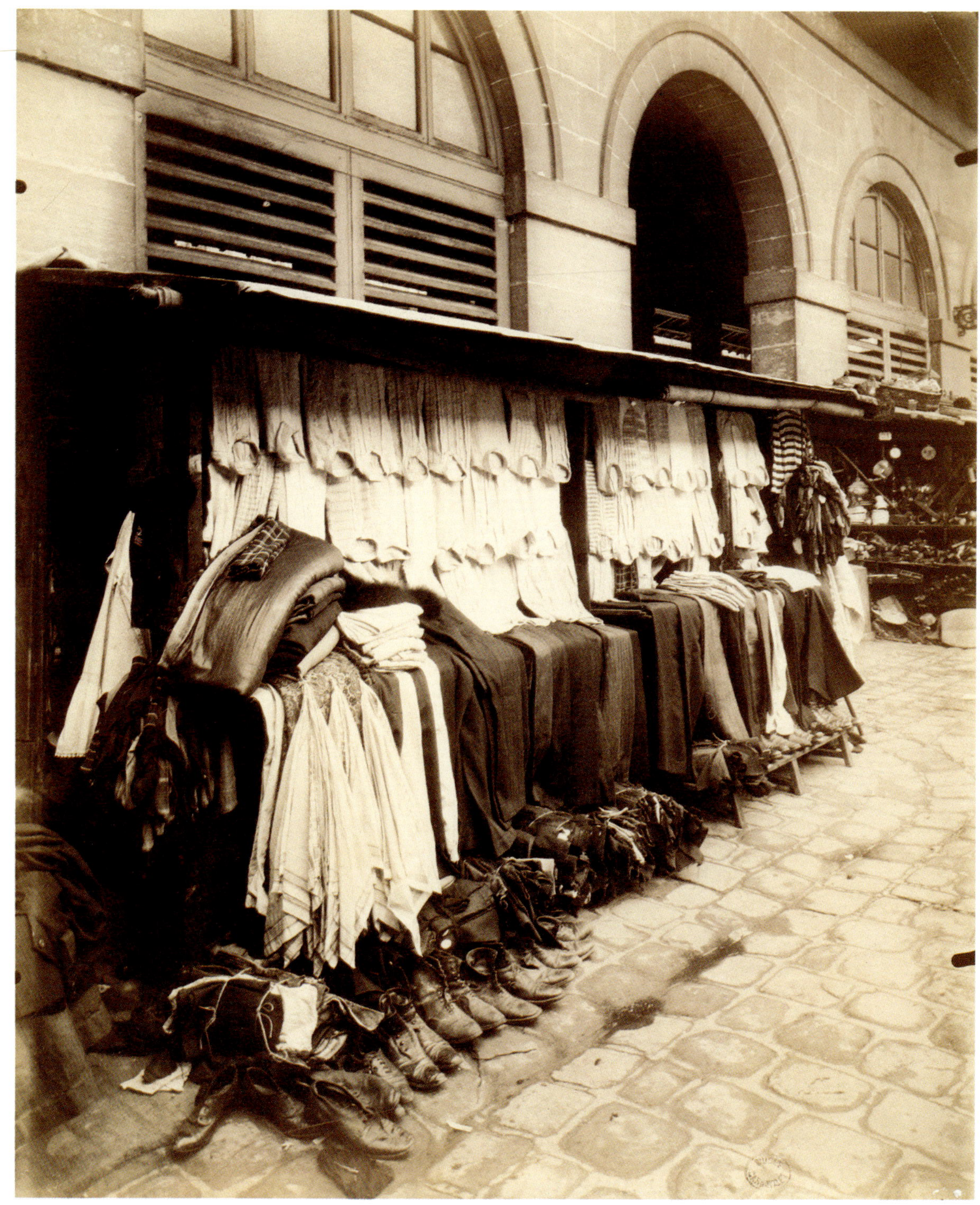

EUGÈNE ATGET. *Marché des Carmes*, vers 1907.

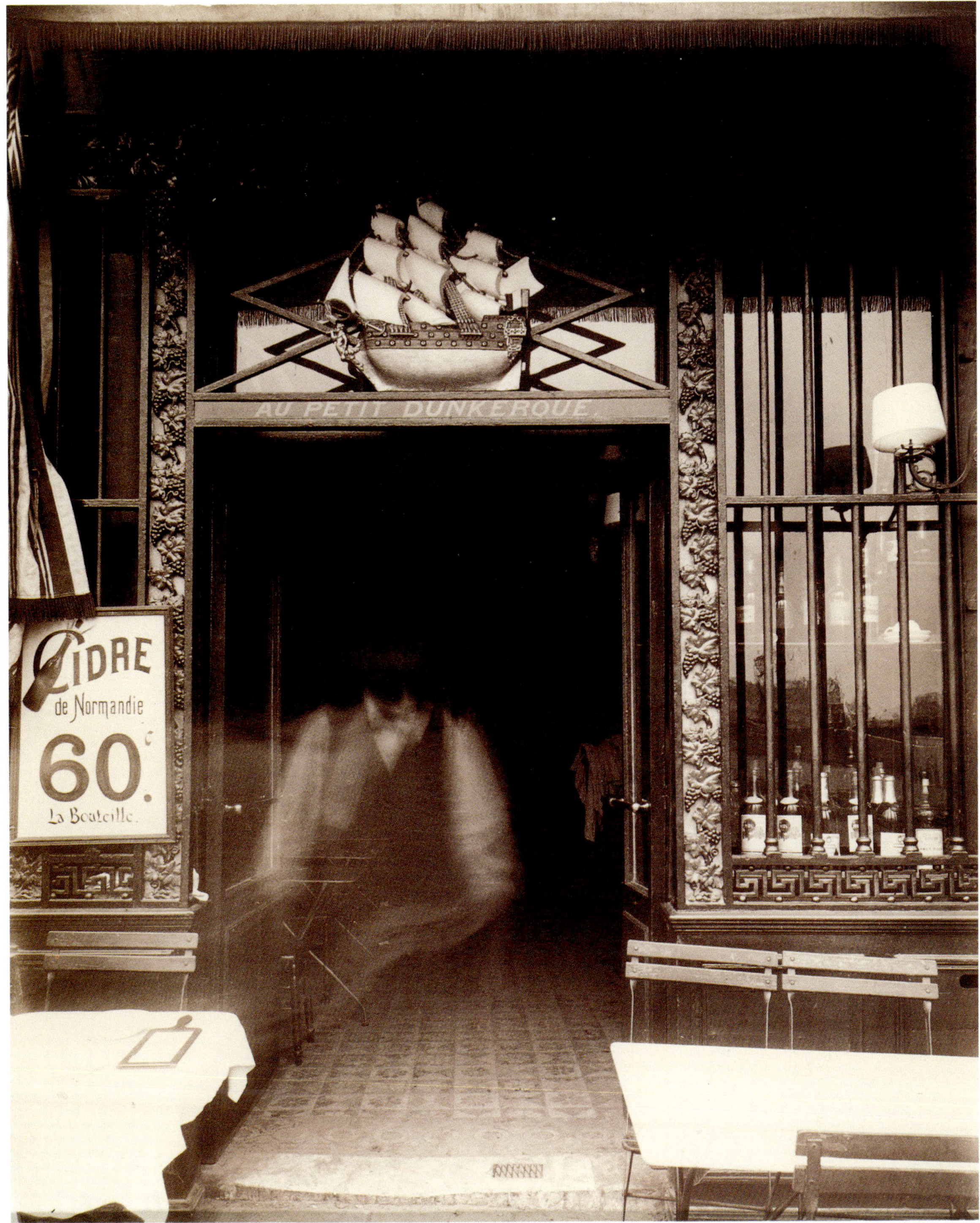

EUGÈNE ATGET. *Au Petit Dunkerque - quai de Conti*, vers 1900.

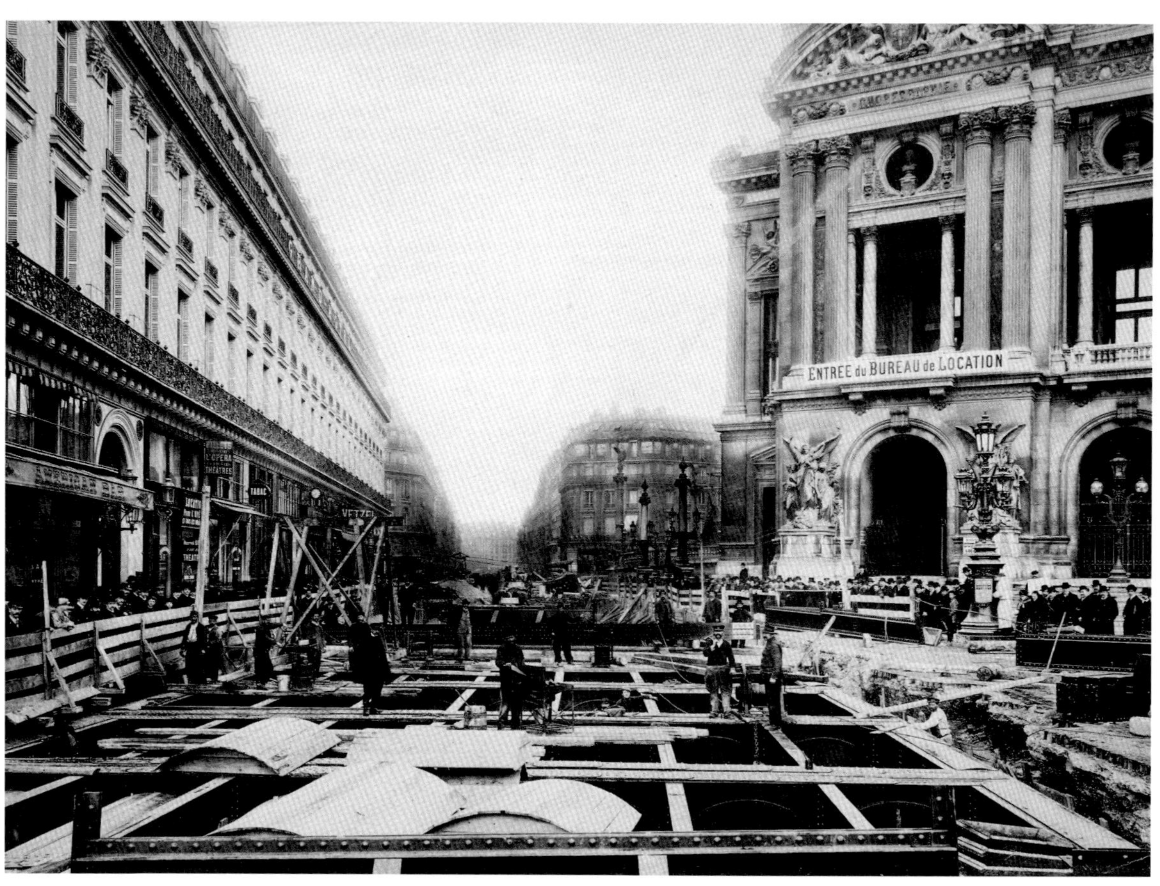

ANONYME. *Construction du métropolitain, place de l'Opéra,* 1903.

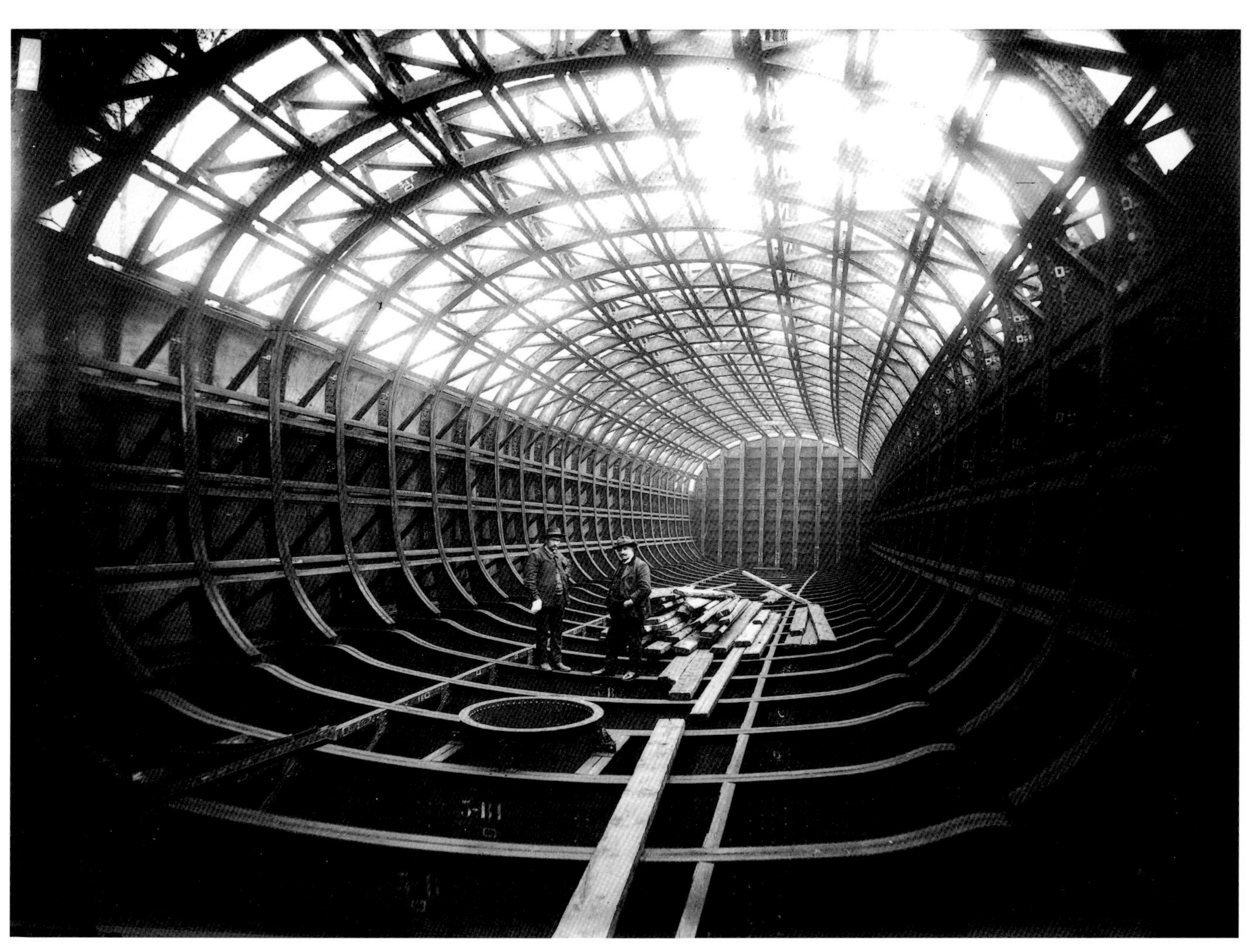

GODEFROY MÉNANTEAU. *Métropolitain. Intérieur de caisson en construction,* 1905.

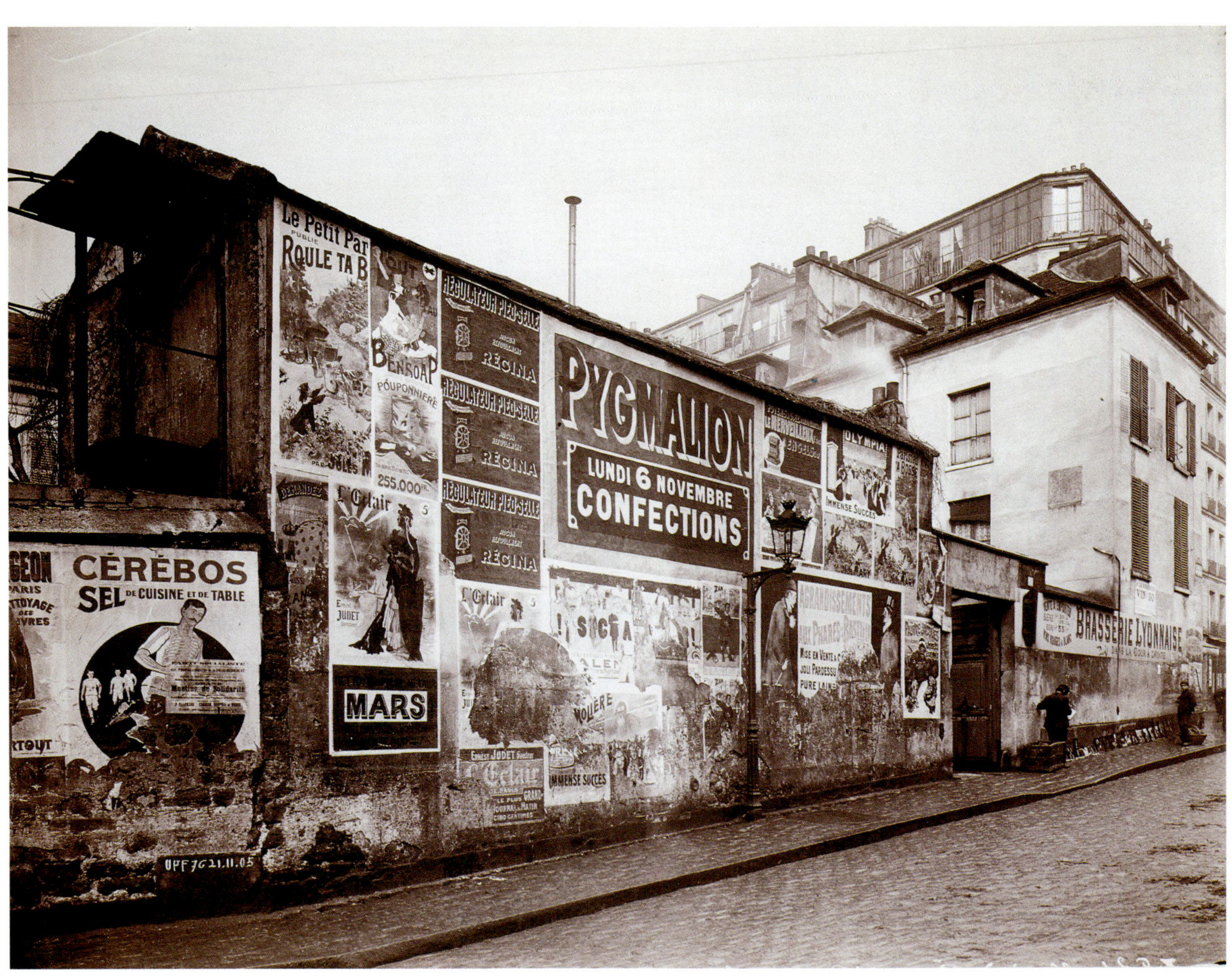

ANONYME. *Rue d'Angoulême*, 1905.

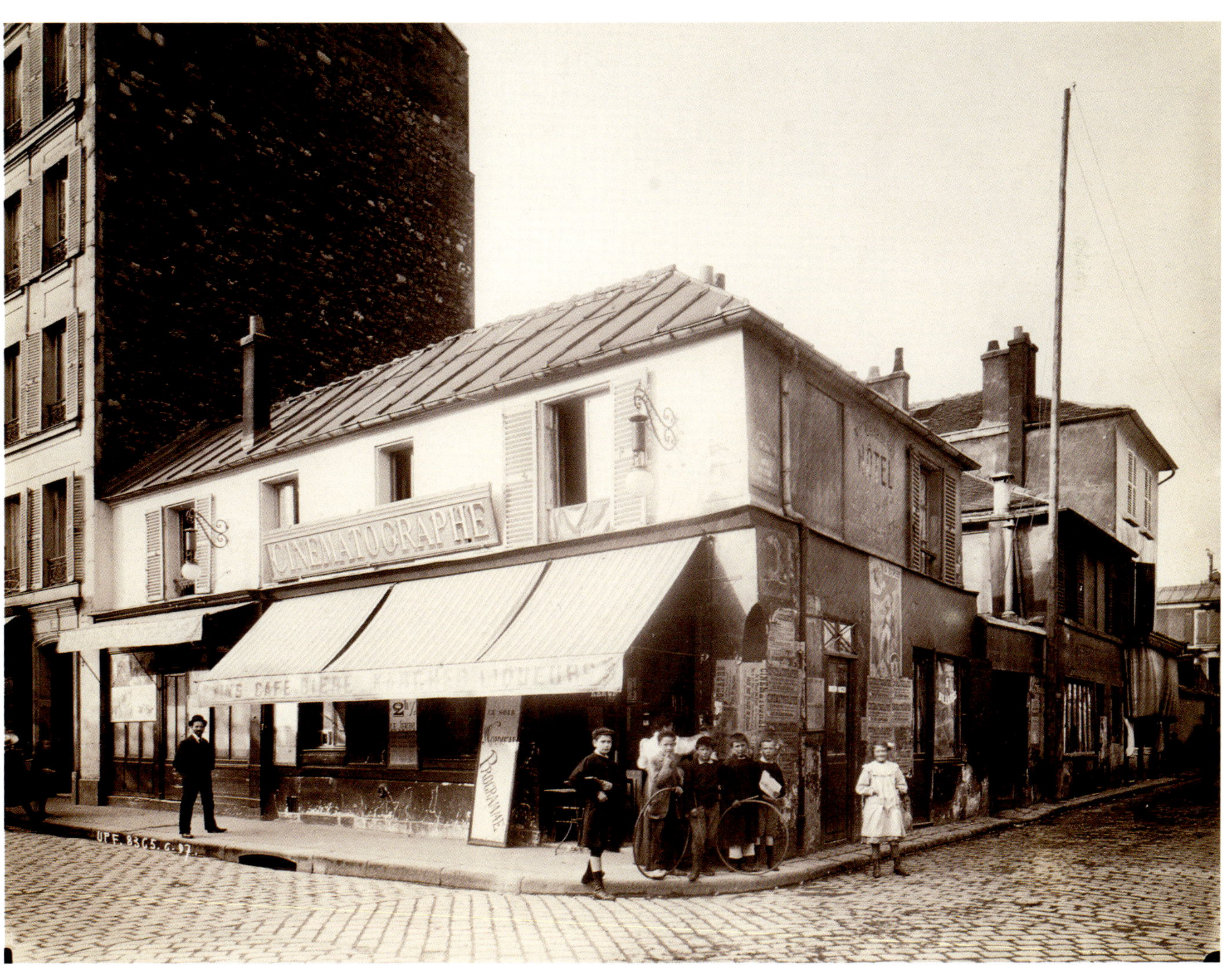

ANONYME. *Cinématographe*, rue Compans, 1907.

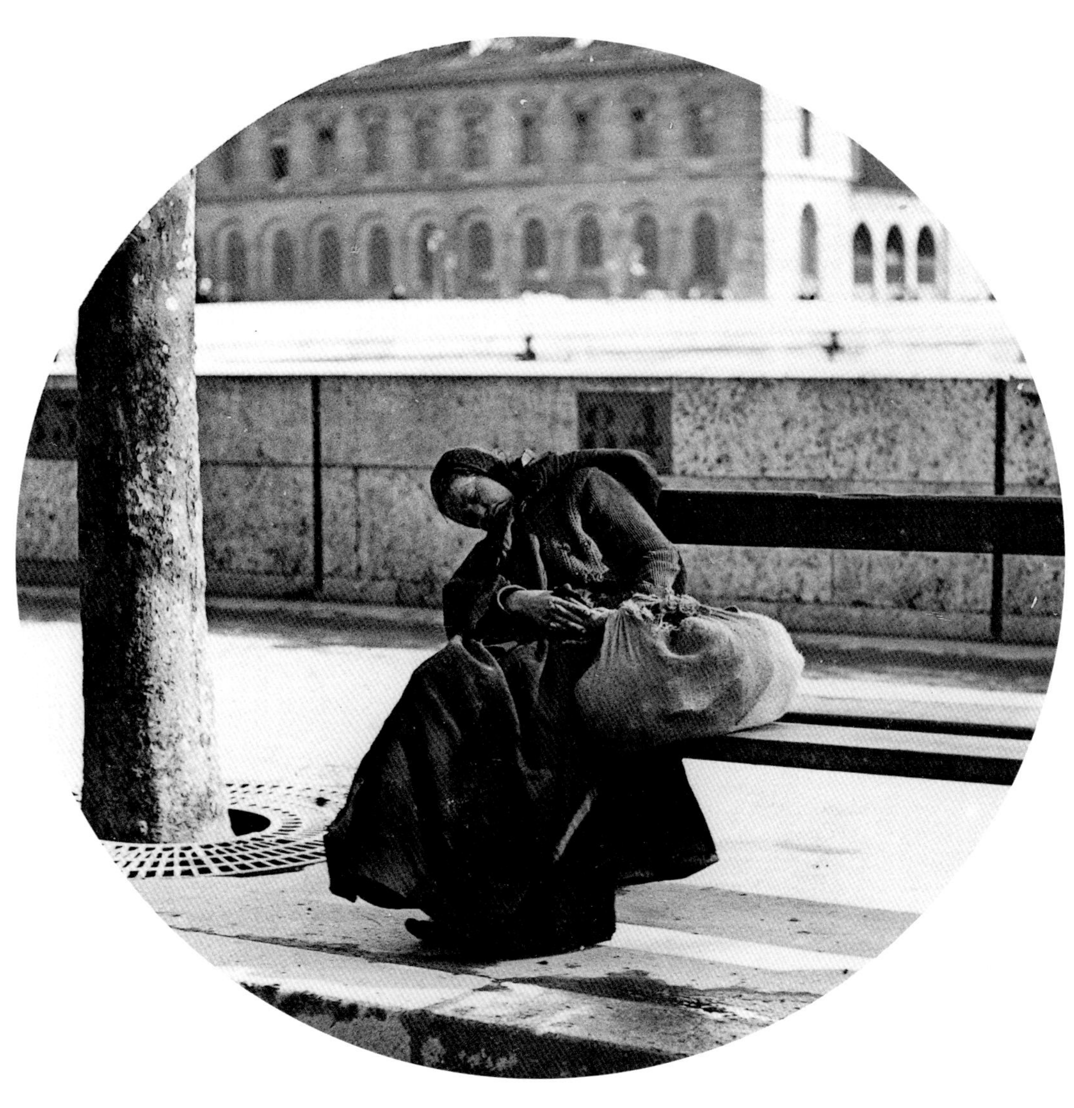

LOUIS VERT. *Clocharde, quai de l'Hôtel-de-Ville*, vers 1905.

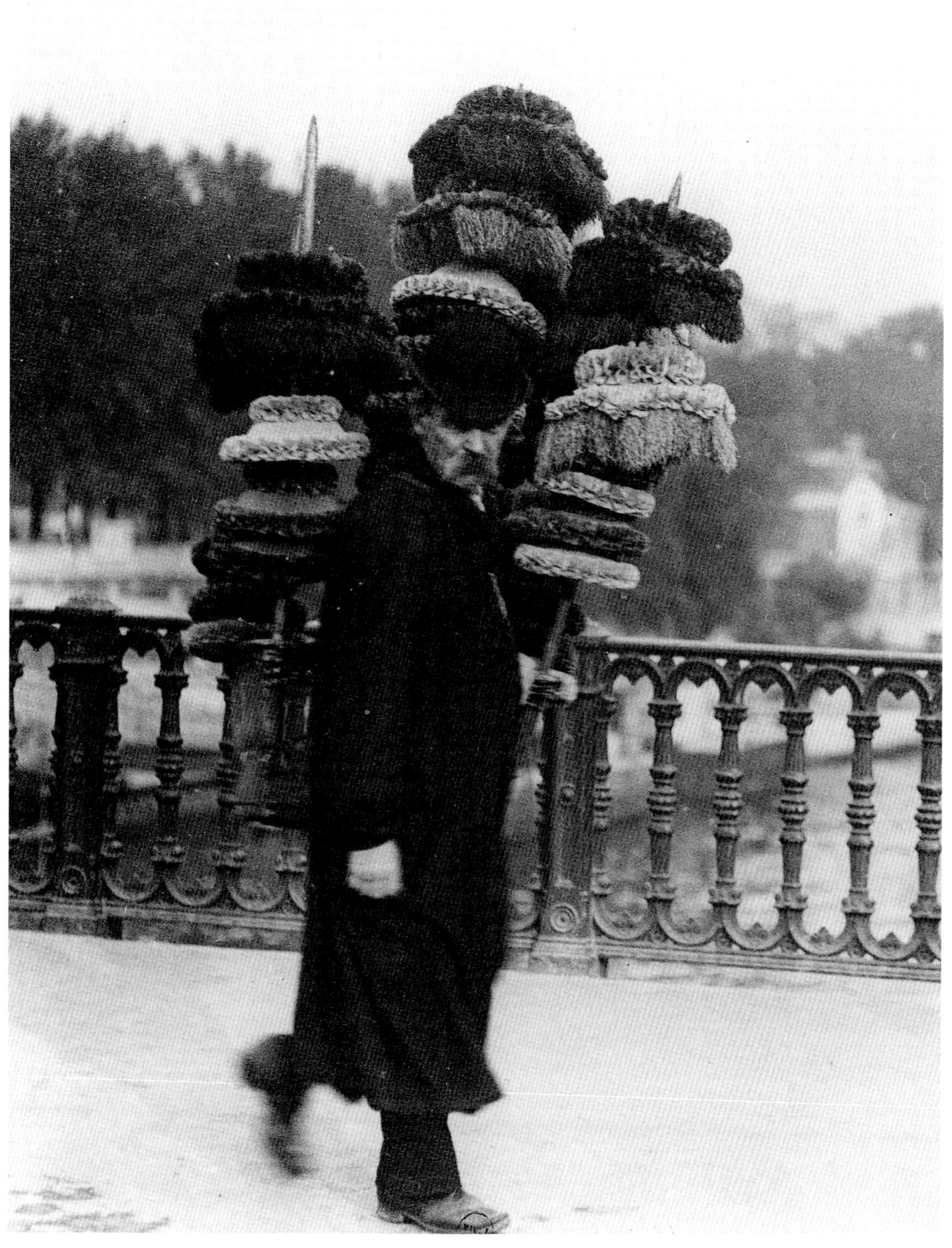

LOUIS VERT. *Marchand d'abat-jour sur le pont d'Arcole*, vers 1905.

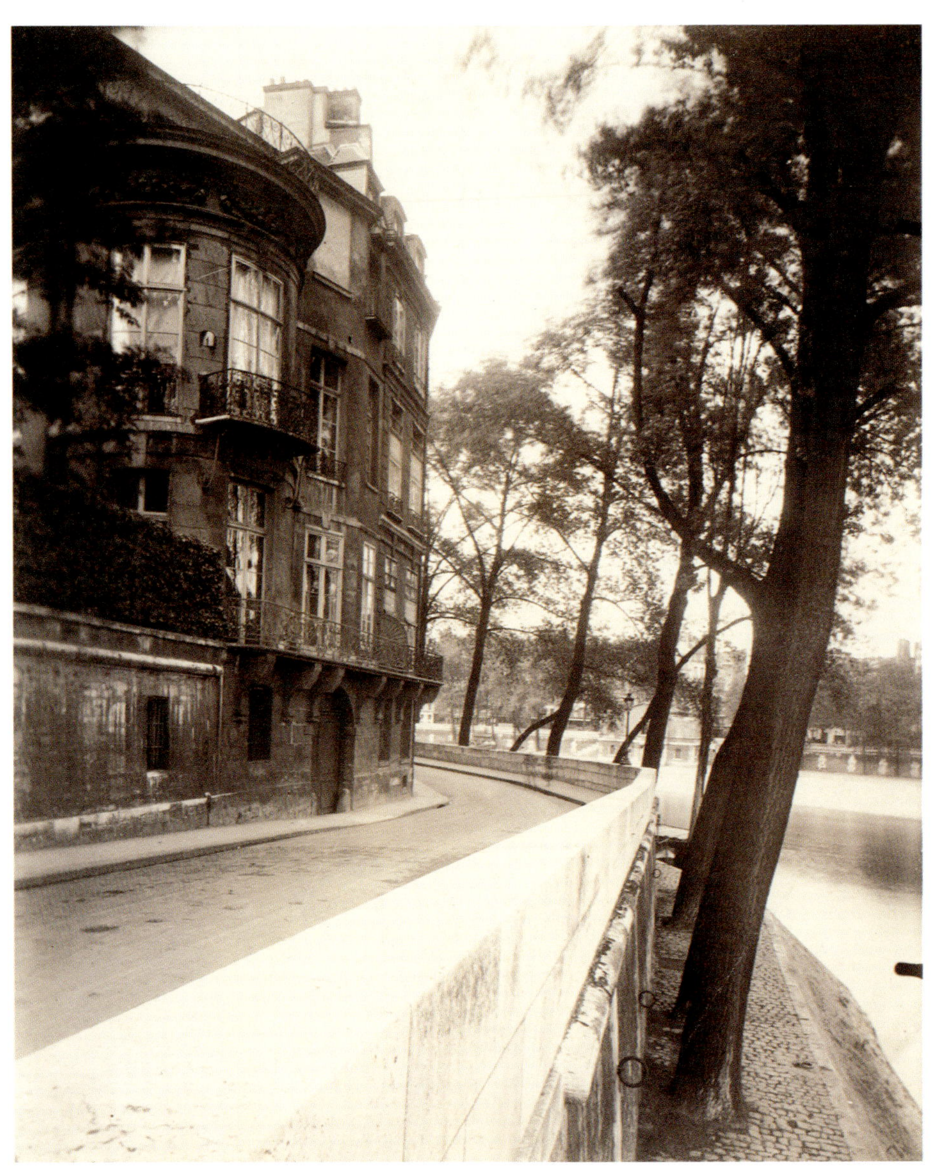

EUGÈNE ATGET. *Hôtel Lambert, quai d'Anjou*, 1923.

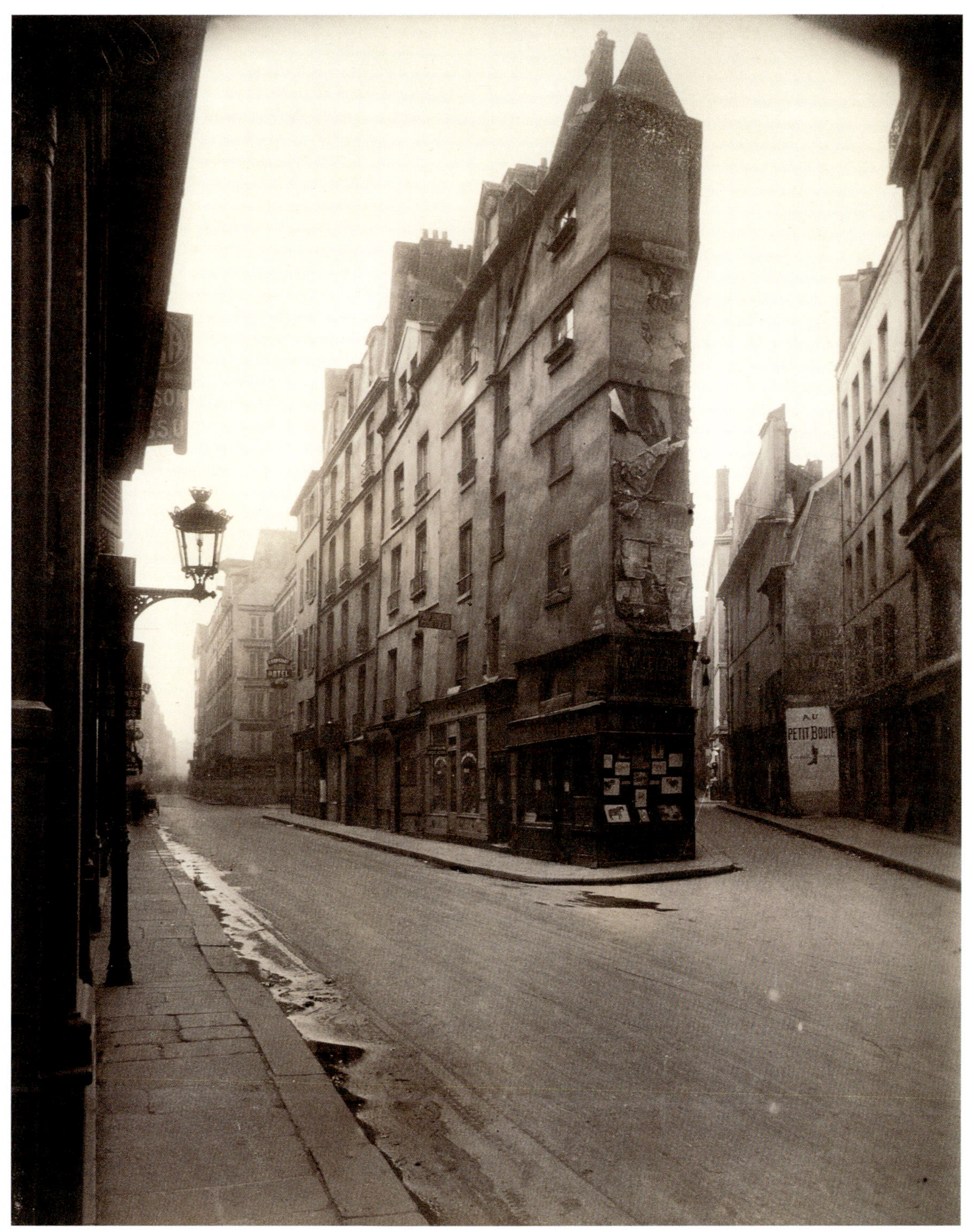

EUGÈNE ATGET. *Rue de Seine*, 1924.

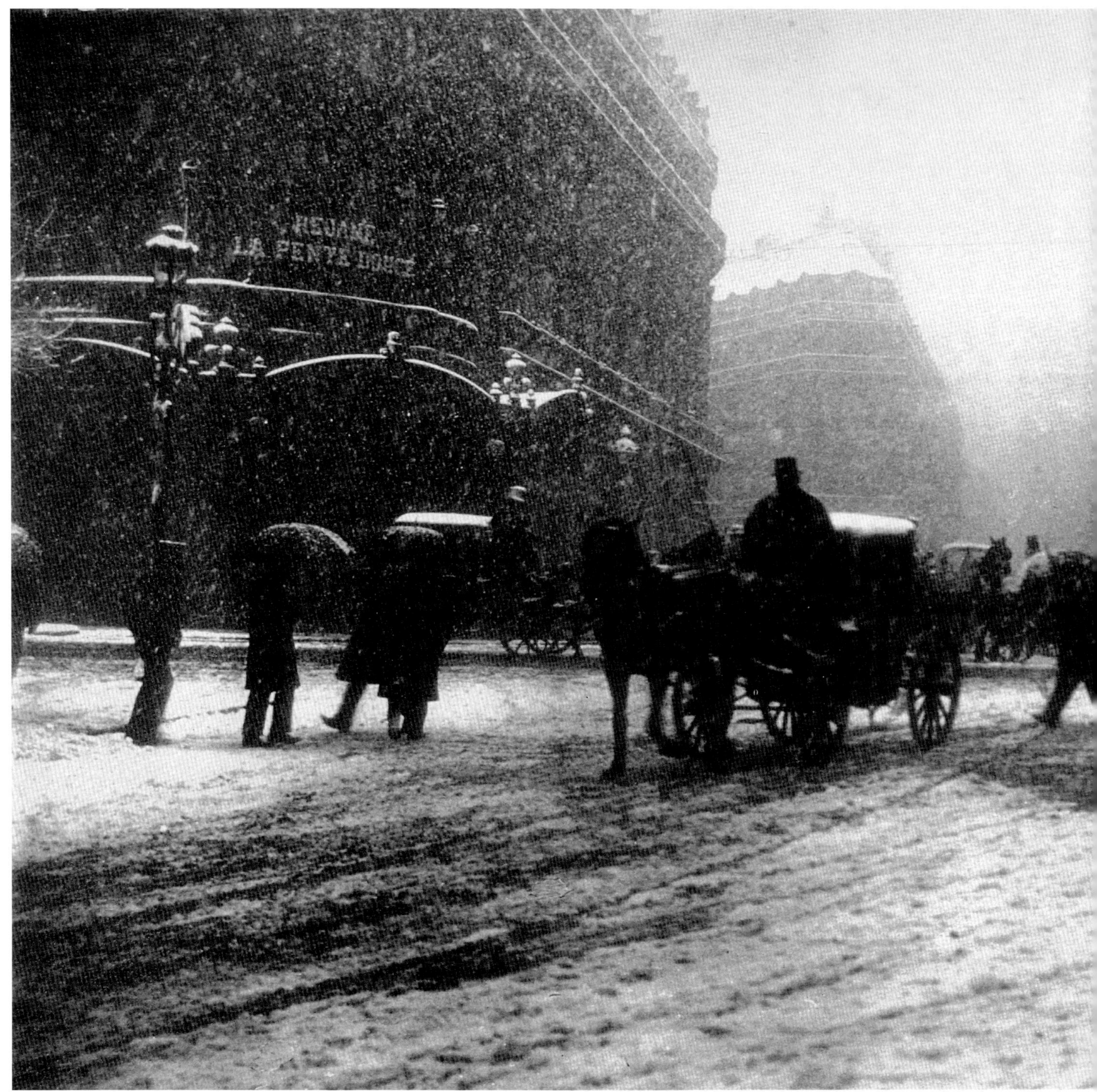
LA PENTE DOUCE

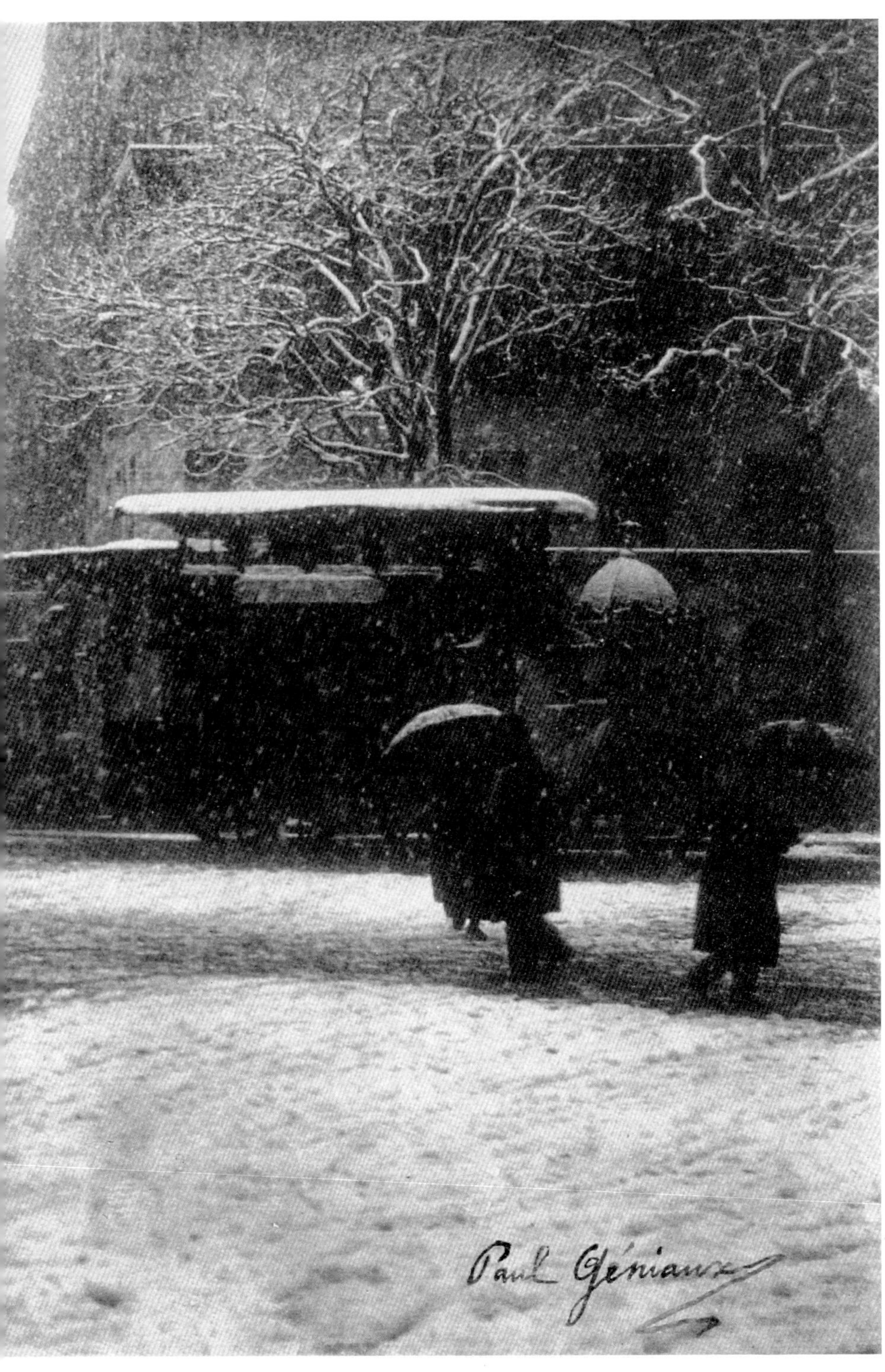

PAUL GÉNIAUX. *Boulevard sous la neige*, vers 1900.

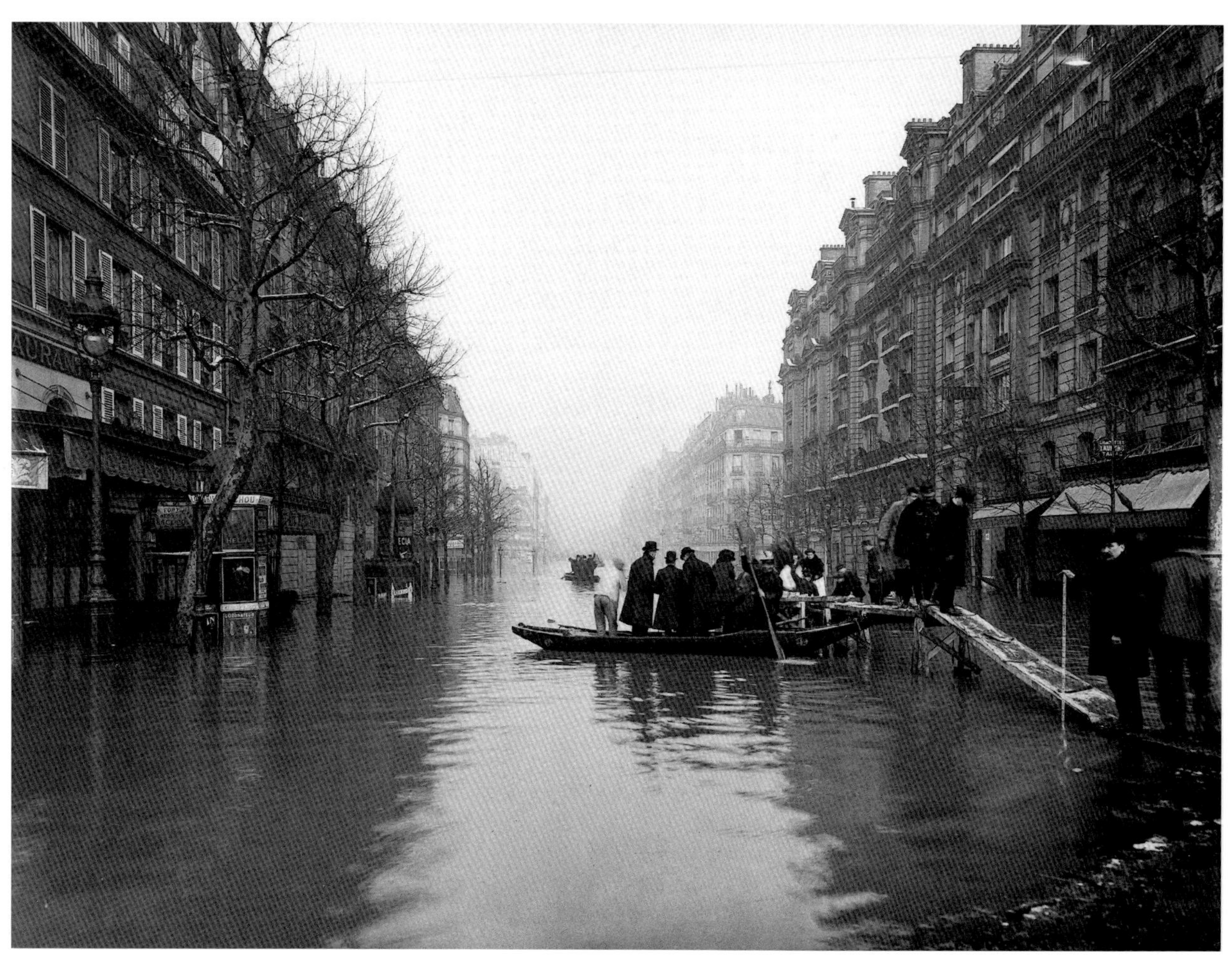

ANONYME. *Rue de Lyon, inondations de 1910.*

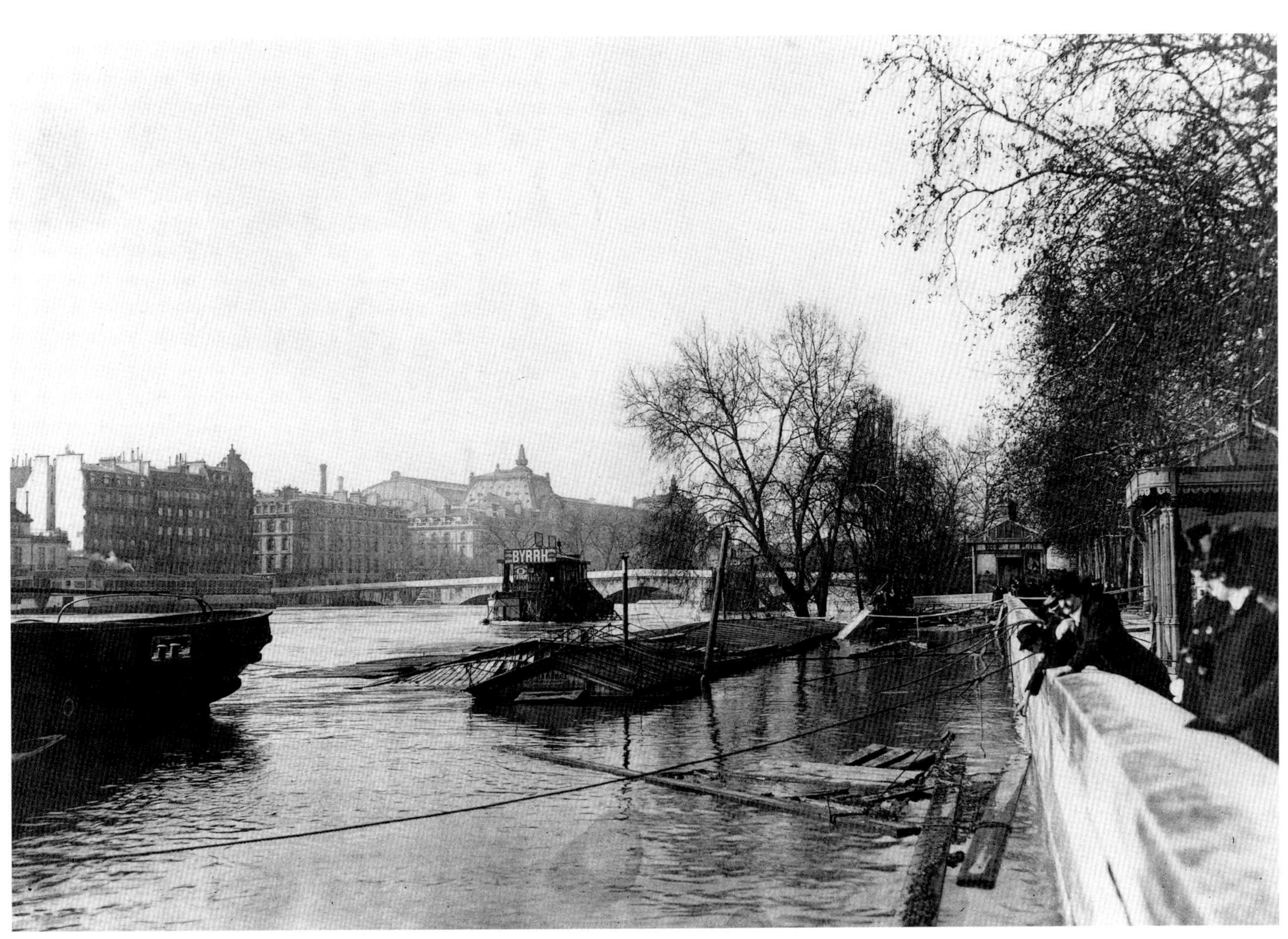

ANONYME. *Les berges vers le Pont-Royal, inondations de 1910.*

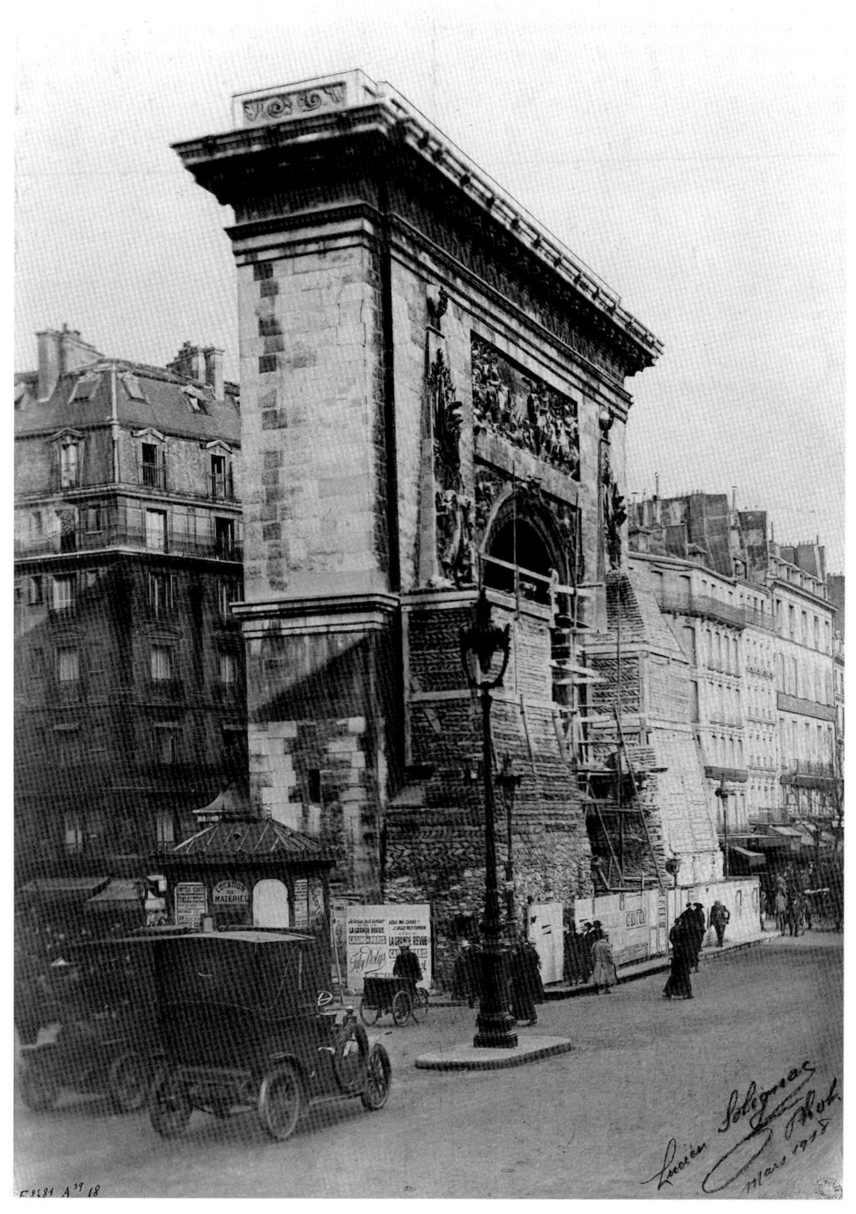

LUCIEN SOLIGNAC. *La Porte Saint-Denis. Protection du monument pendant la guerre,* 1918.

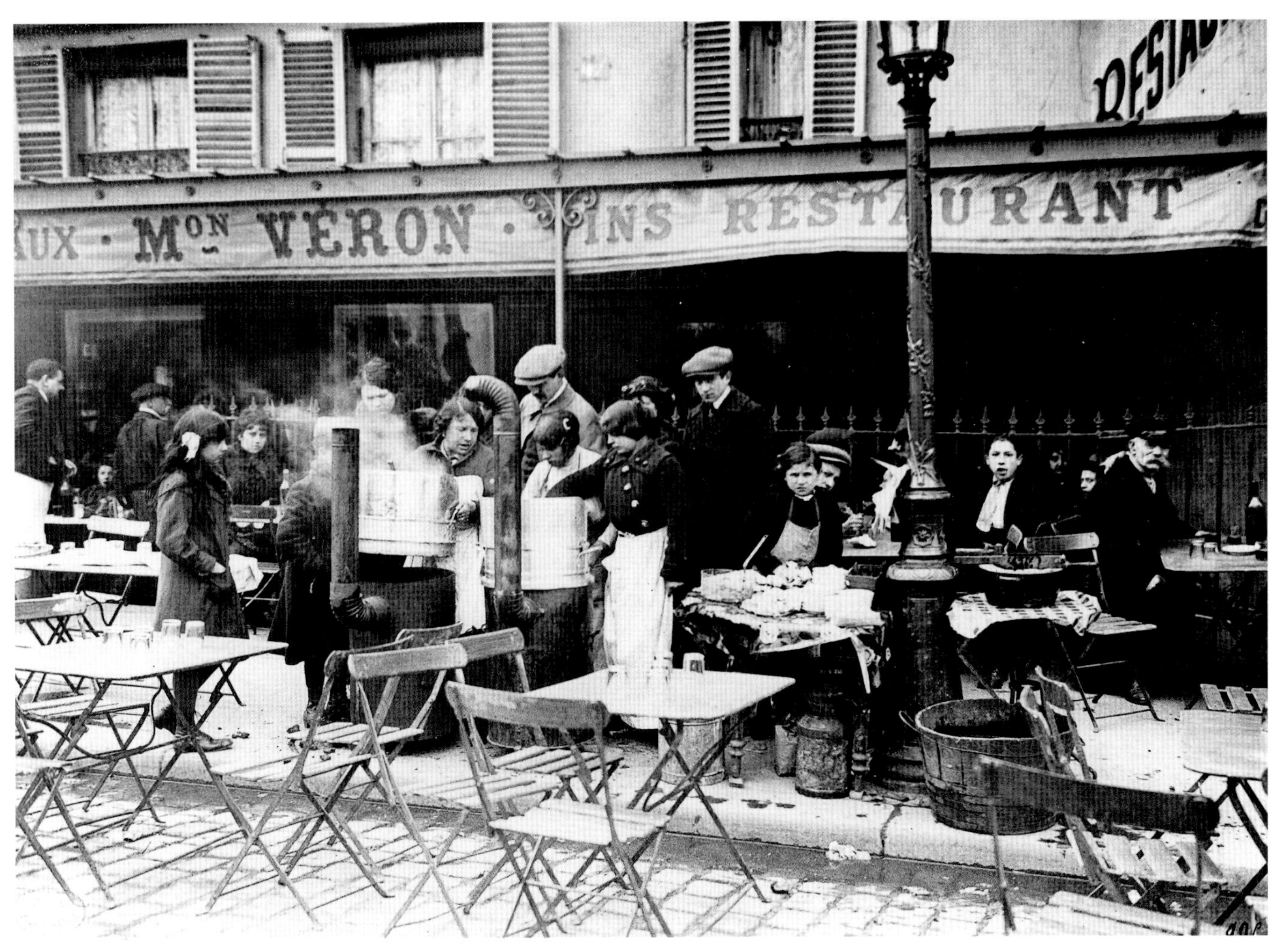

CHARLES LANSIAUX. *Entre la foire aux jambons et la ferraille, à la terrasse d'un restaurant*, 1915.

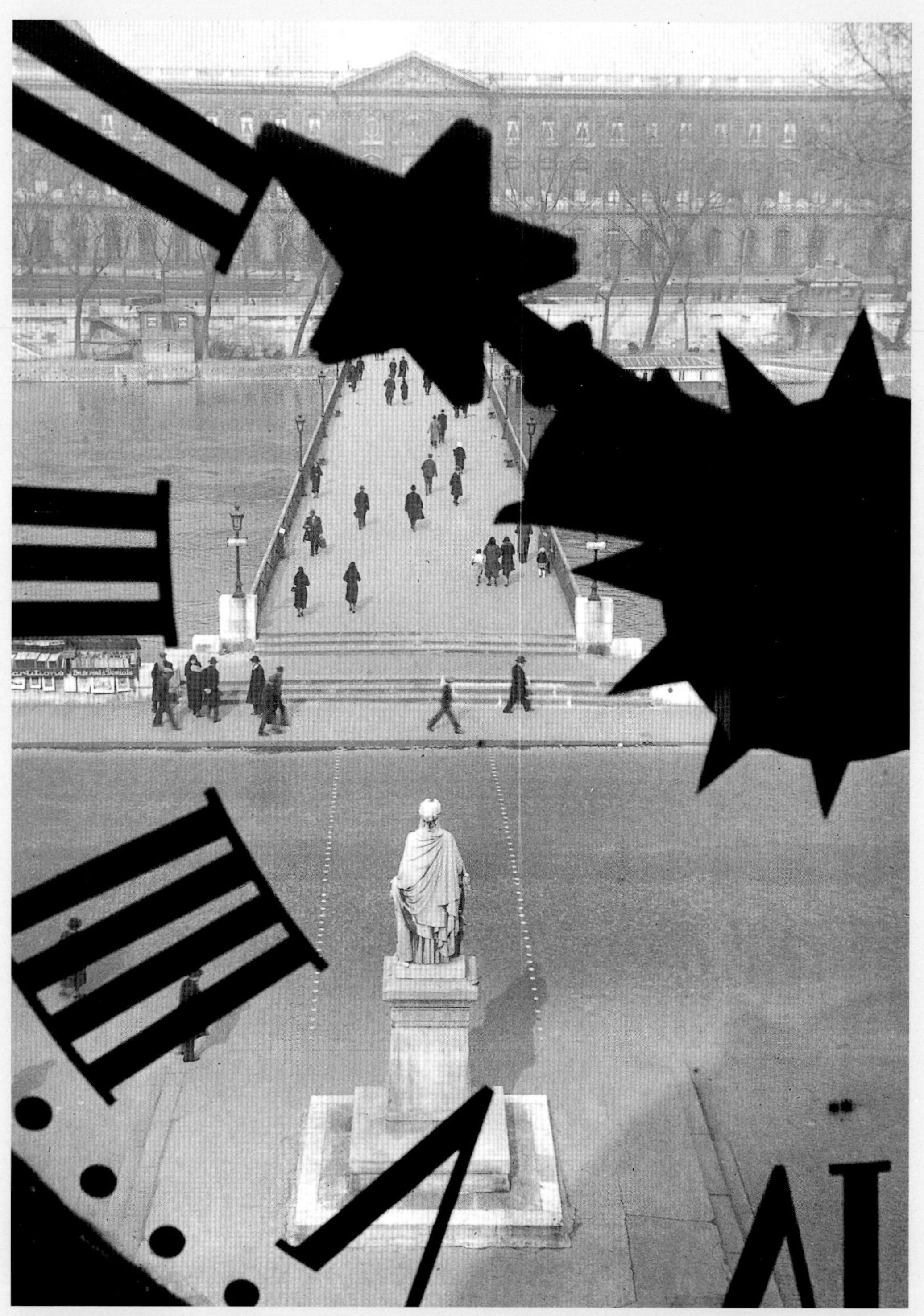

ANDRÉ KERTÉSZ. *Sur le pont des Arts*, 1929.

1920-1950

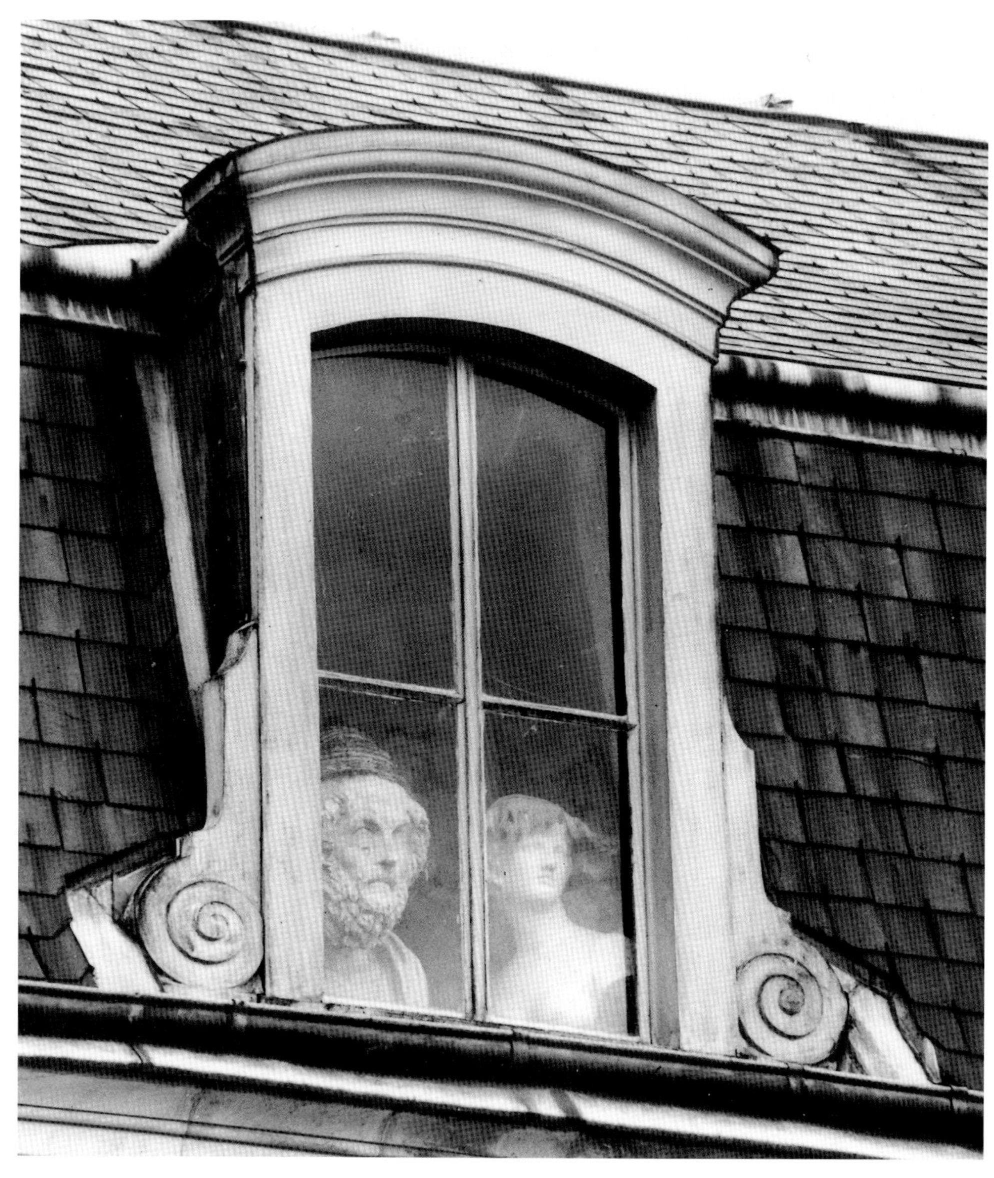

ANDRÉ KERTÉSZ. *Paris, 1928.*

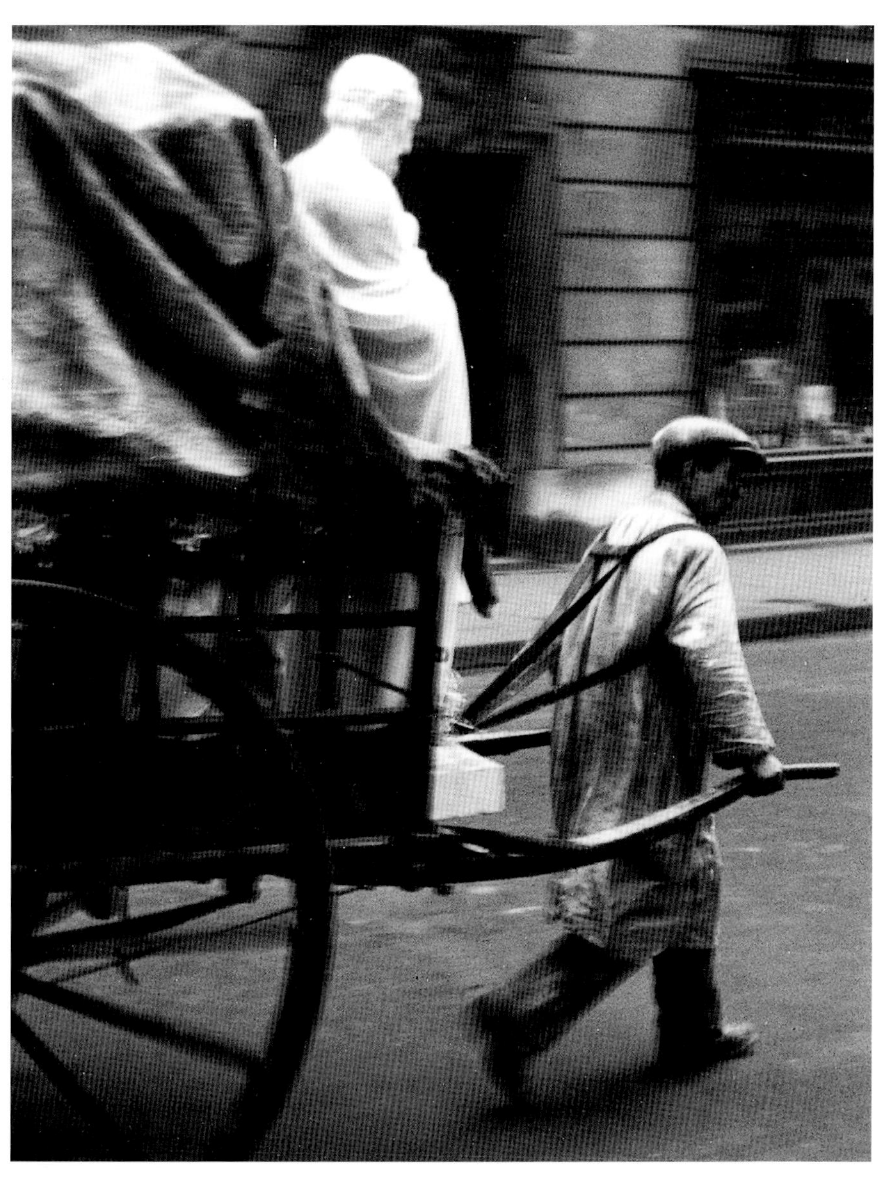

ANDRÉ KERTÉSZ. *Montparnasse*, 1928.

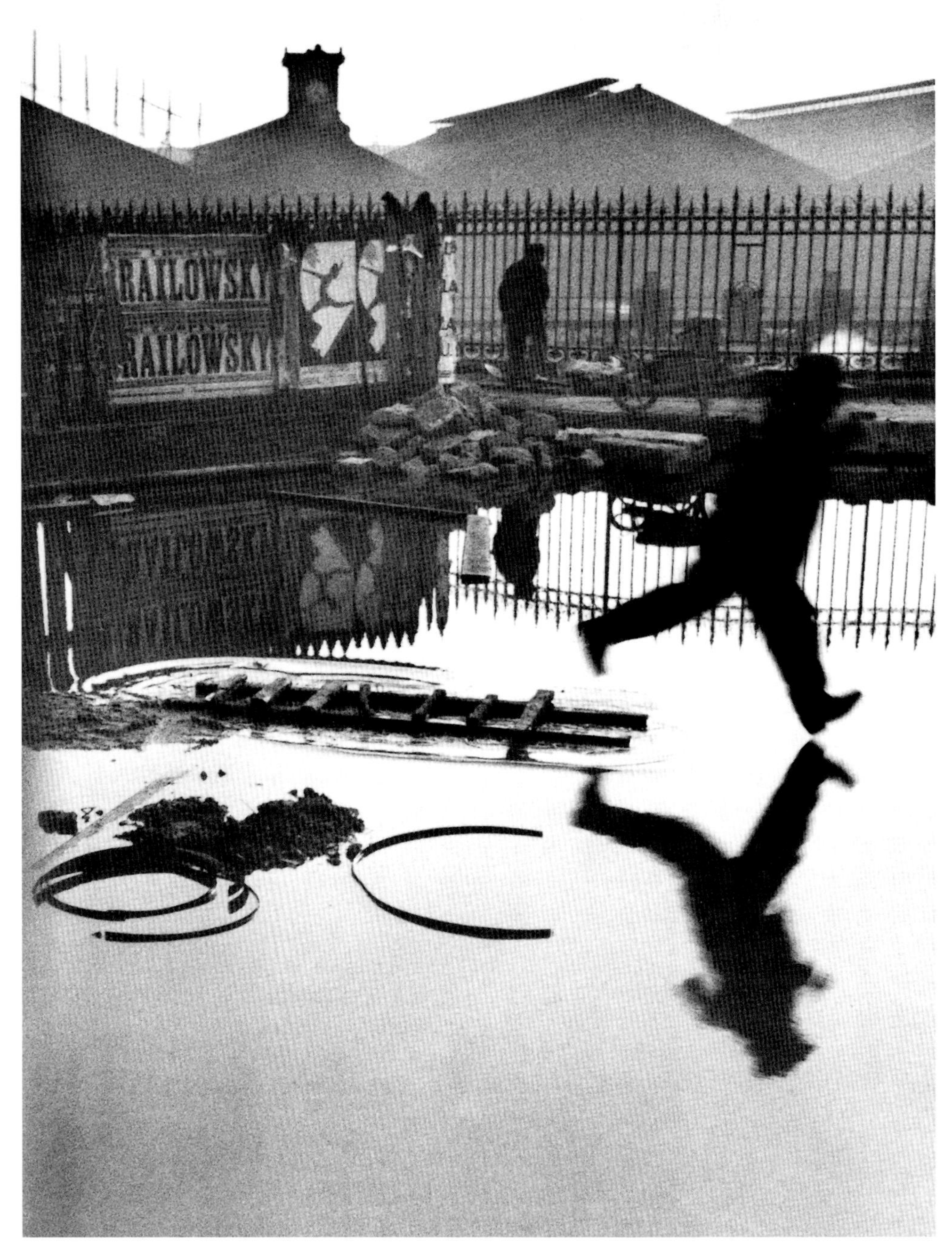

HENRI CARTIER-BRESSON. *Derrière La gare Saint-Lazare, le pont de l'Europe,* 1932.

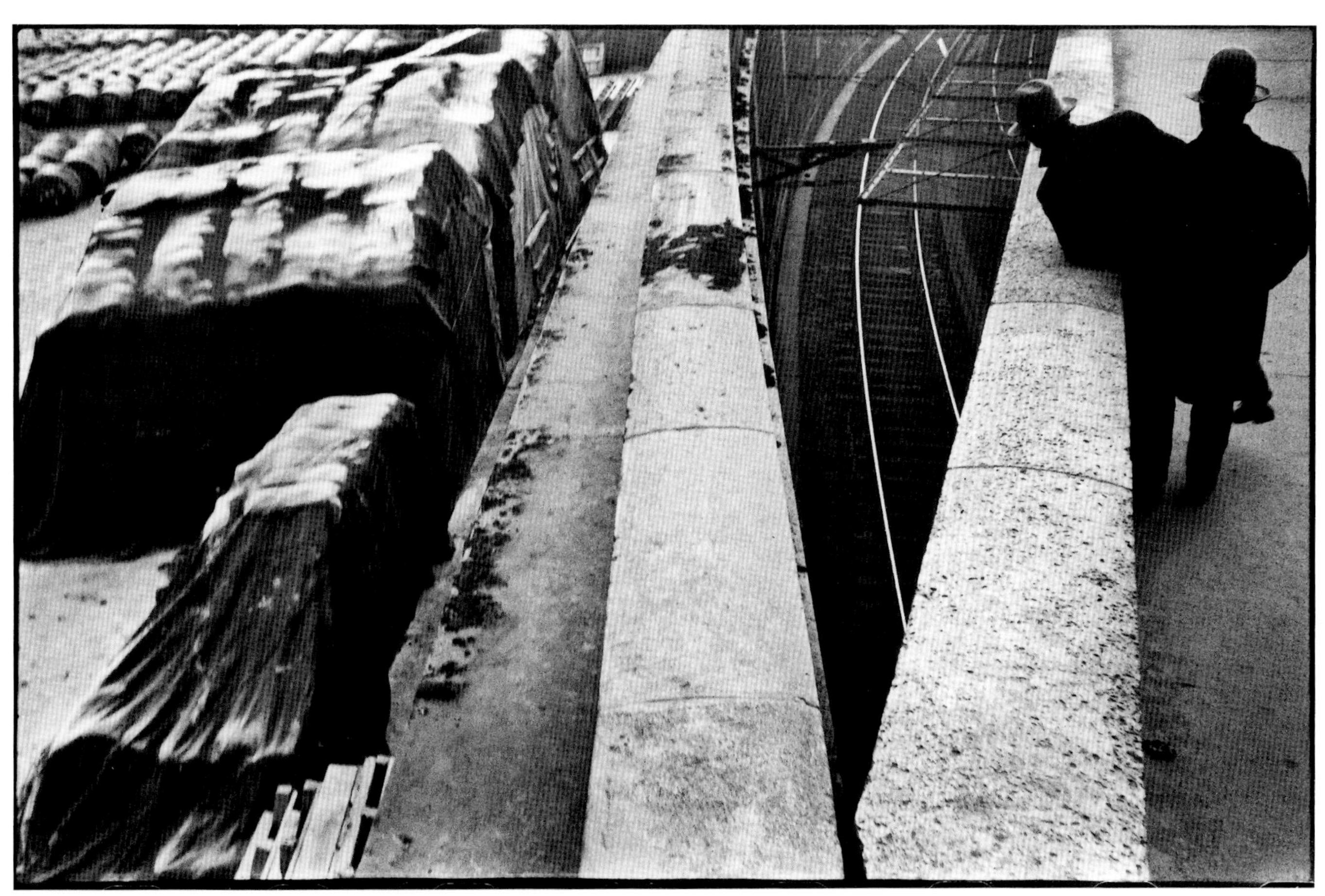

HENRI CARTIER-BRESSON. *Quai Saint-Bernard*, 1932.

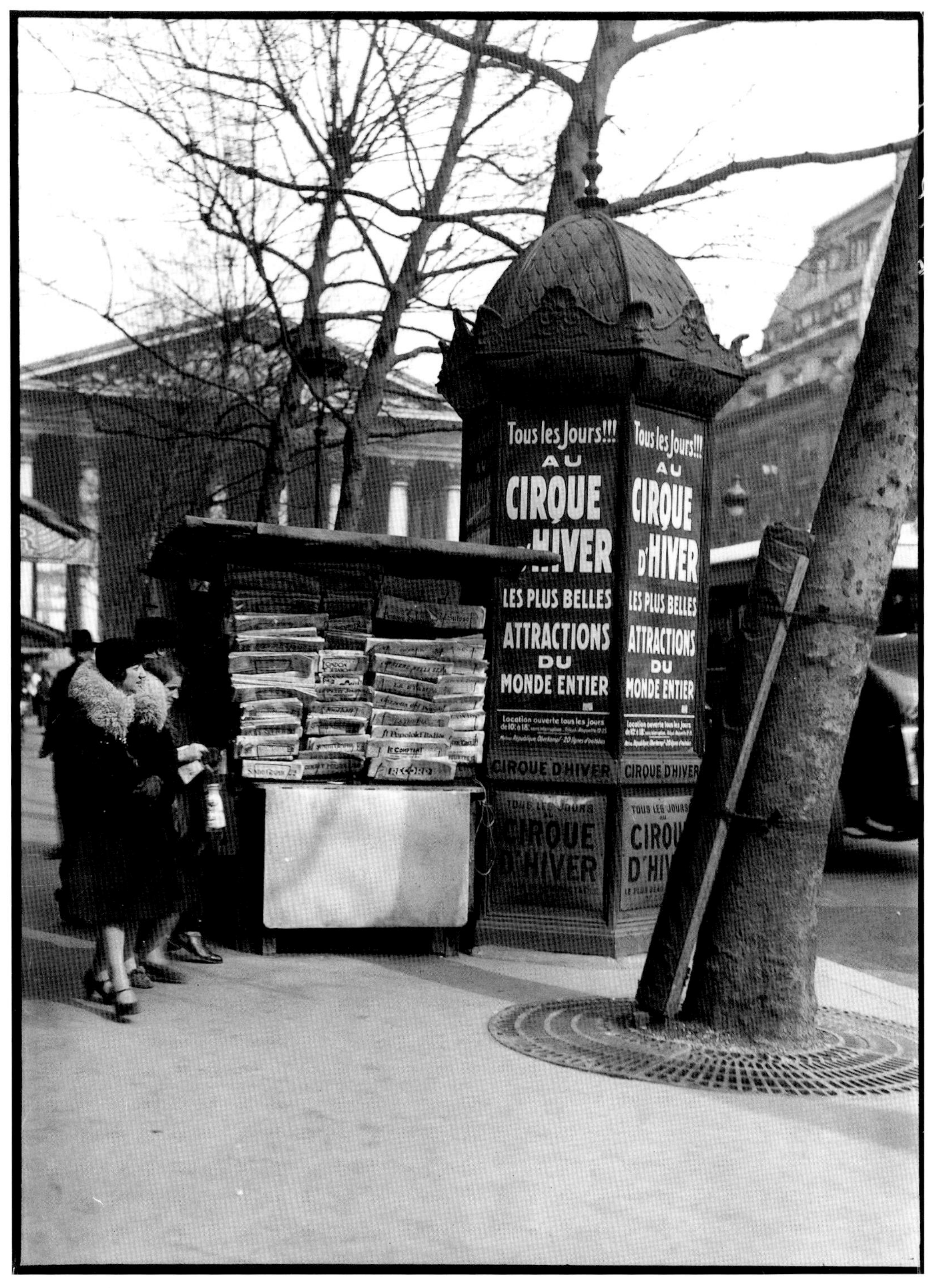

THÉRÈSE BONNEY. *Kiosque à journaux et colonne Morris, rue Royale*, 1932.

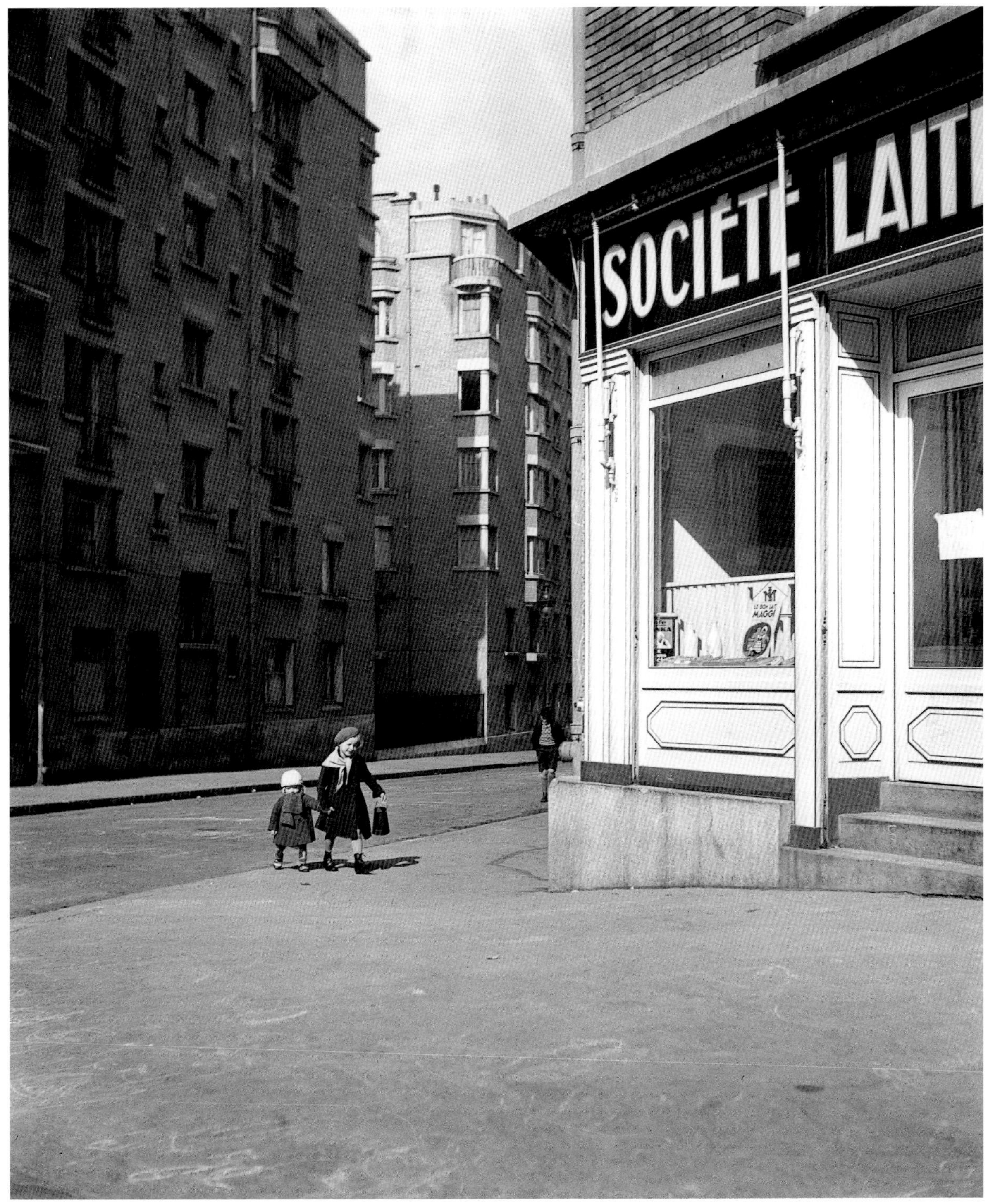

ROBERT DOISNEAU. *Les petits enfants au lait*, 1937.

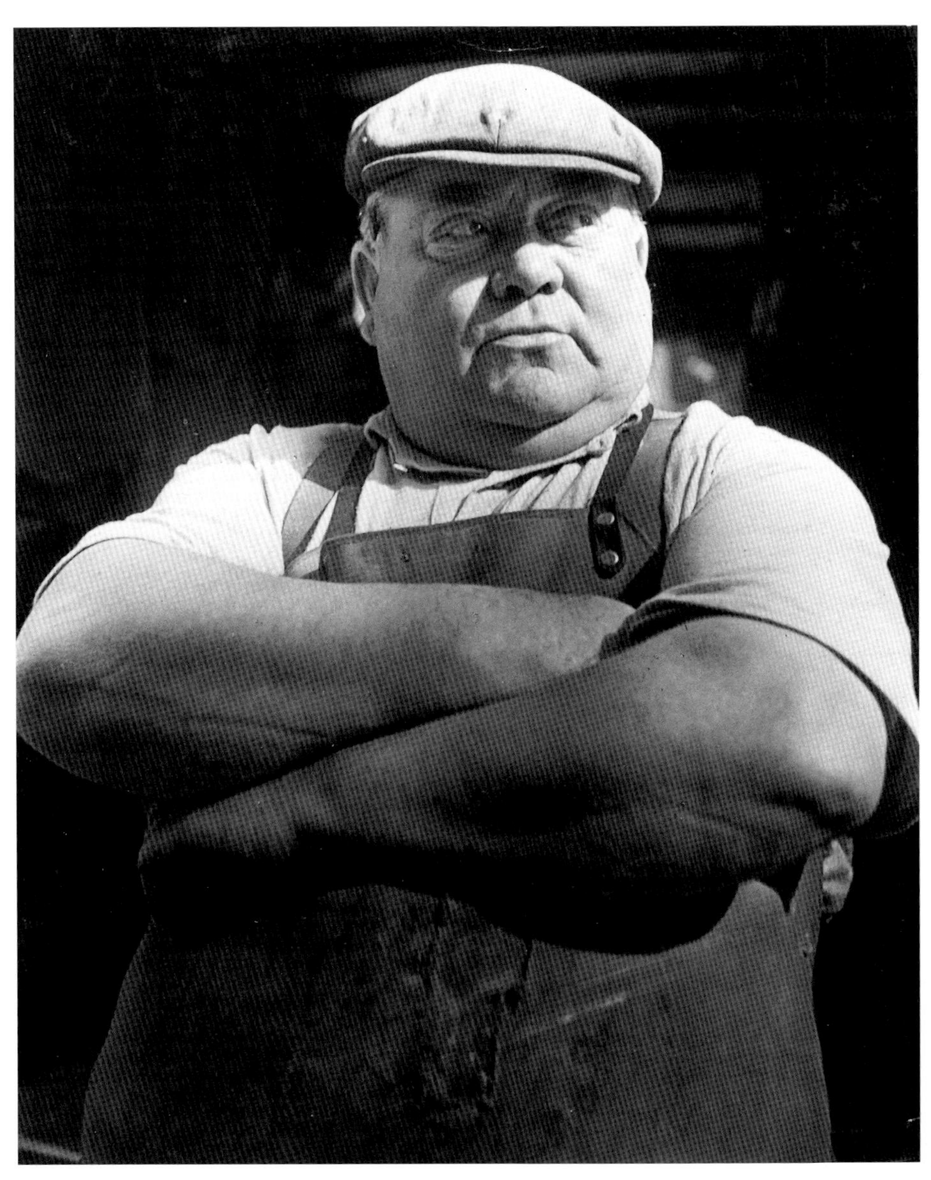

BRASSAÏ. *Le fort des Halles*, 1939.

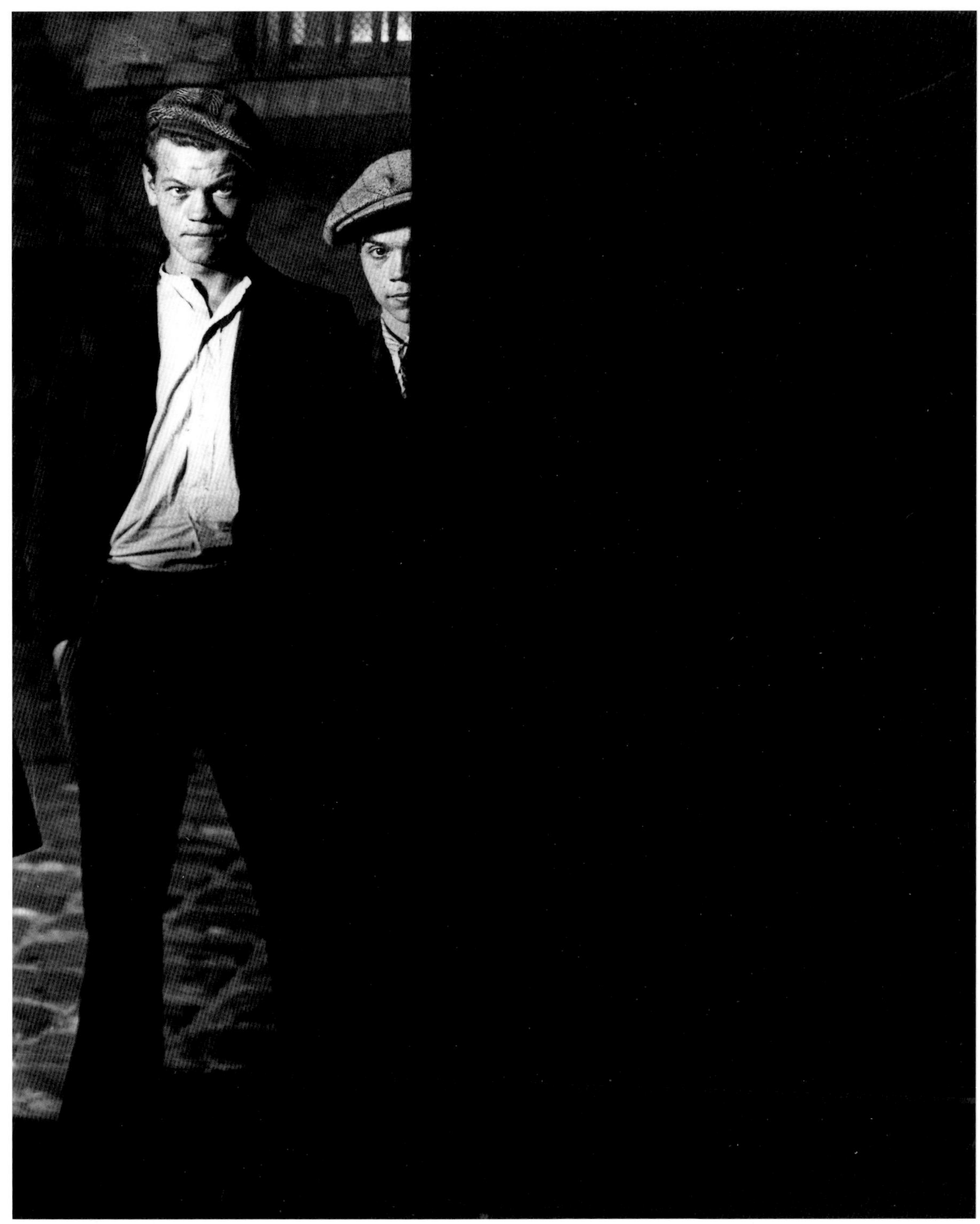

BRASSAÏ. *Deux voyous*, 1932.

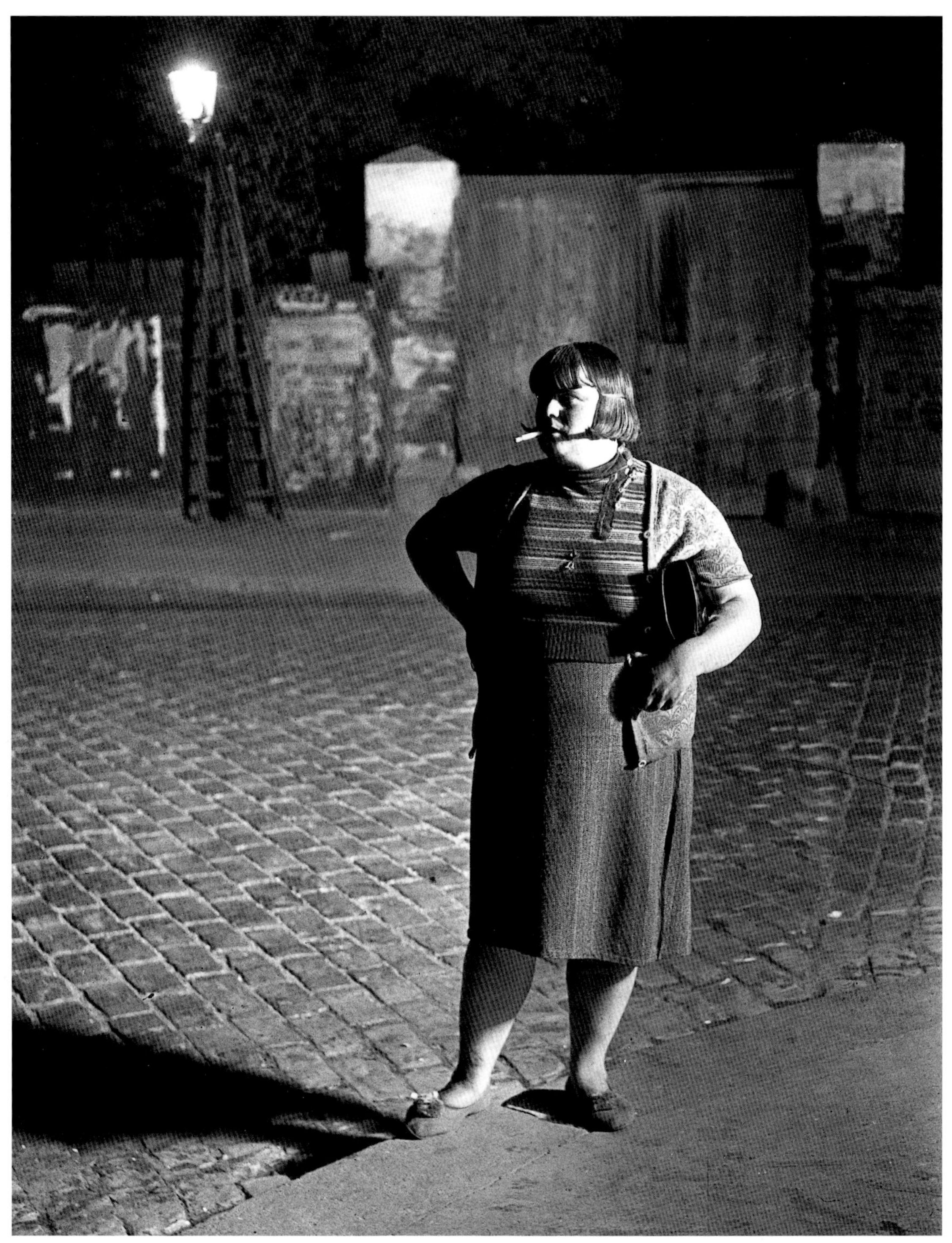

BRASSAÏ. *La péripatéticienne, place d'Italie*, 1933.

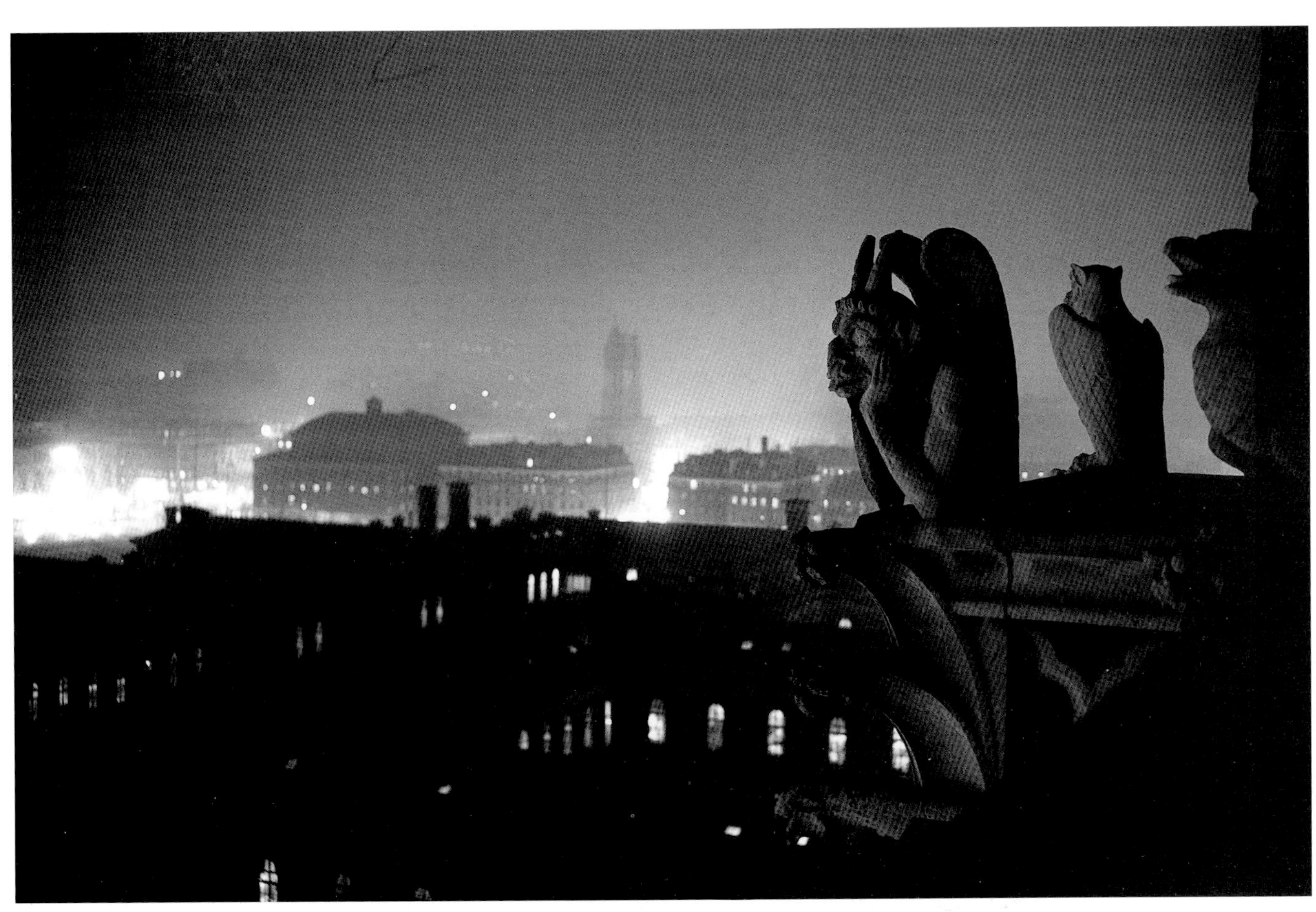

BRASSAÏ. *Vue nocturne de Notre-Dame sur Paris et la tour Saint-Jacques*, 1933.

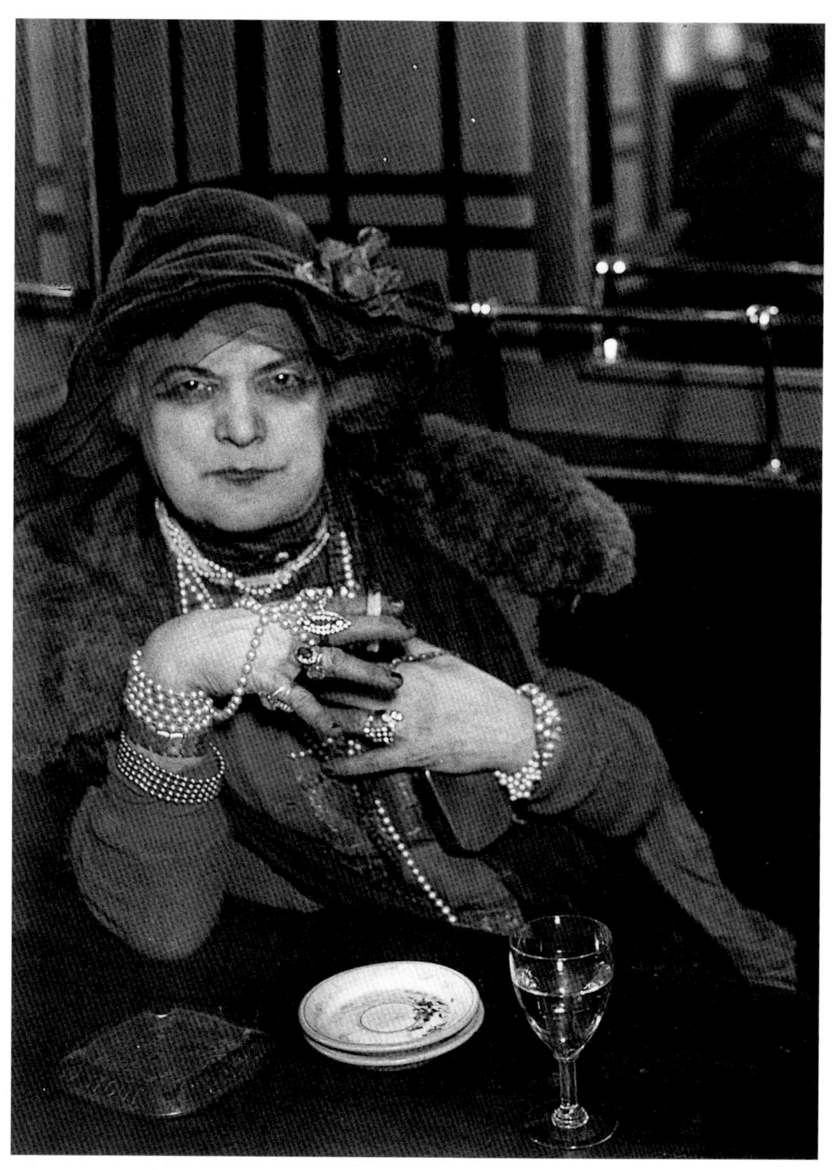

BRASSAÏ. *La Môme Bijou au Bar de la lune*, 1932.

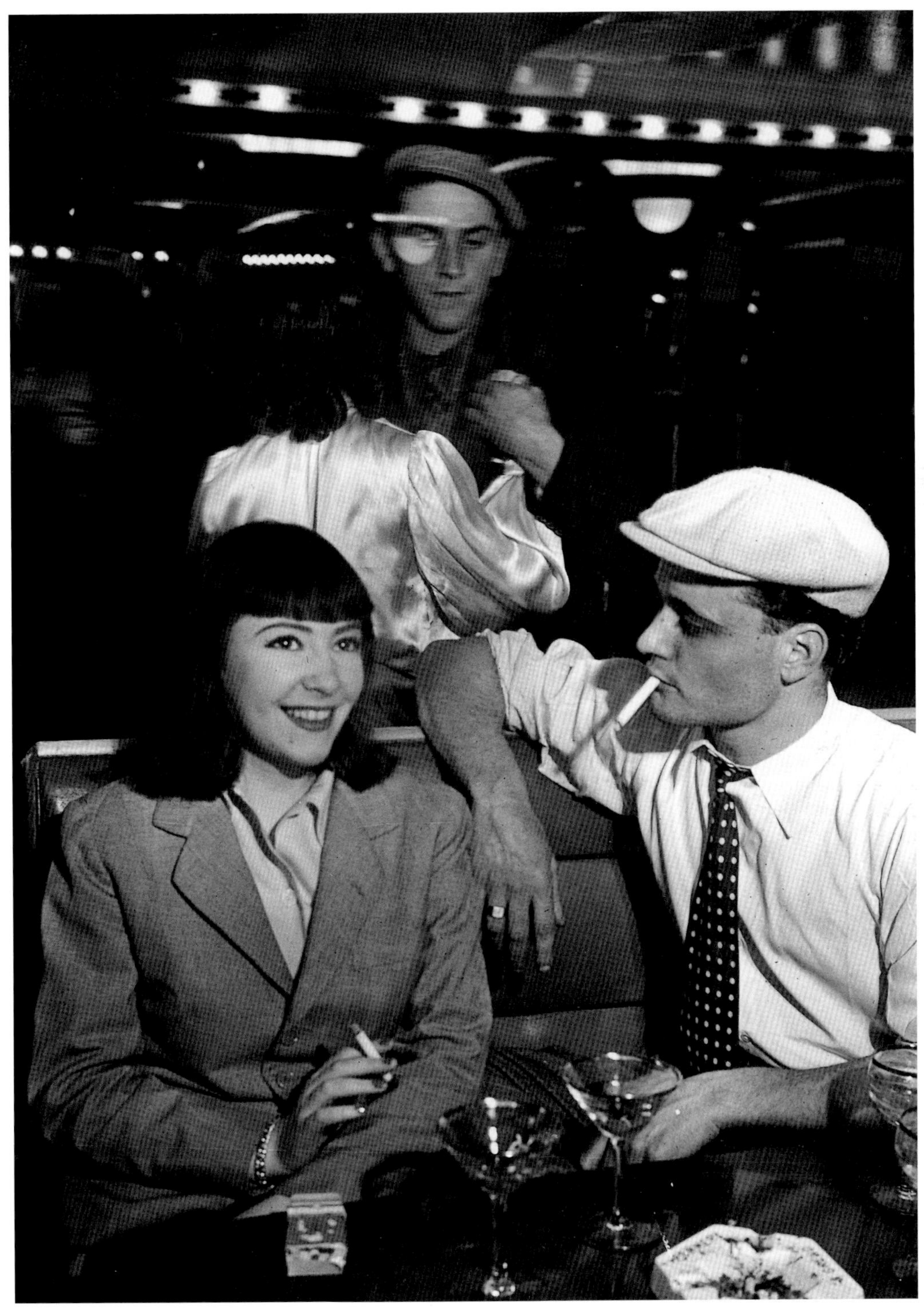

BRASSAÏ. *Le bal-musette de la Boule rouge, rue de Lappe*, 1933.

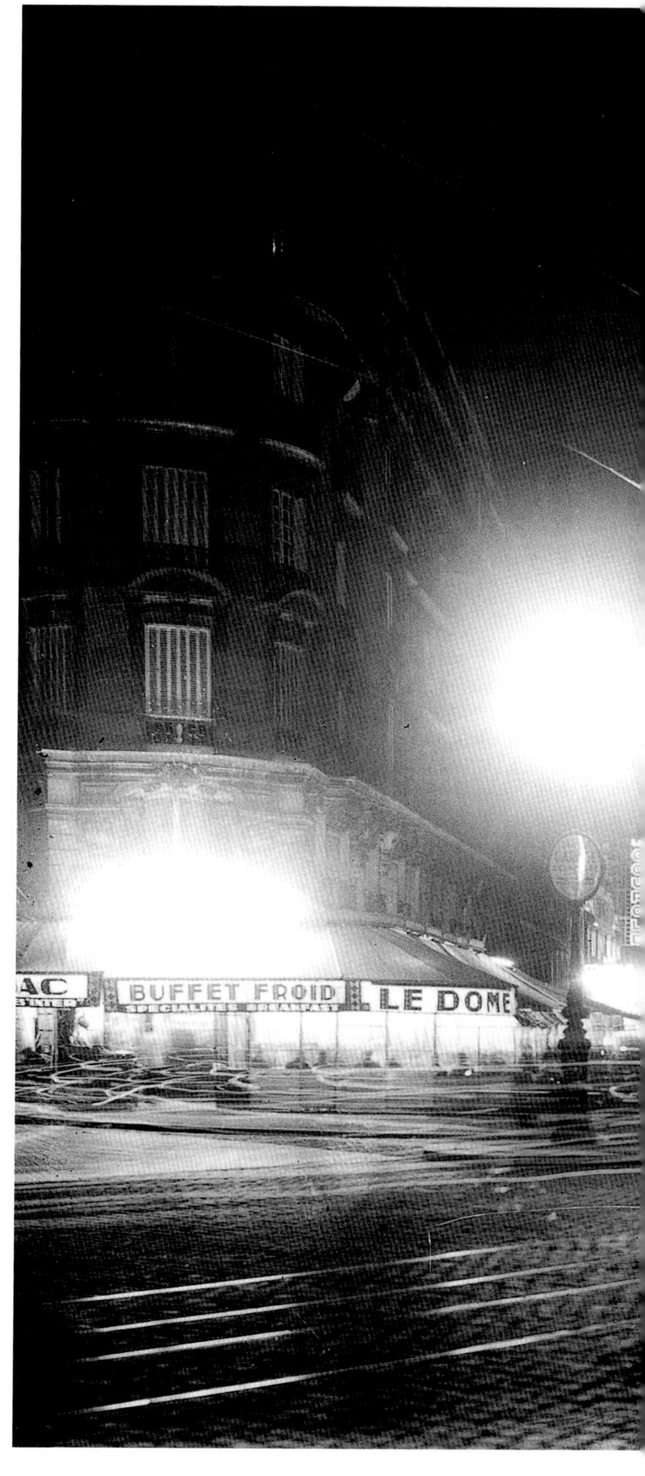
AC
BUFFET FROID
SPECIALITES BREAKFAST
LE DOME

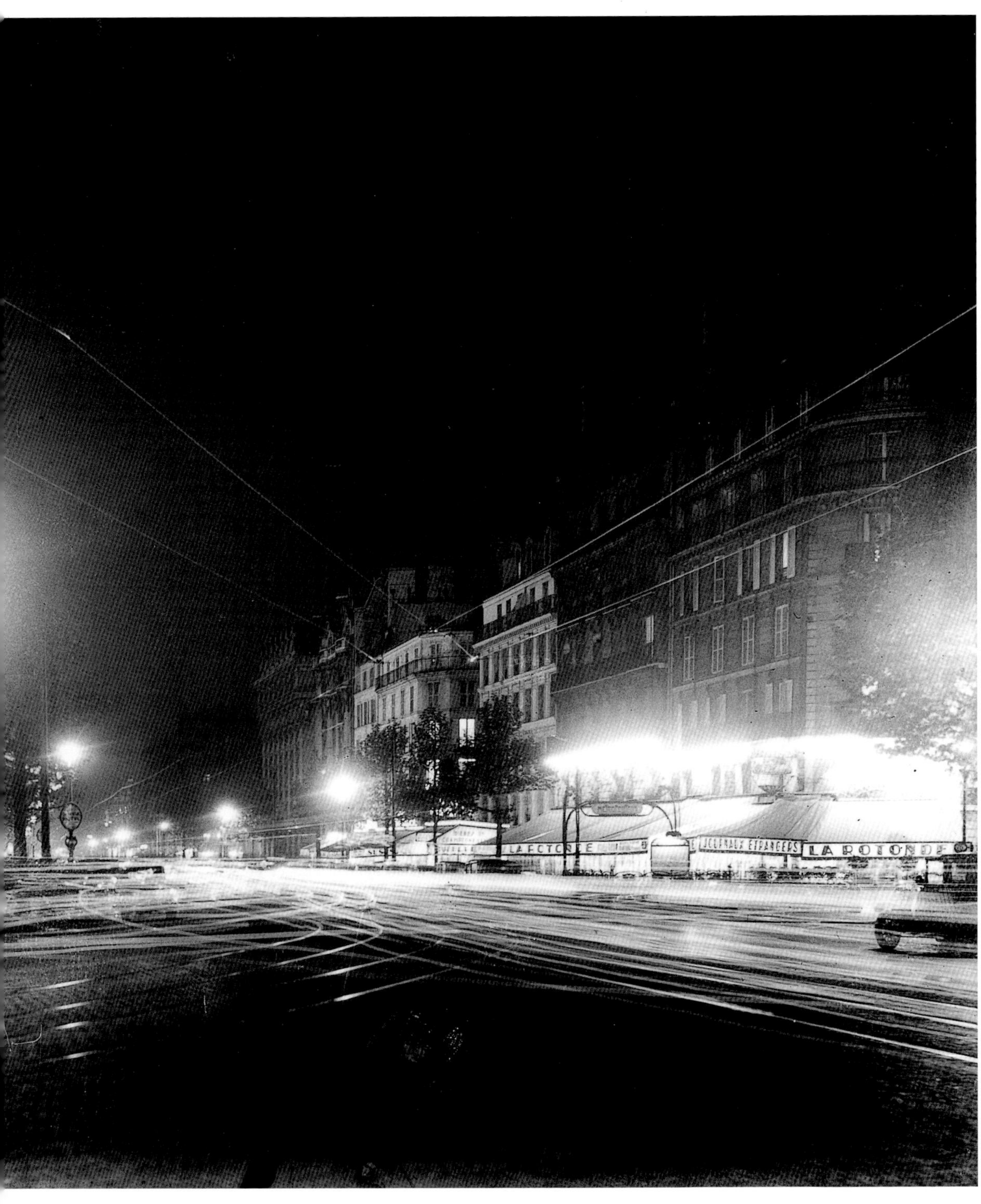

HENRI MANUEL. *Carrefour des boulevards Raspail et Montparnasse, la nuit,* 1931.

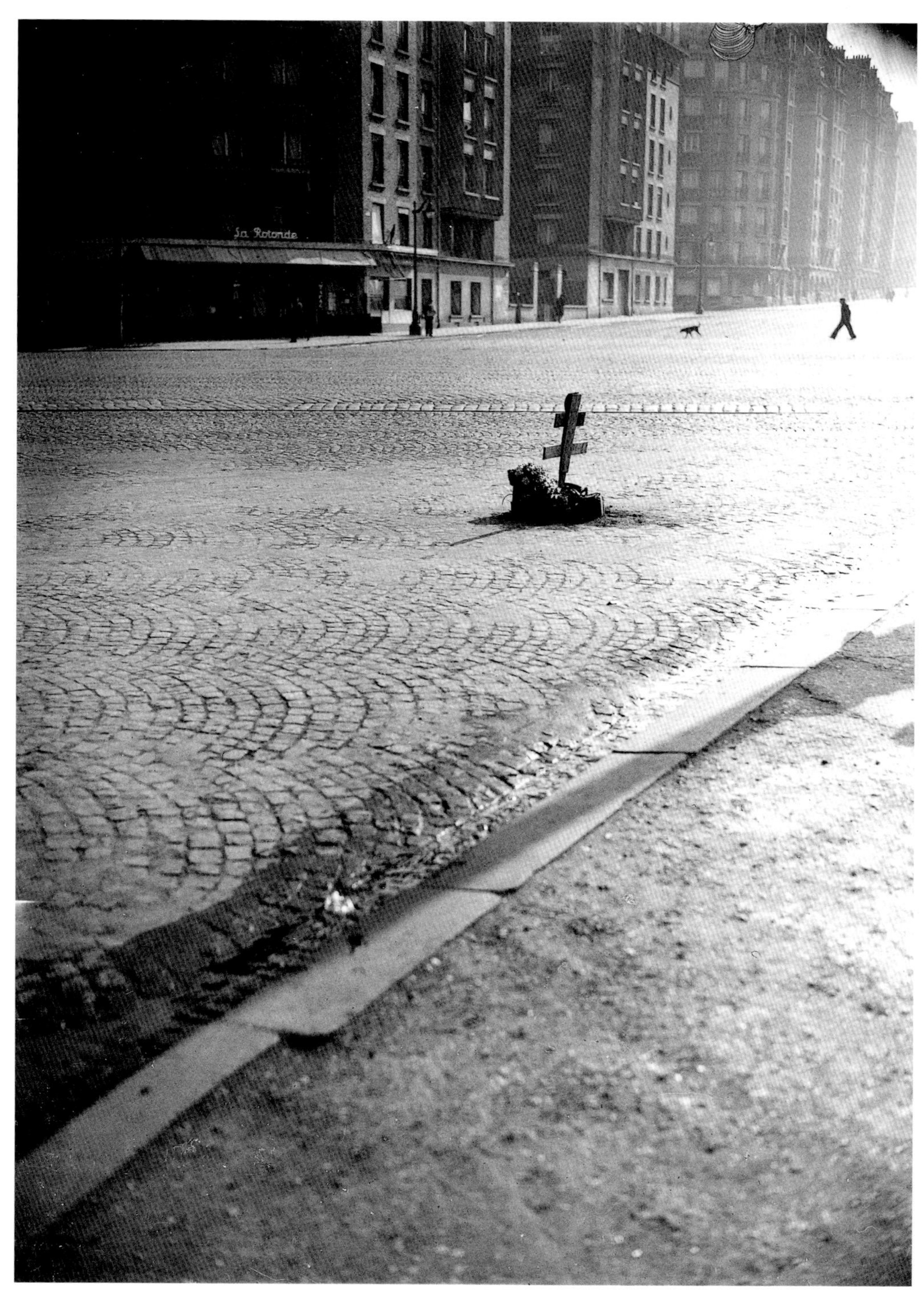

ROGER TOUCHARD. *Libération de Paris, croix de Lorraine érigée en souvenir d'un combattant tué,* août-septembre 1944.

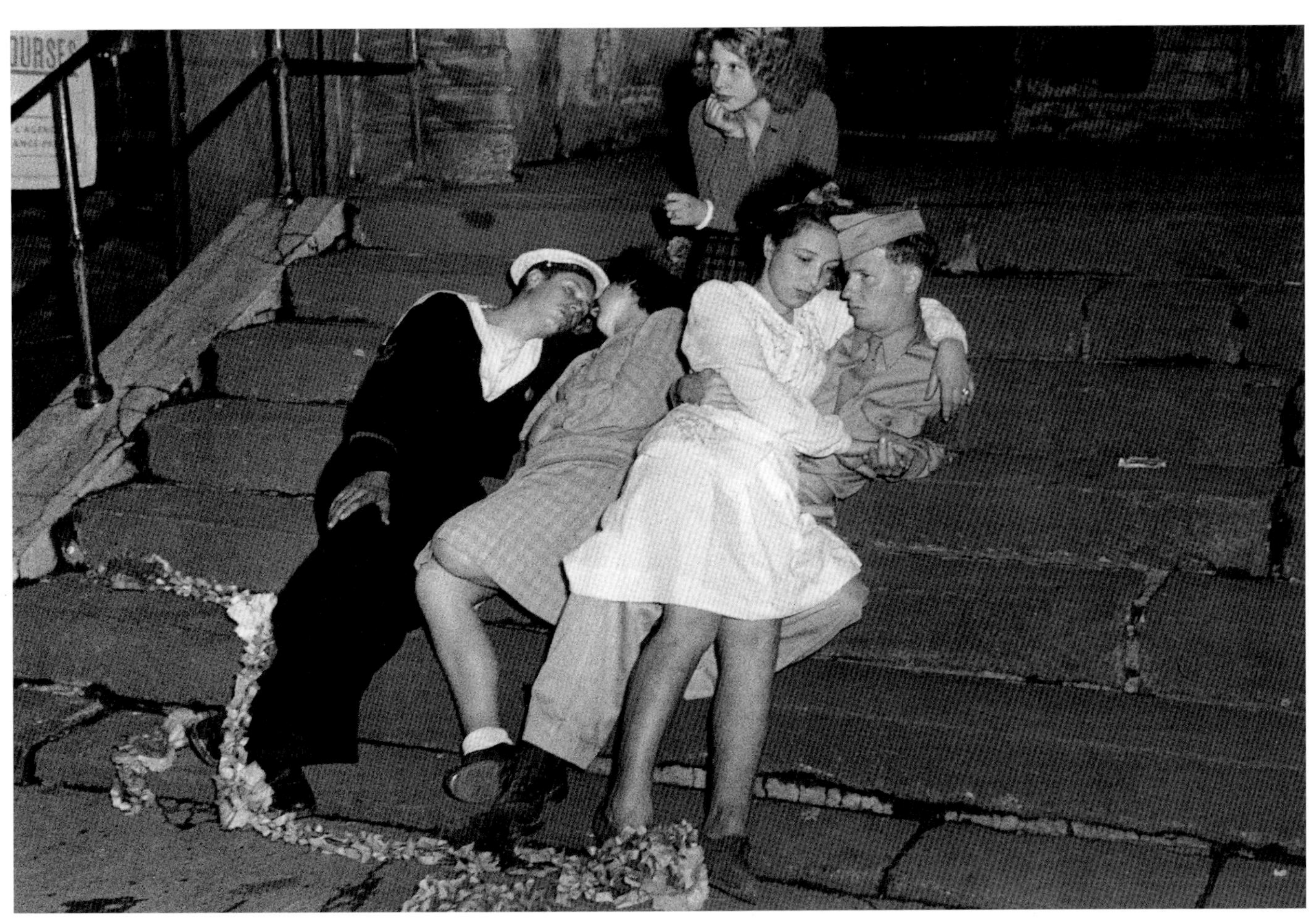

JEAN-PHILIPPE CHARBONNIER. *8 mai 1945.*

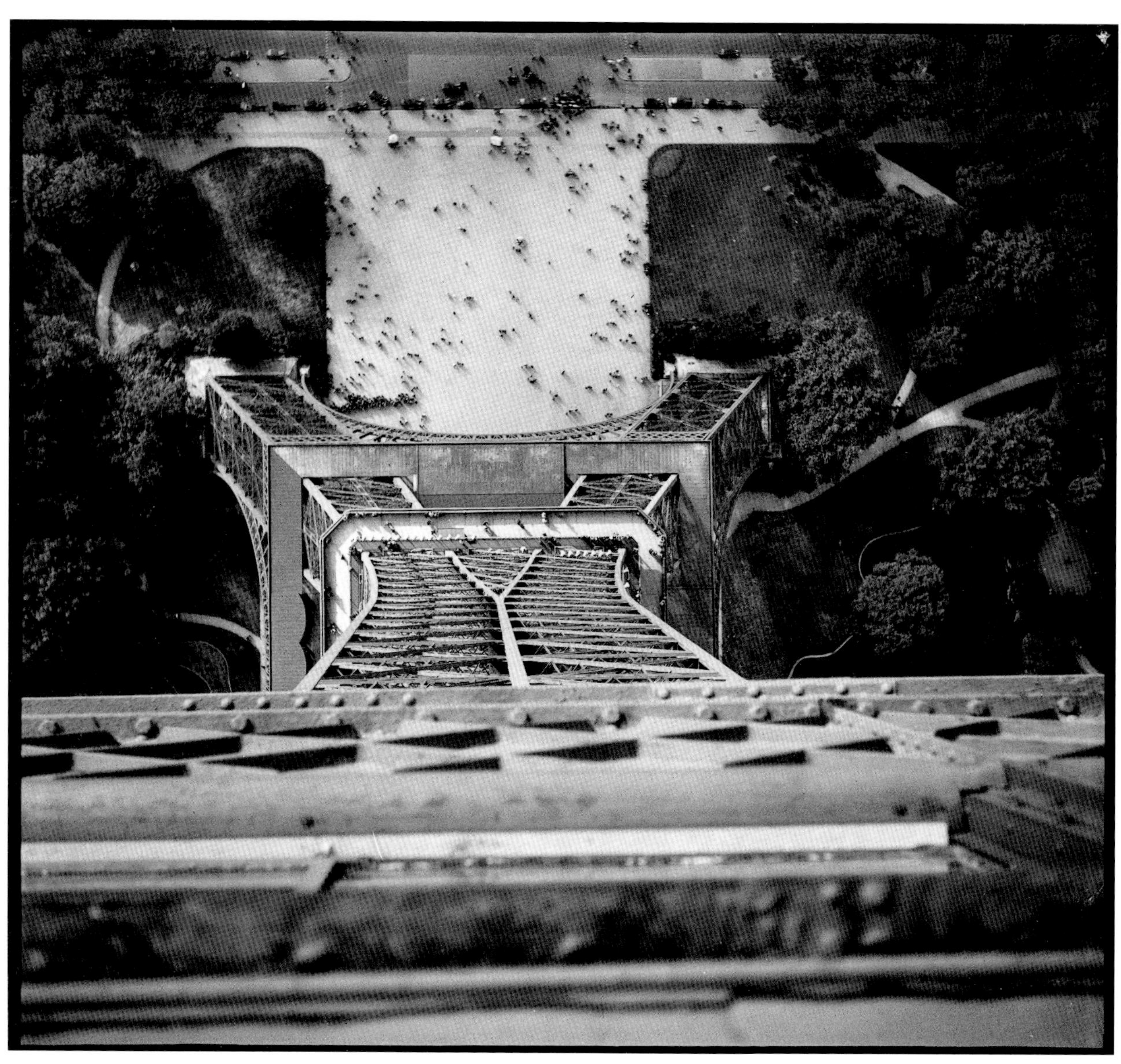

LUCIEN HERVÉ. *Du haut de la tour Eiffel*, 1944-1946.

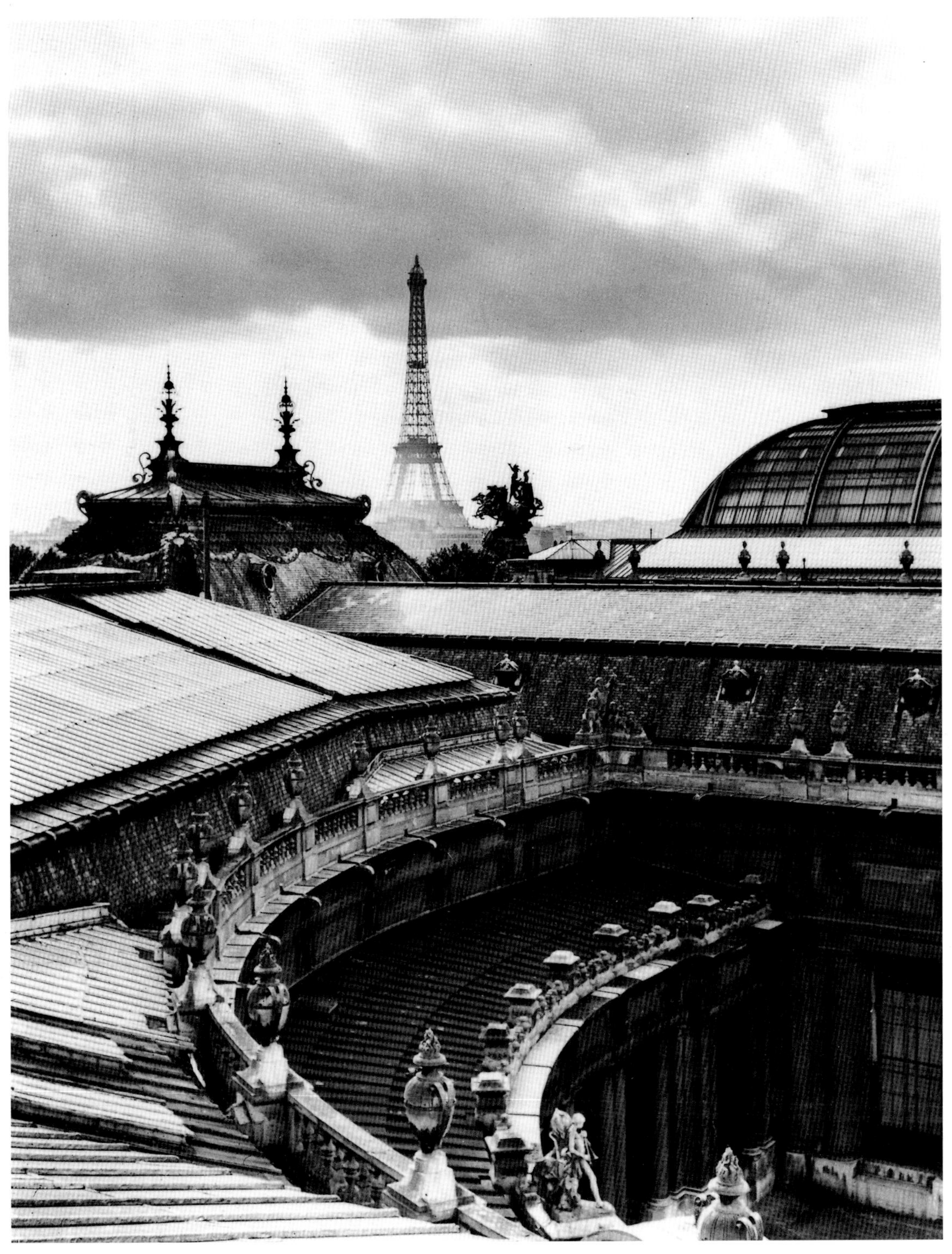

RENÉ-JACQUES. *Tour Eiffel*, 1947.

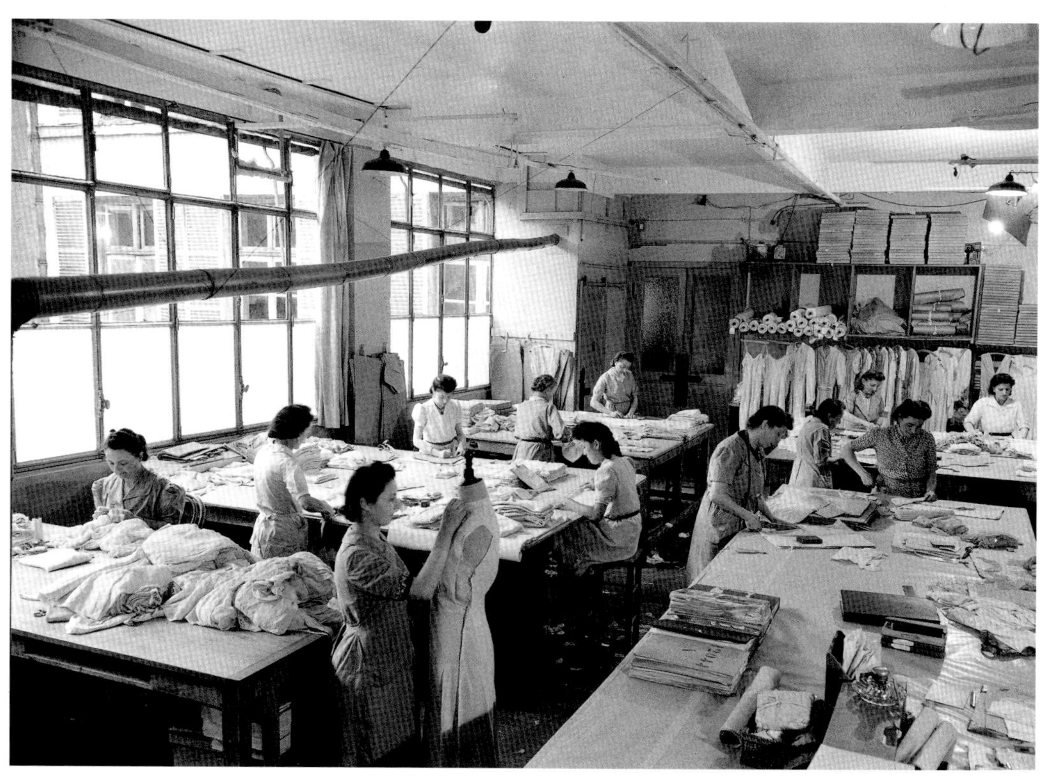

RENÉ-JACQUES. *Centre d'études techniques des industries de l'Habillement,* 1947.

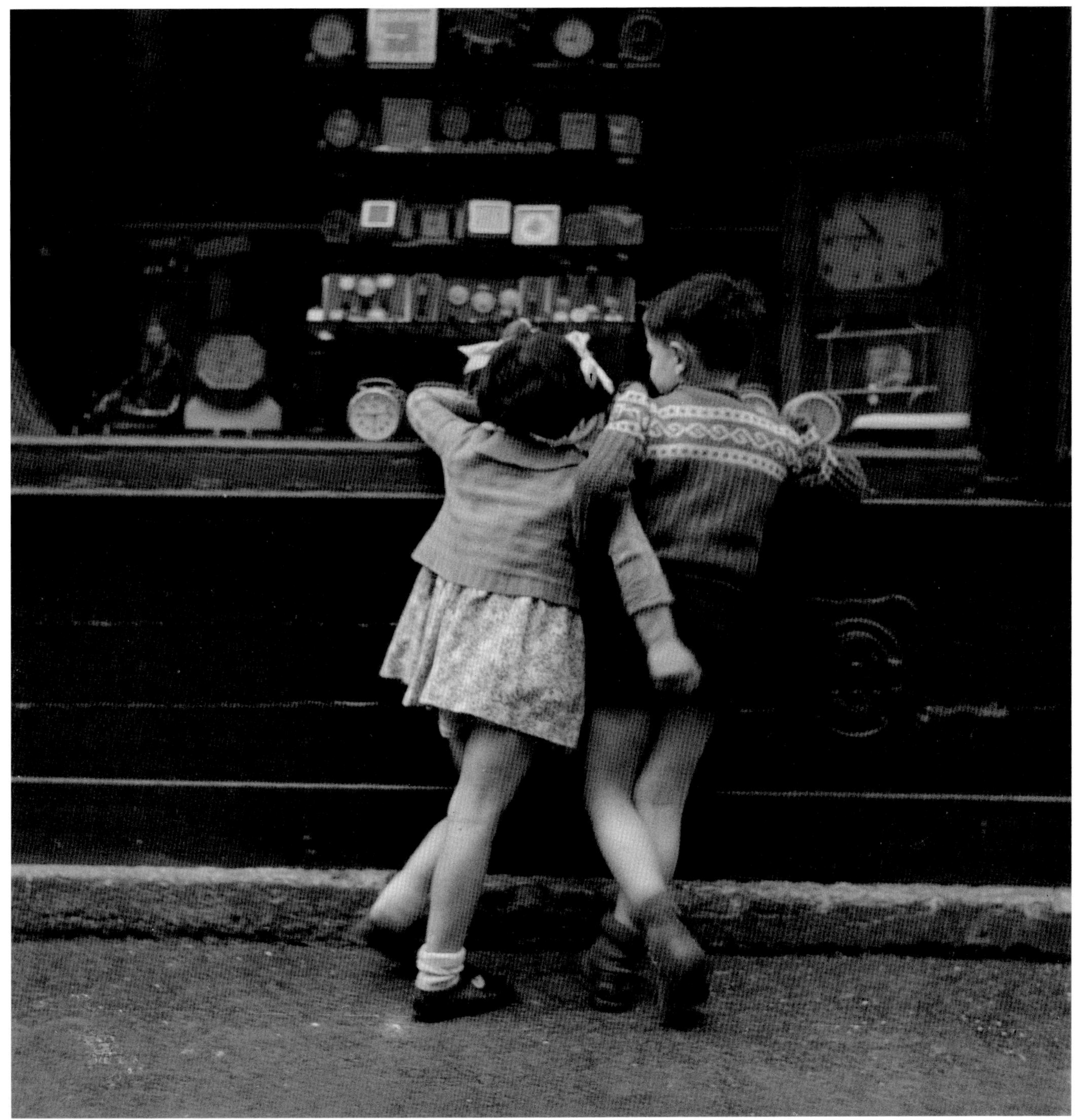

ÉDOUARD BOUBAT. *Montmartre, 1948.*

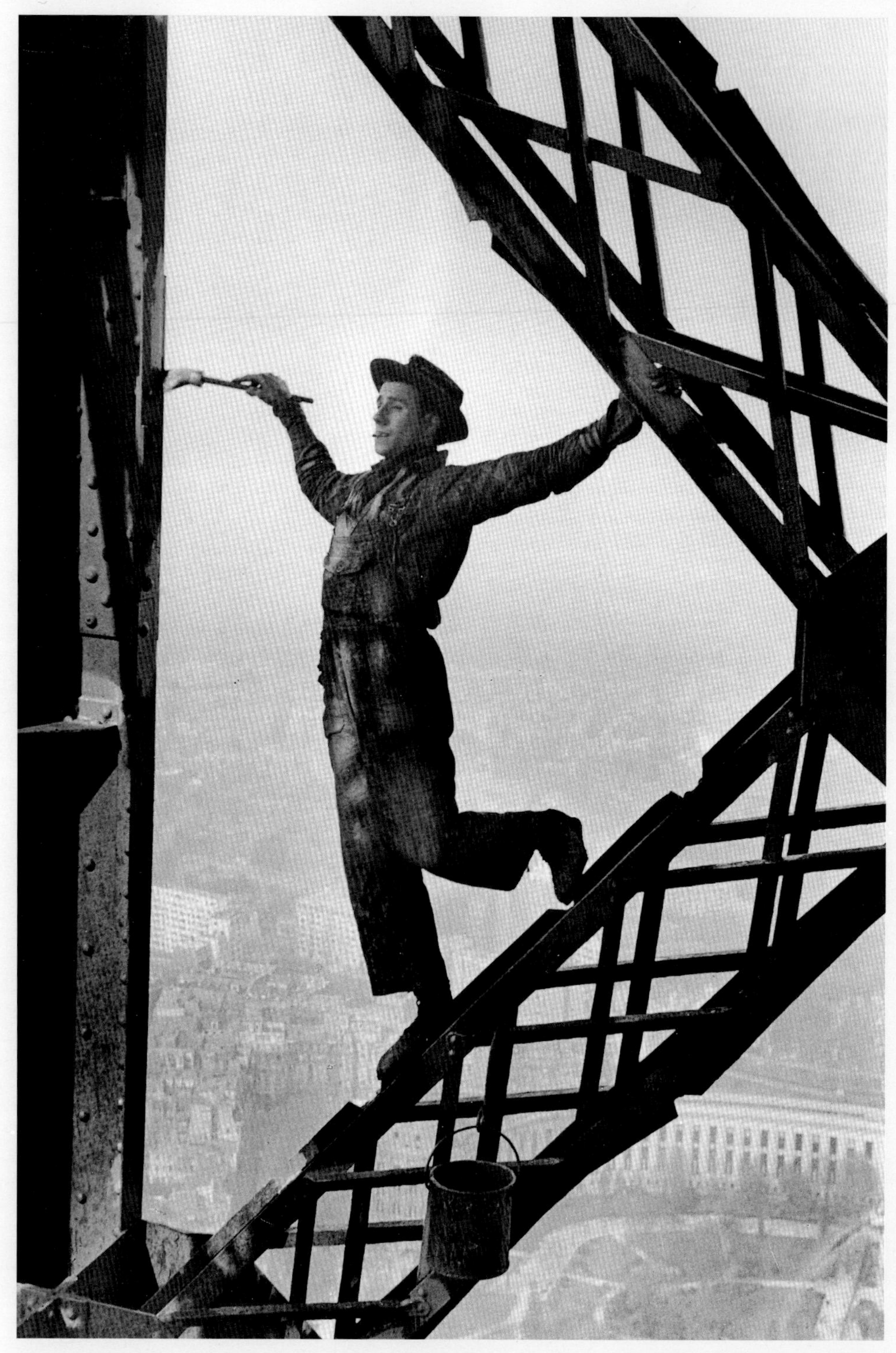

MARC RIBOUD. *Le peintre de la tour Eiffel*, 1953.

1950-1970

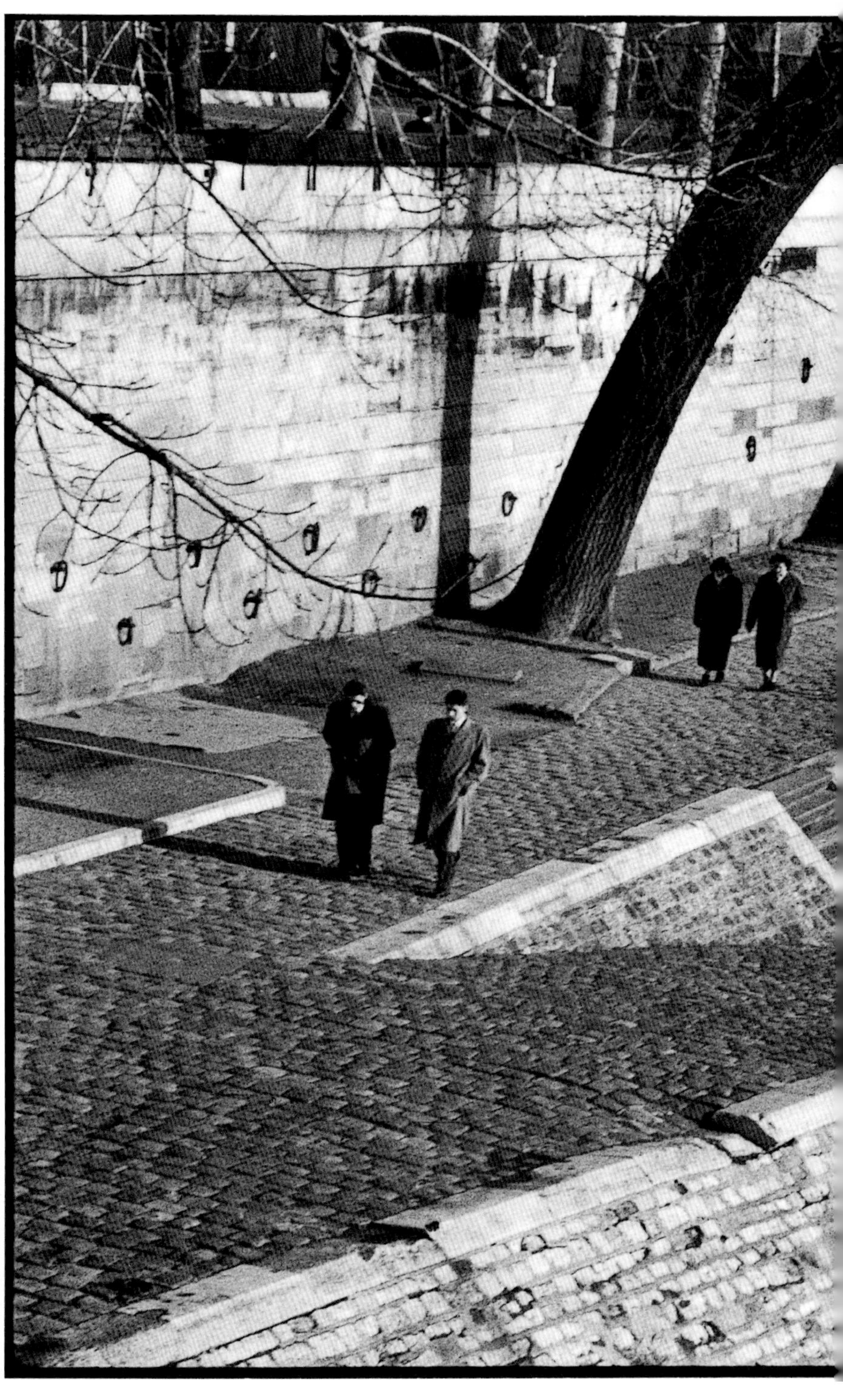

HENRI CARTIER-BRESSON. *Quai des Tuileries*, 1956.

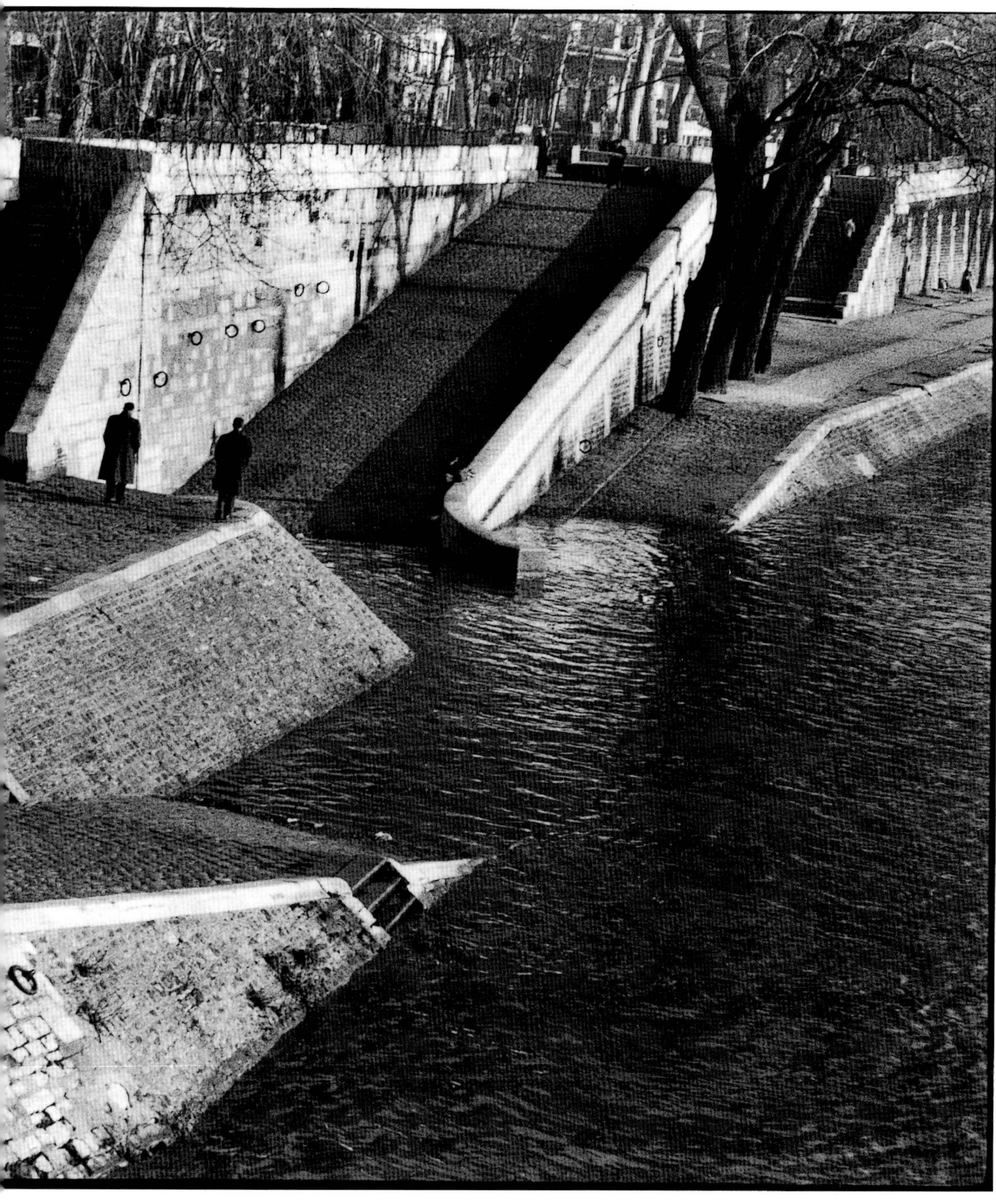

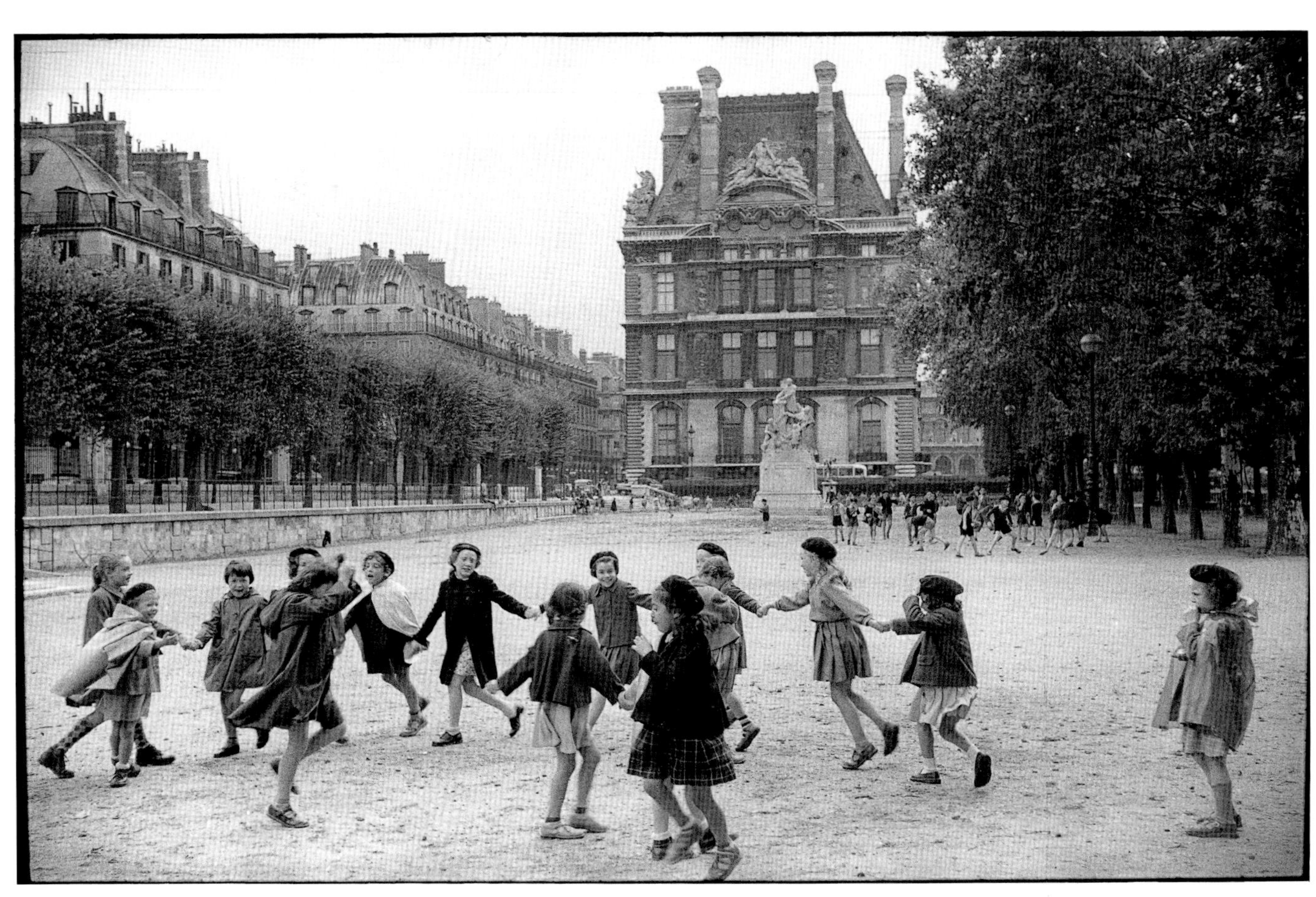

MARC RIBOUD. *Les Tuileries*, 1952.

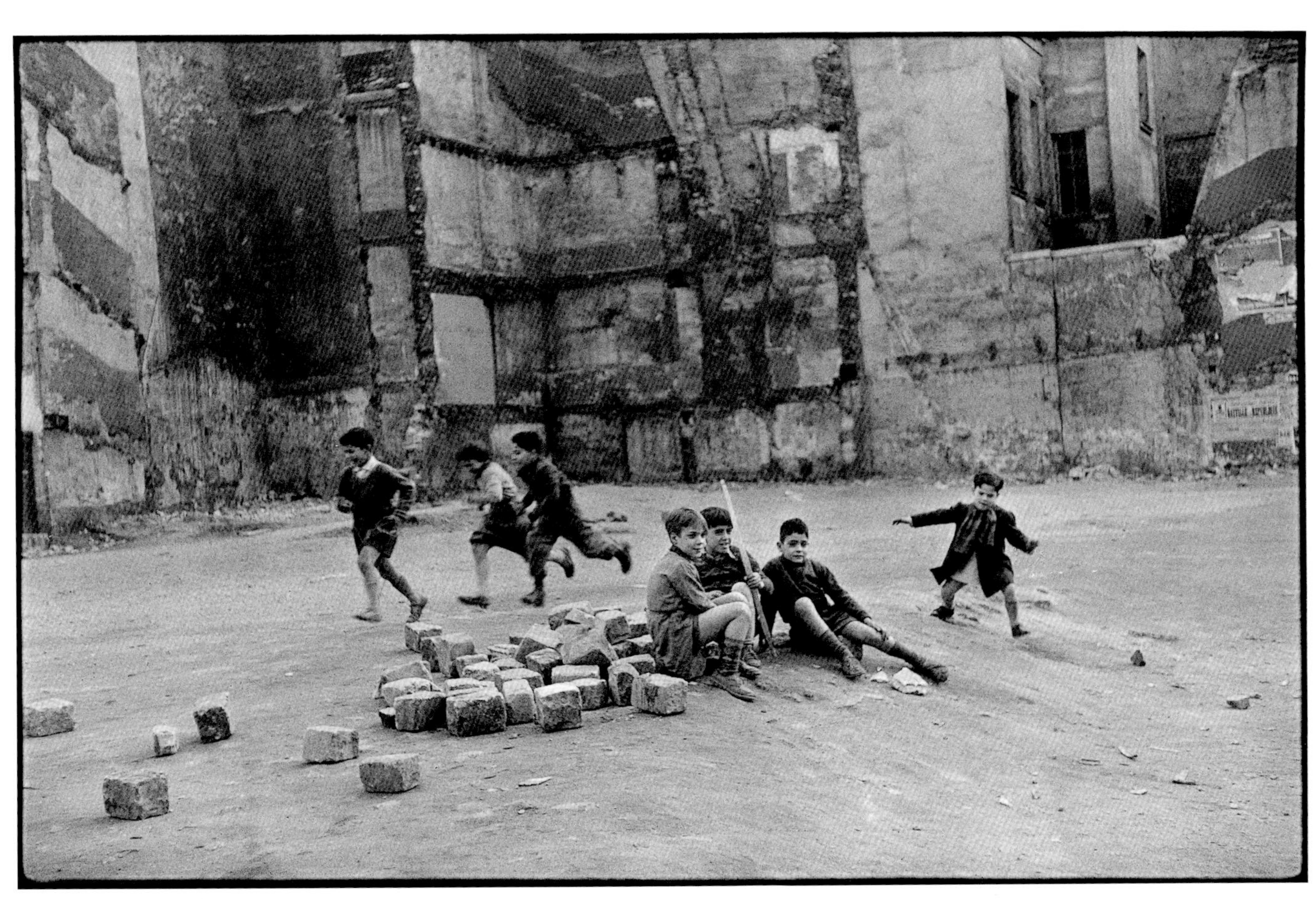

HENRI CARTIER-BRESSON. *Le Marais*, 1952.

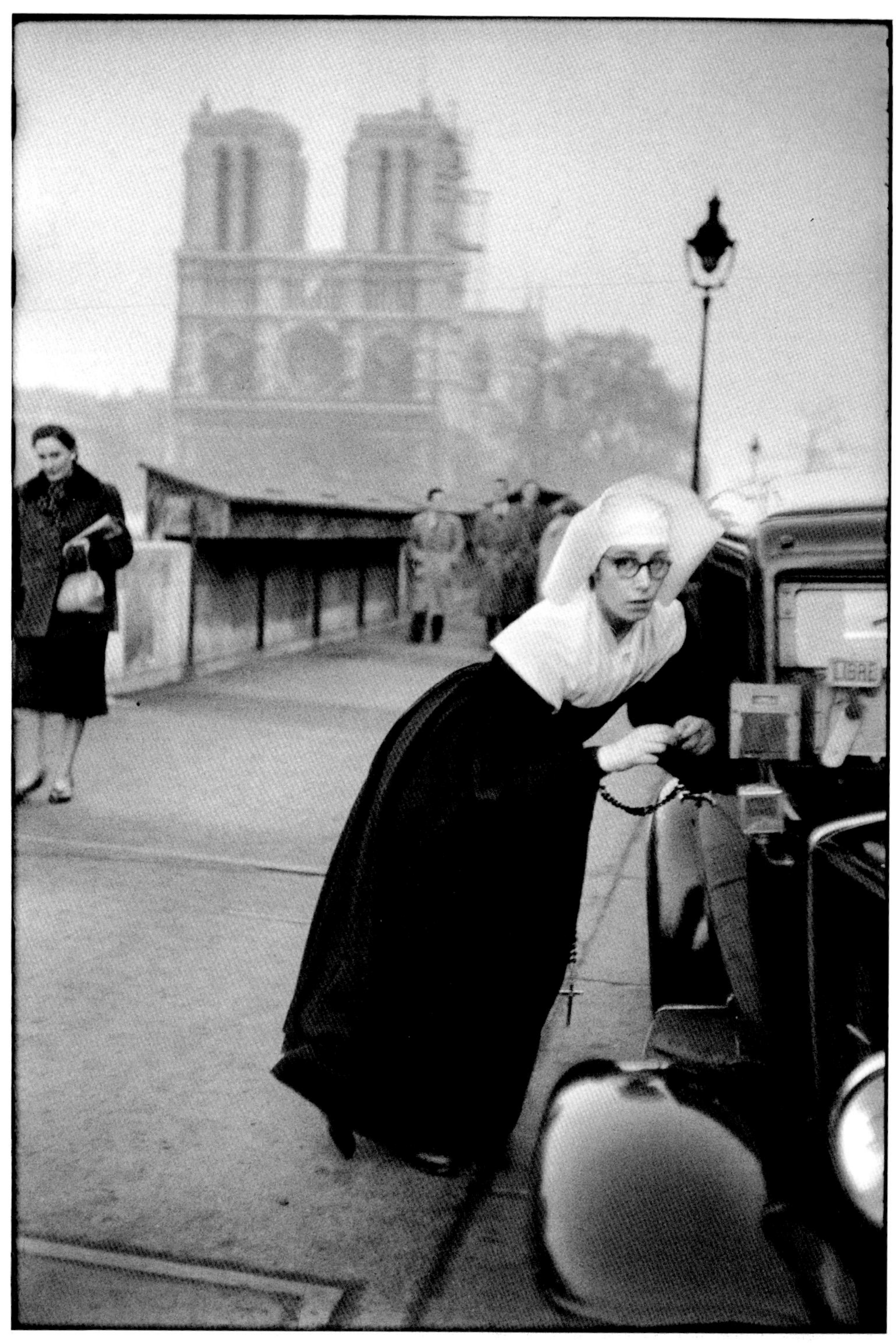

MARC RIBOUD. *Station de taxi, quai Saint-Michel*, 1953.

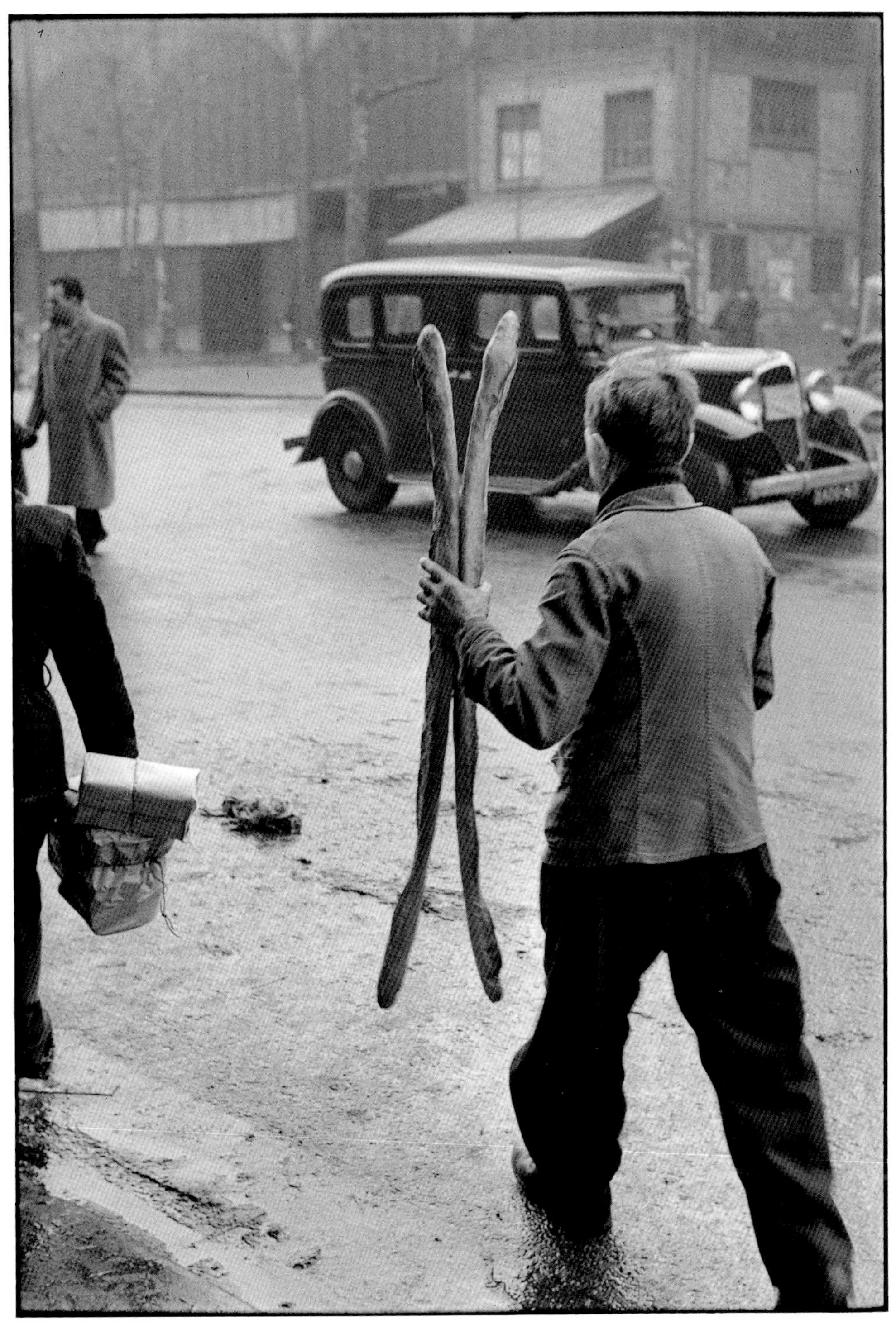

MARC RIBOUD. *Deux baguettes, Paris*, 1953.

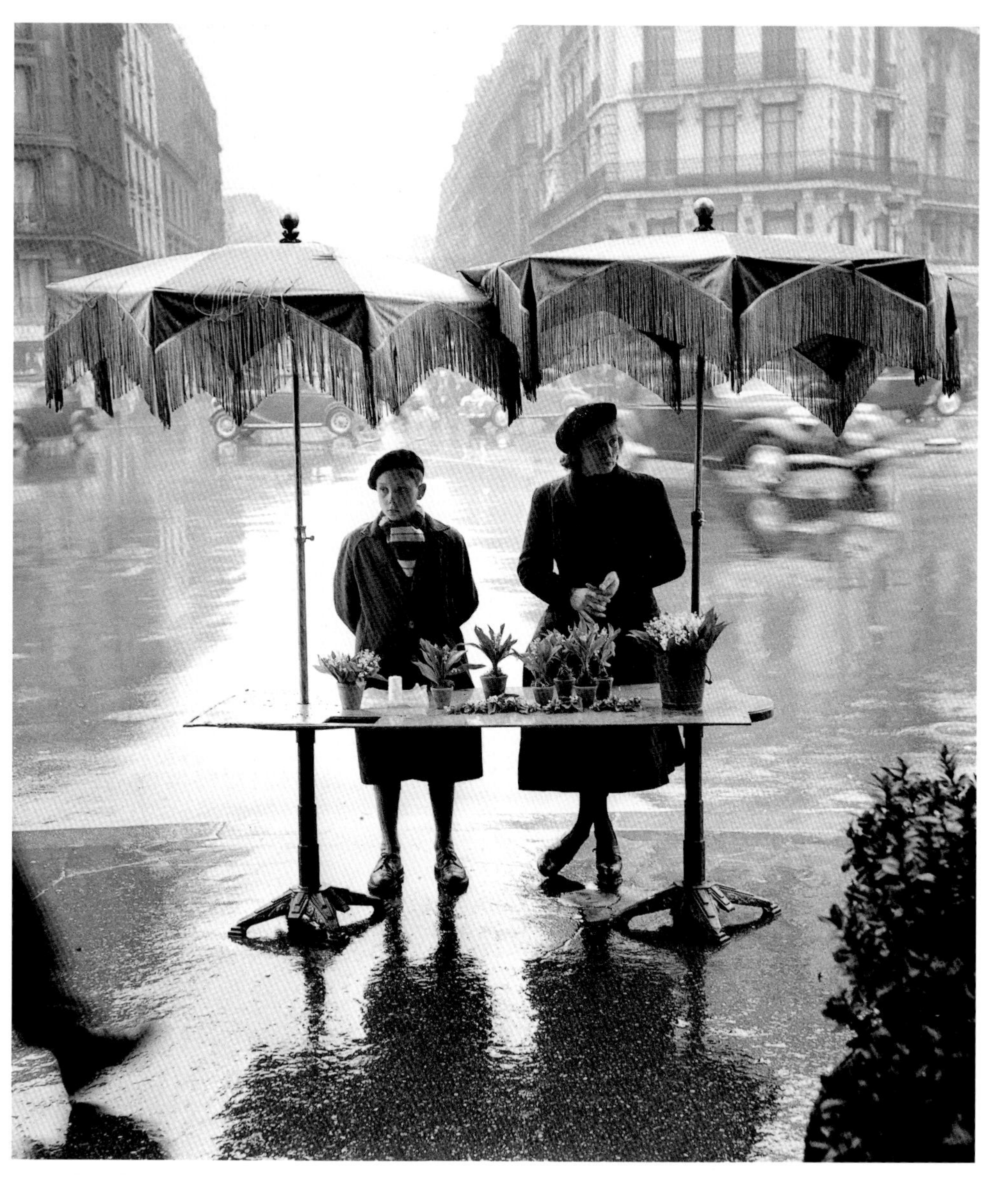

IZIS. *1er mai, place Victor-Basch,* 1950.

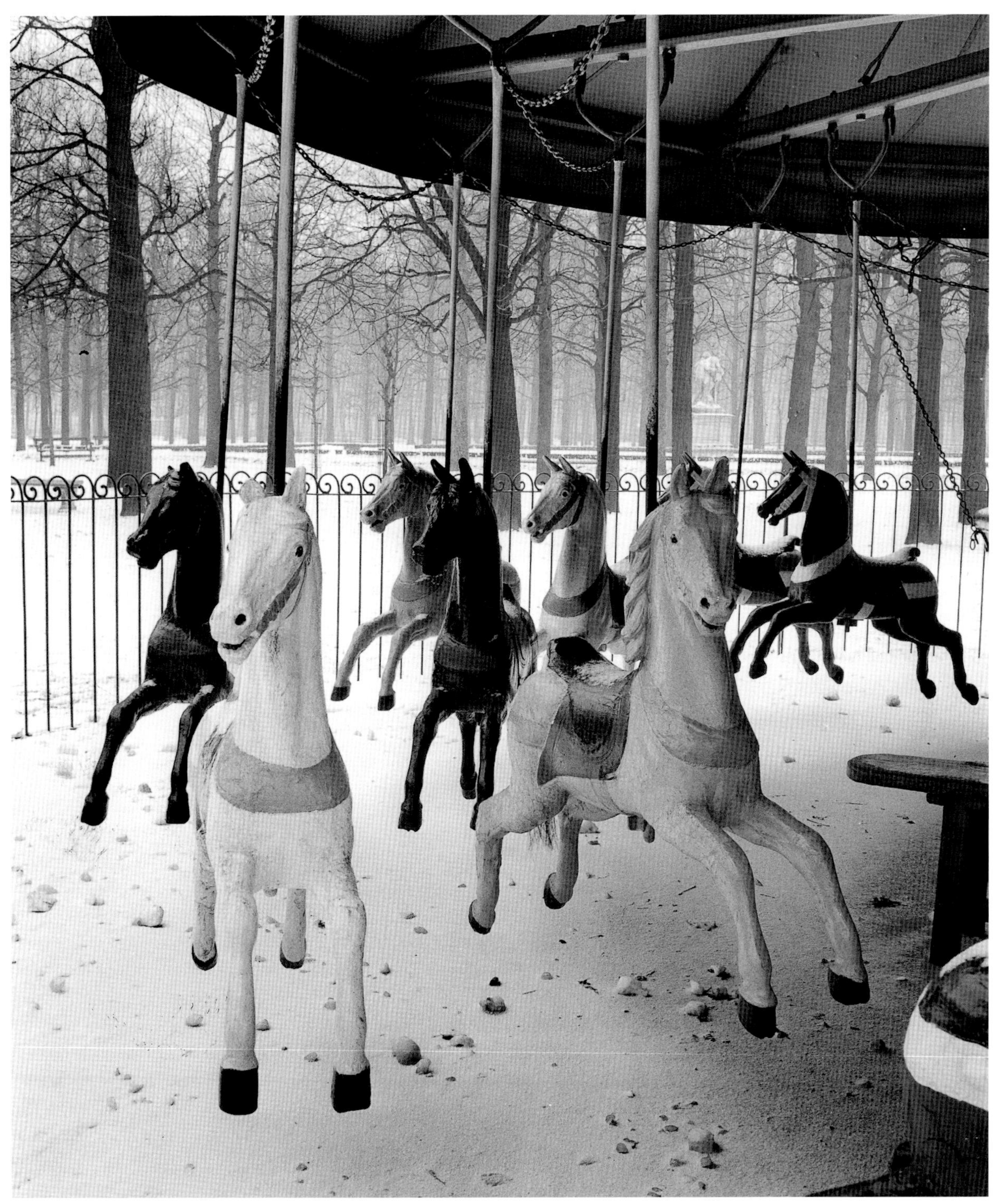

IZIS. *Jardin des Tuileries*, 1950.

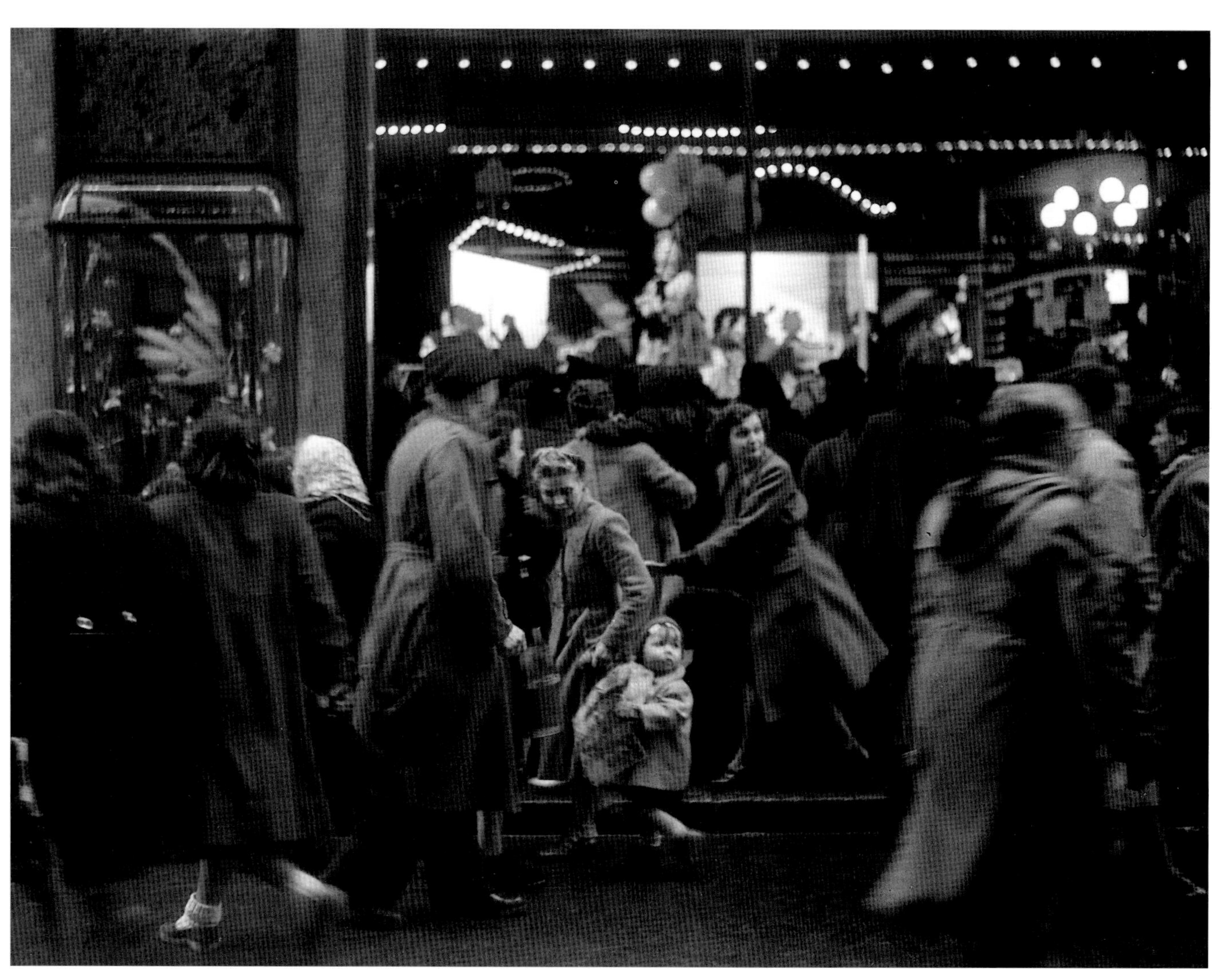

WILLY RONIS. *Rue de Mogador*, 1952.

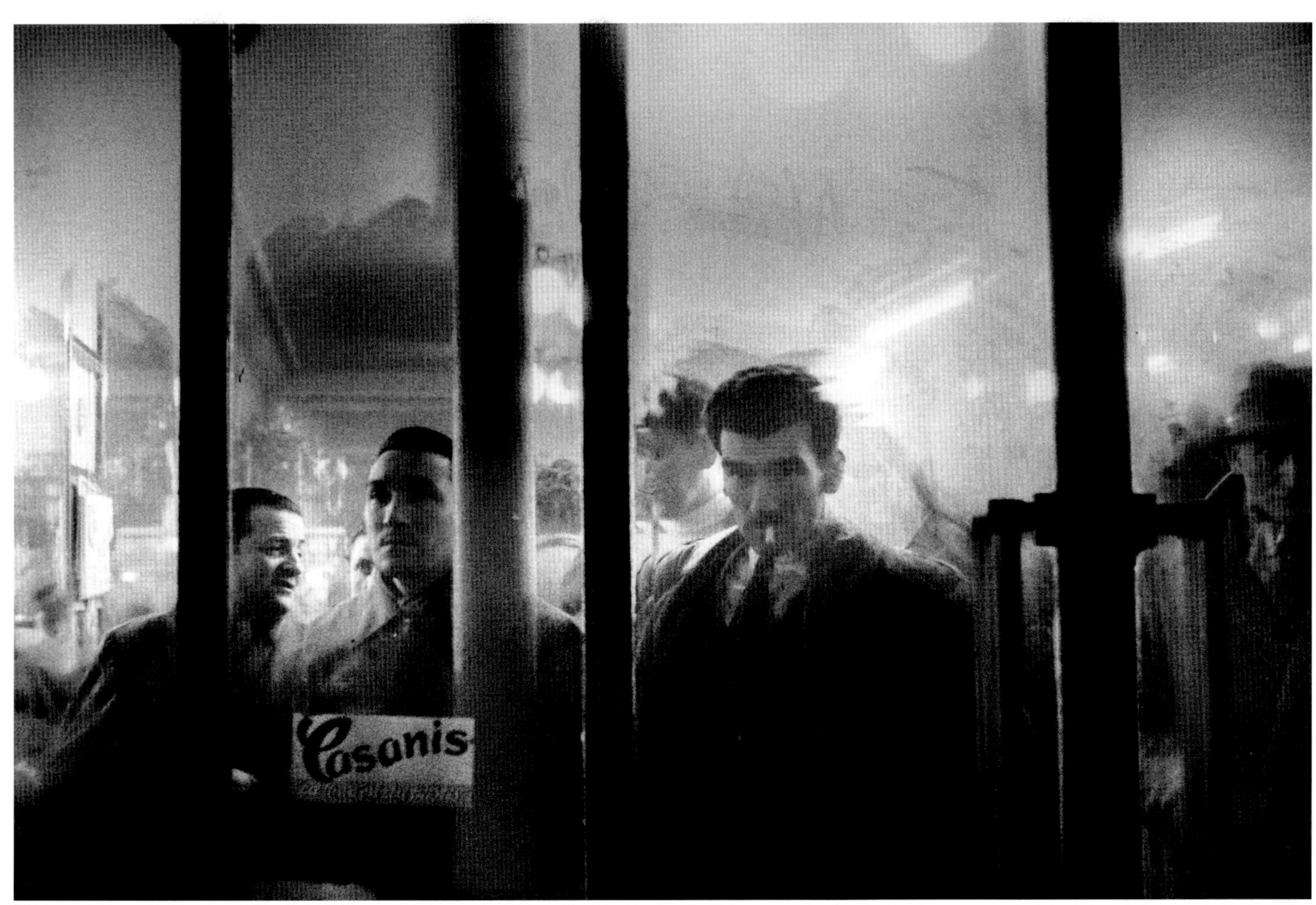

WILLY RONIS. *Bistrot, rue Montmartre*, 1955.

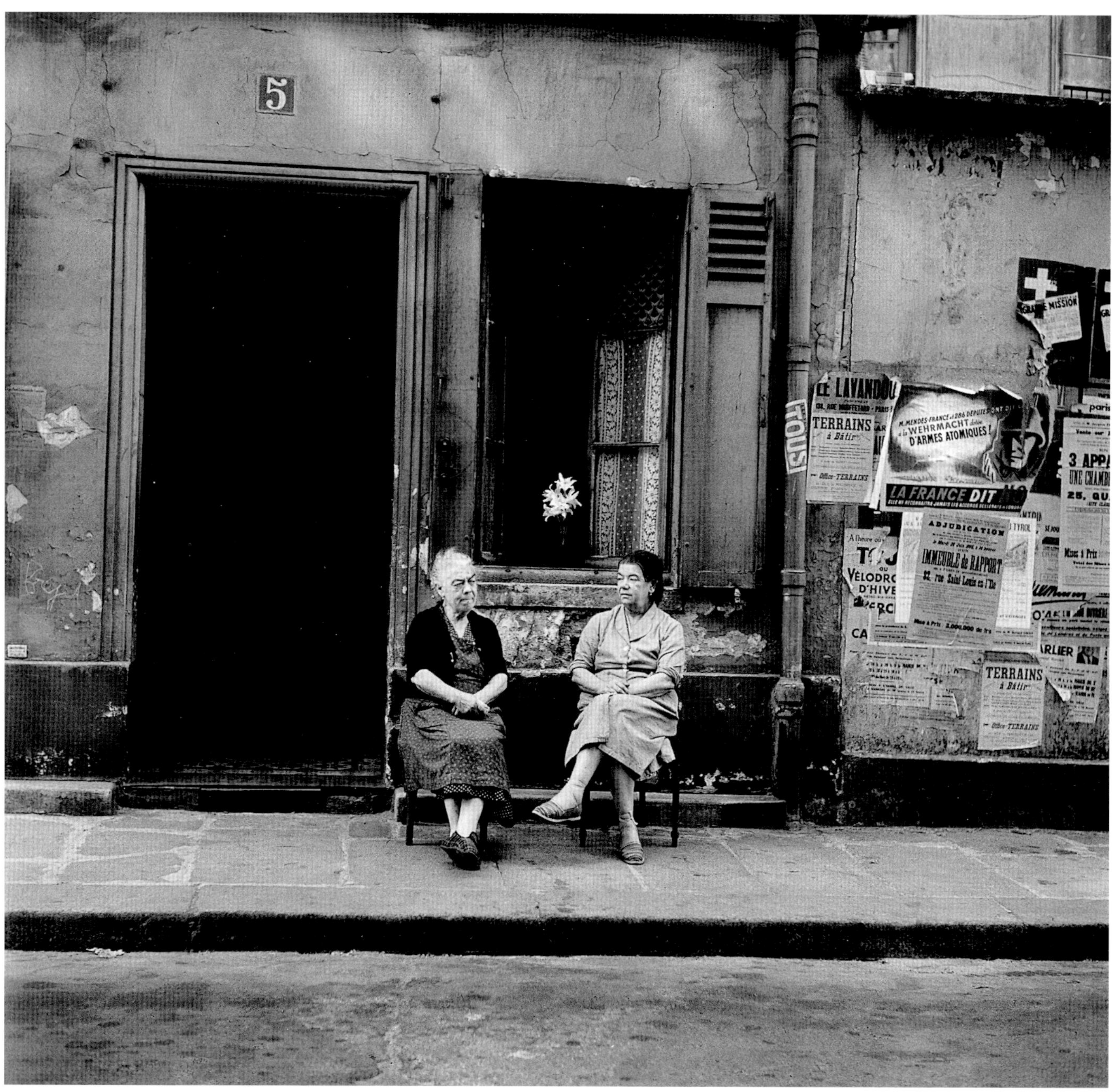

JEAN-LOUP SIEFF. *Concierges mère et fille*, 1955.

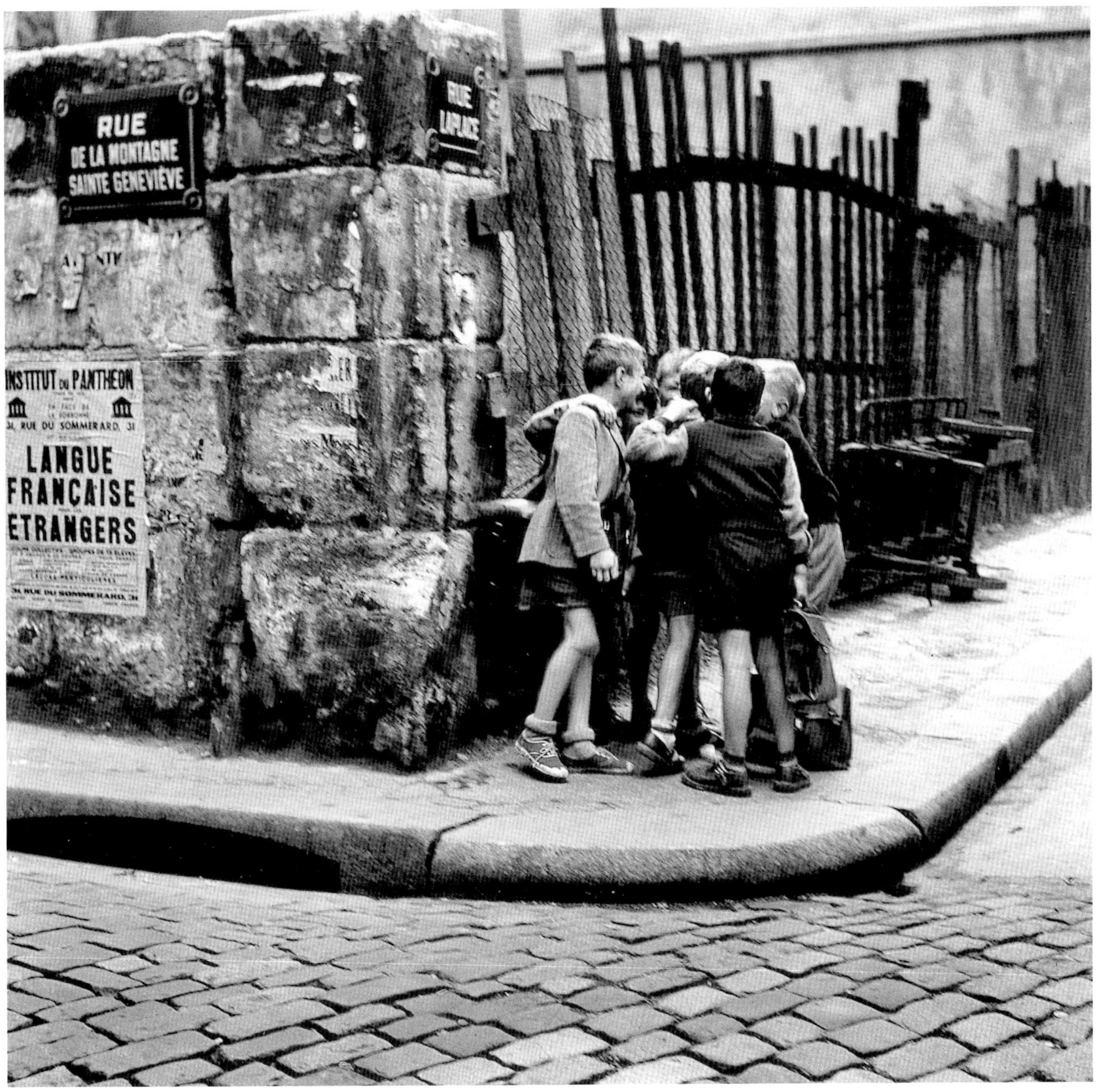

JEAN-LOUP SIEFF. *Paris 1954.*

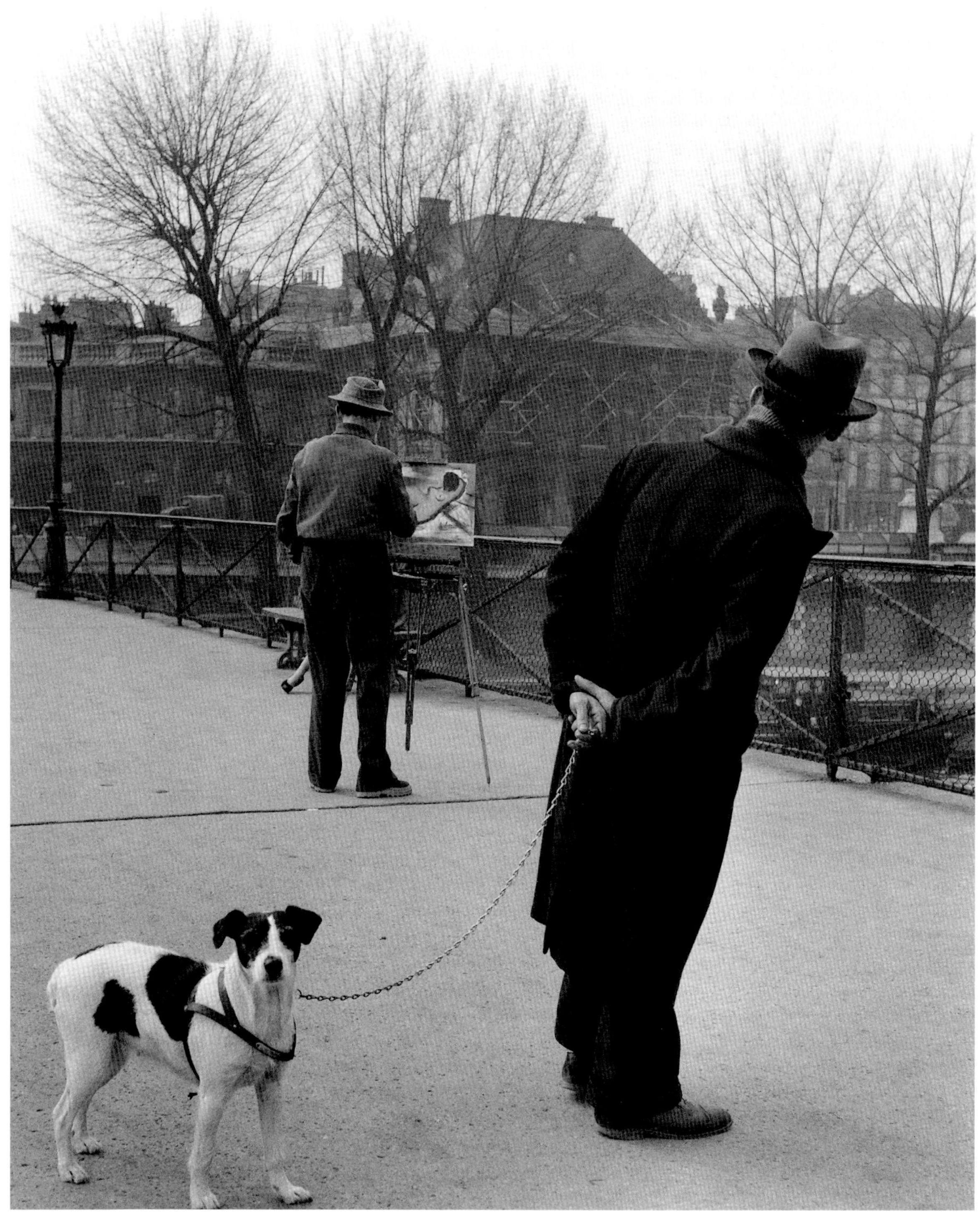

ROBERT DOISNEAU. *Fox-terrier au pont des Arts*, 1953.

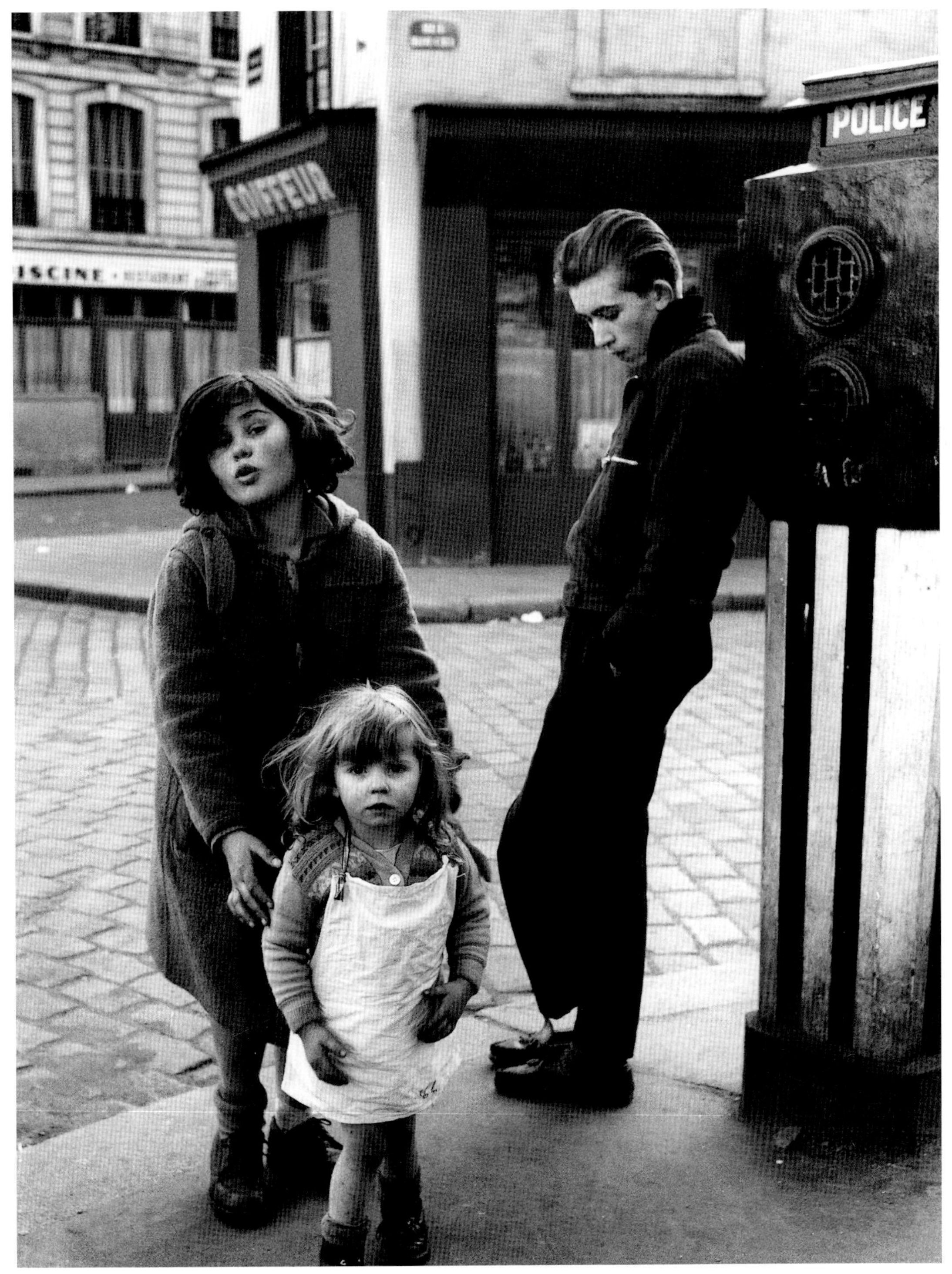

ROBERT DOISNEAU. *Place Hébert*, 1957.

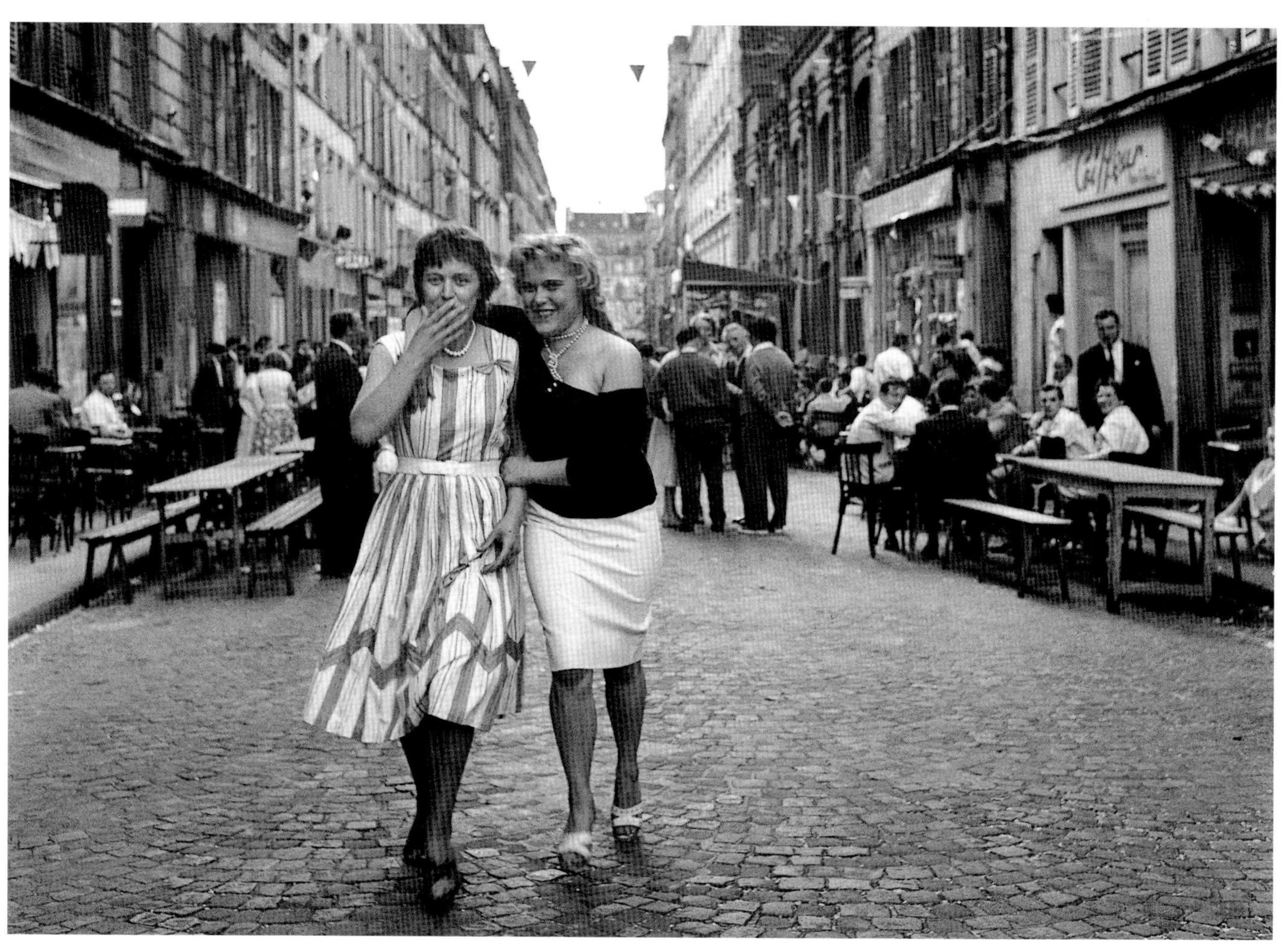

ROBERT DOISNEAU. *Une épaule rue de Meaux*, 1959.

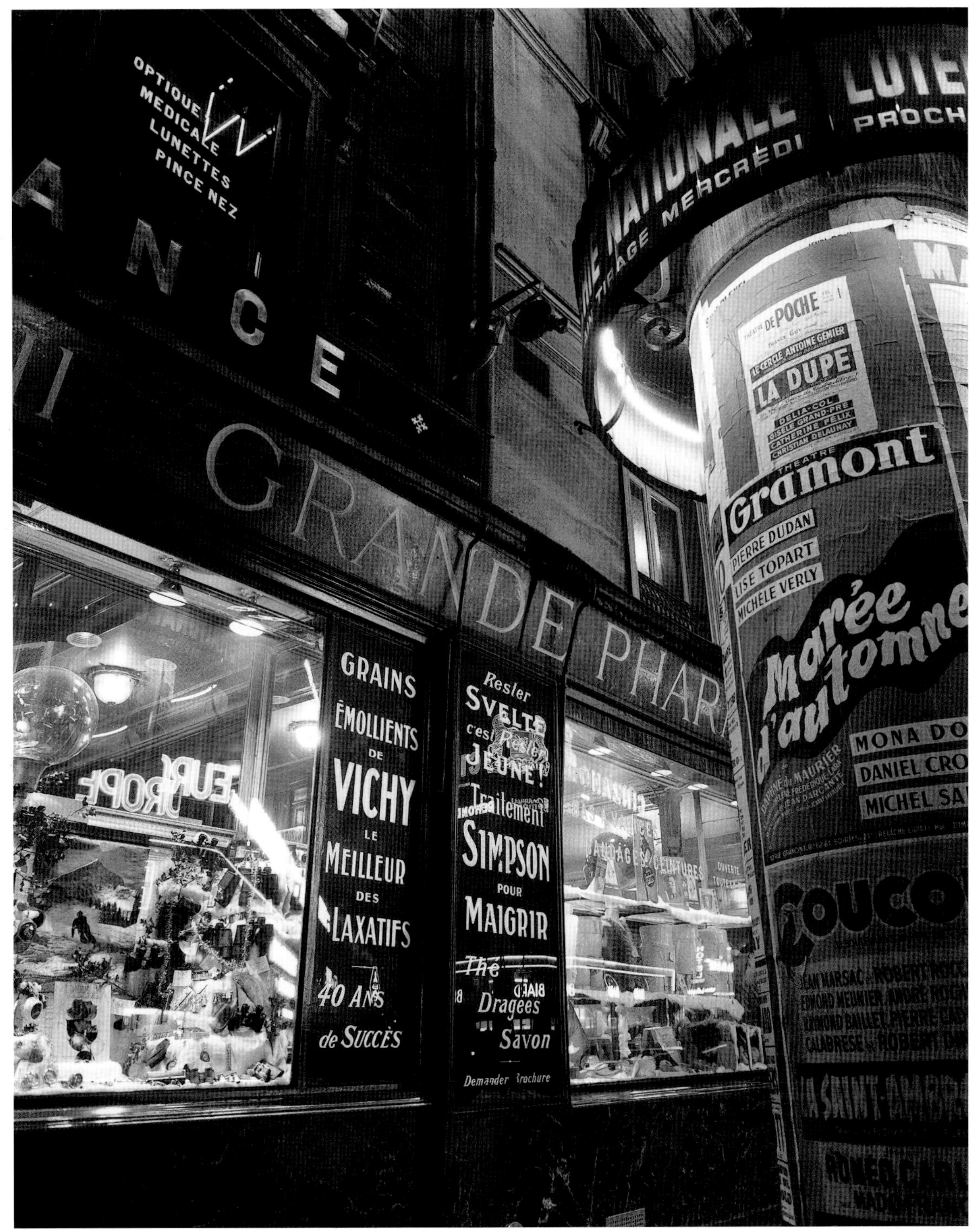

RENÉ-JACQUES. *Rue du Havre, la nuit,* 1960.

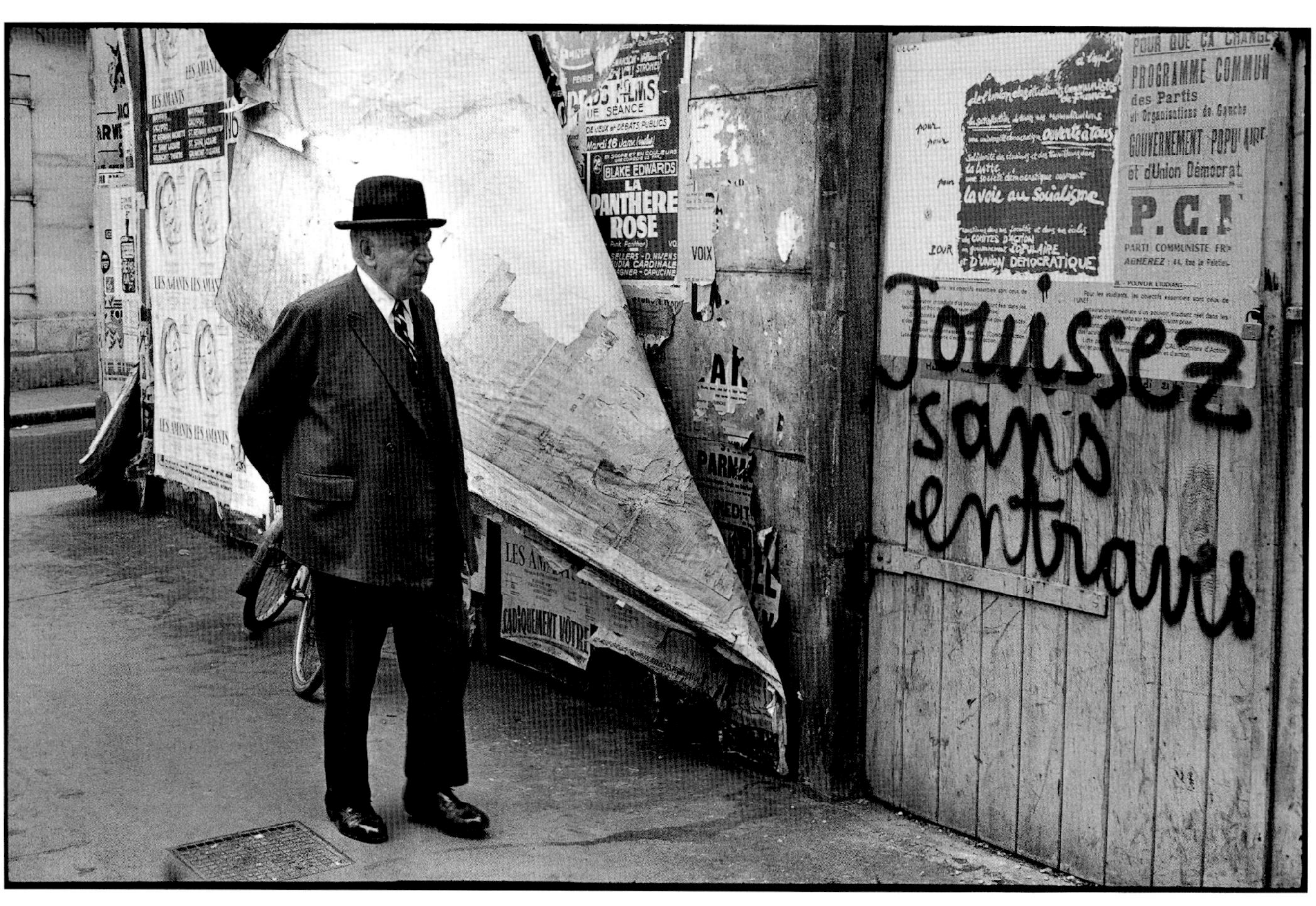

HENRI CARTIER-BRESSON. *Rue de Vaugirard, Paris, Mai 68,* 1968.

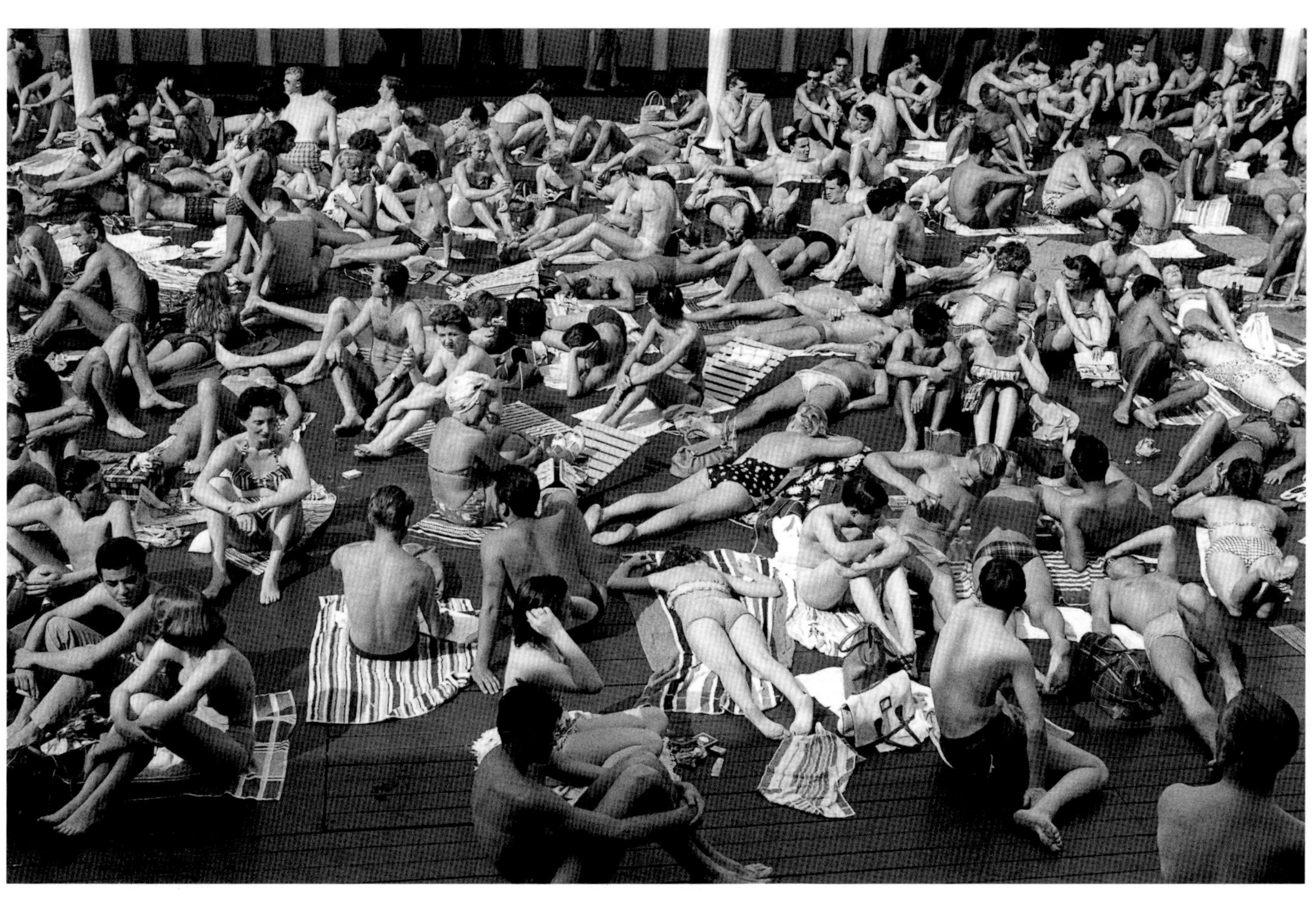

ÉDOUARD BOUBAT. *Bains Deligny*, 1960.

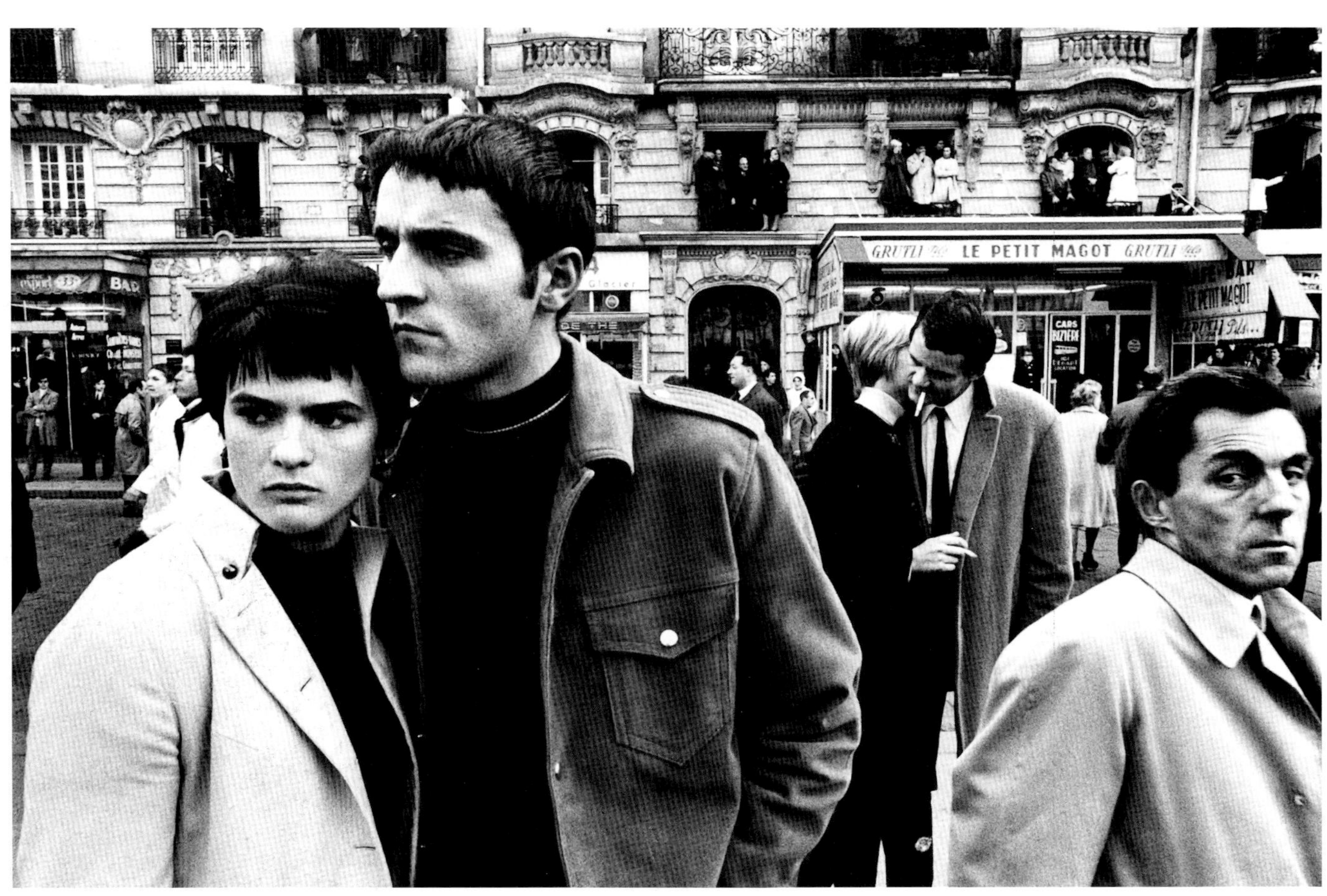

WILLIAM KLEIN. *Paris, 11 novembre 1968.*

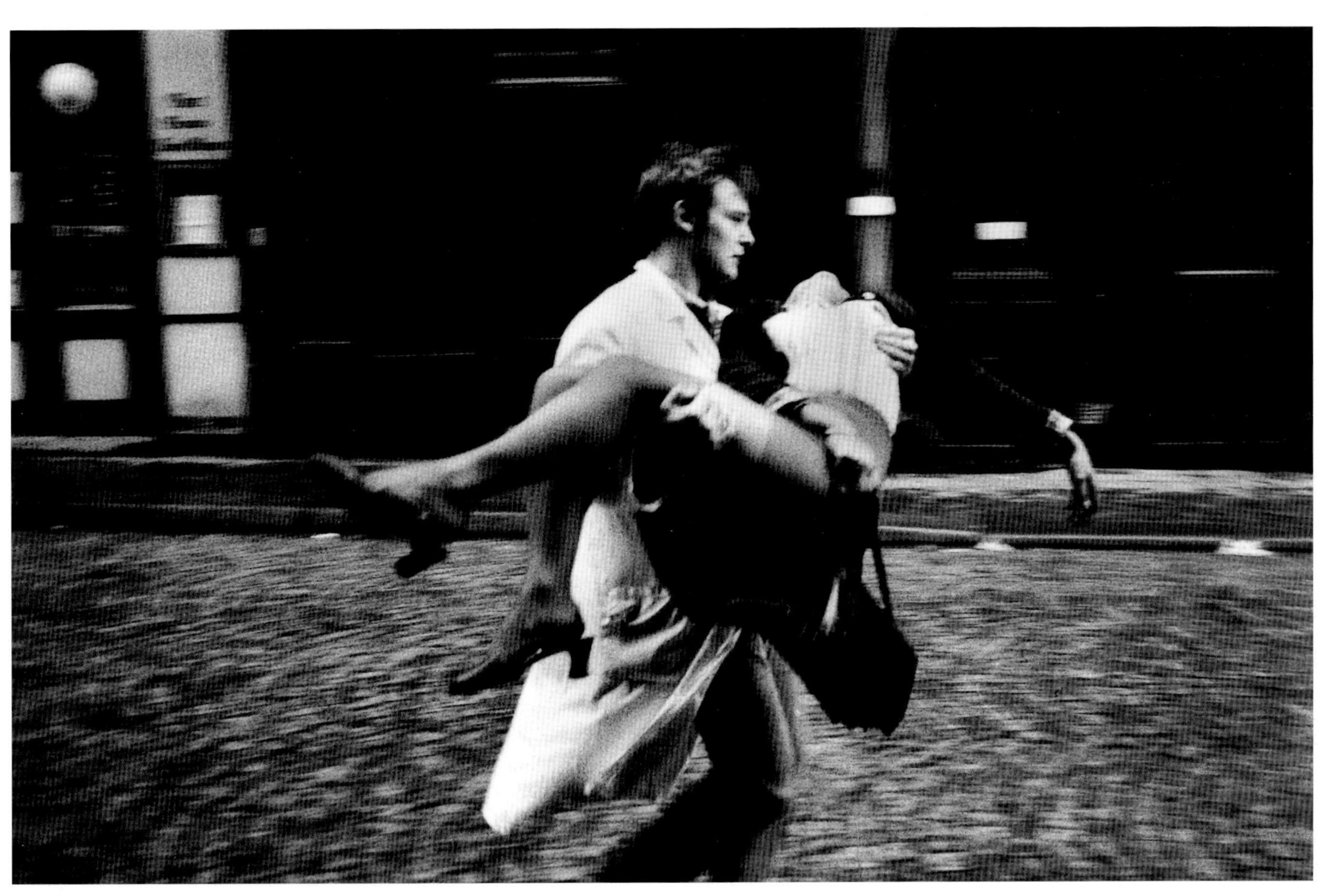

CLAUDE DITYVON. *Paris, Mai 68*, 1968.

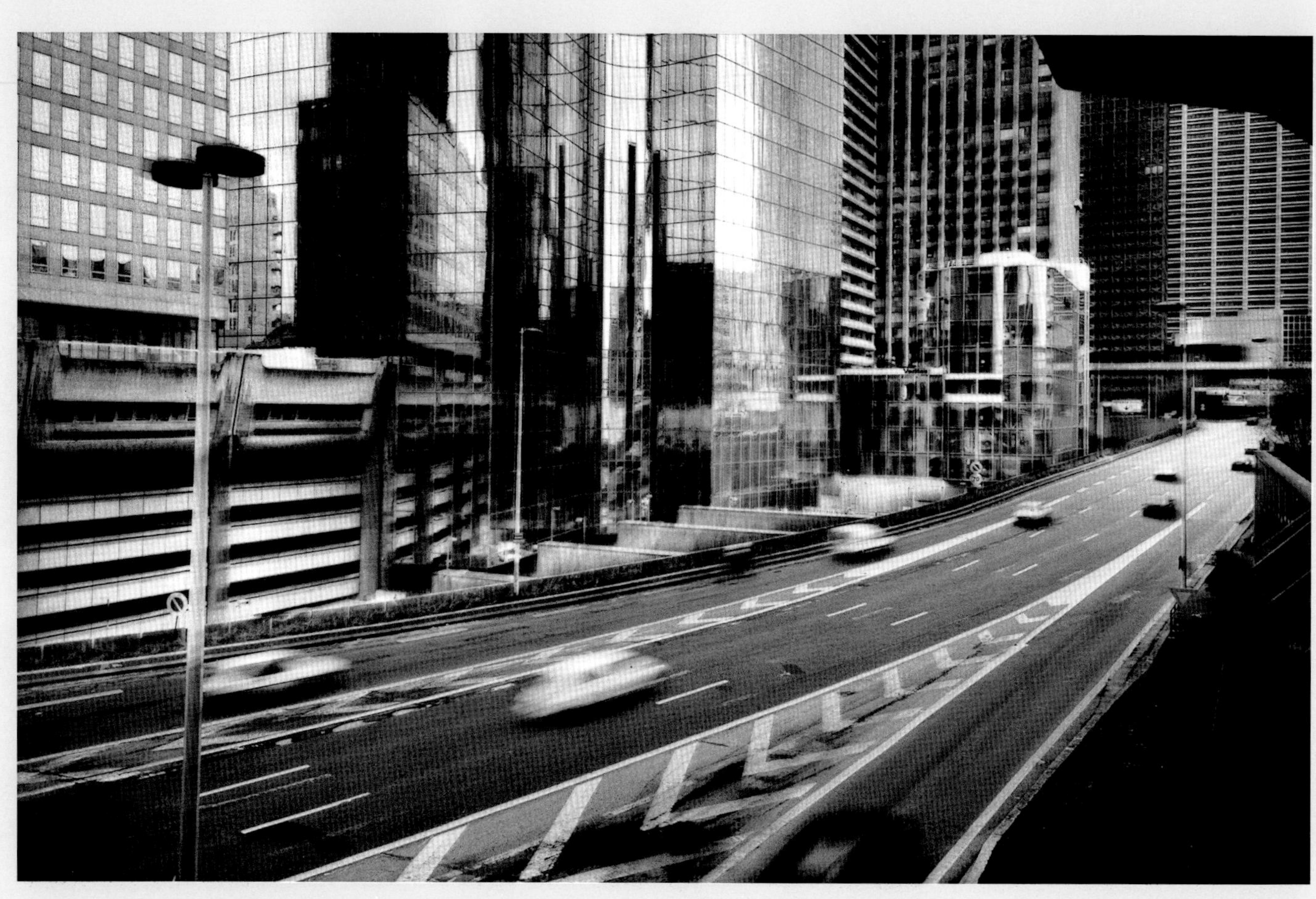

MIMMO JODICE. *La Défense*, 1993.

1970-1994

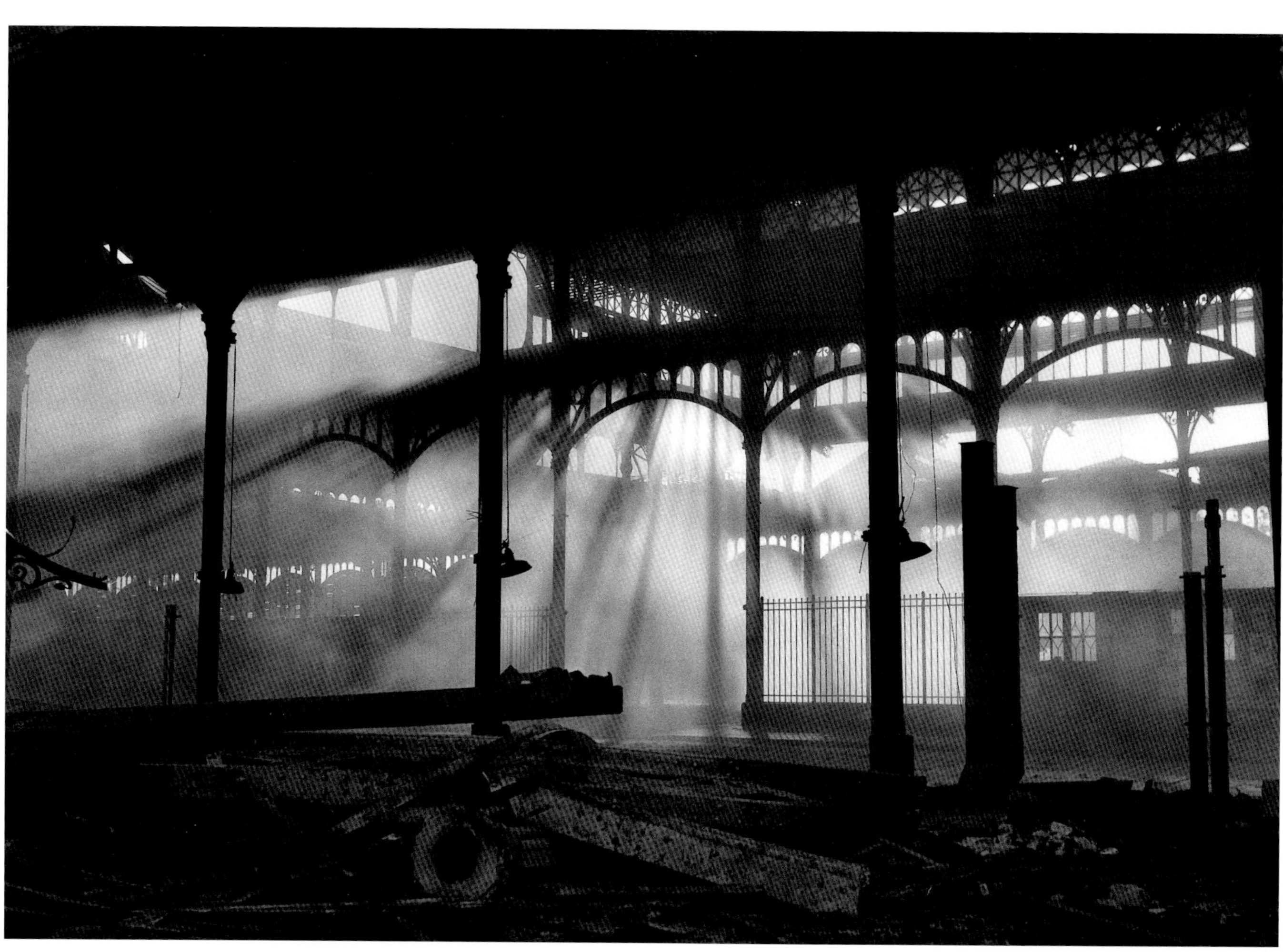

JEAN-CLAUDE GAUTRAND. *L'assassinat de Baltard*, 1971.

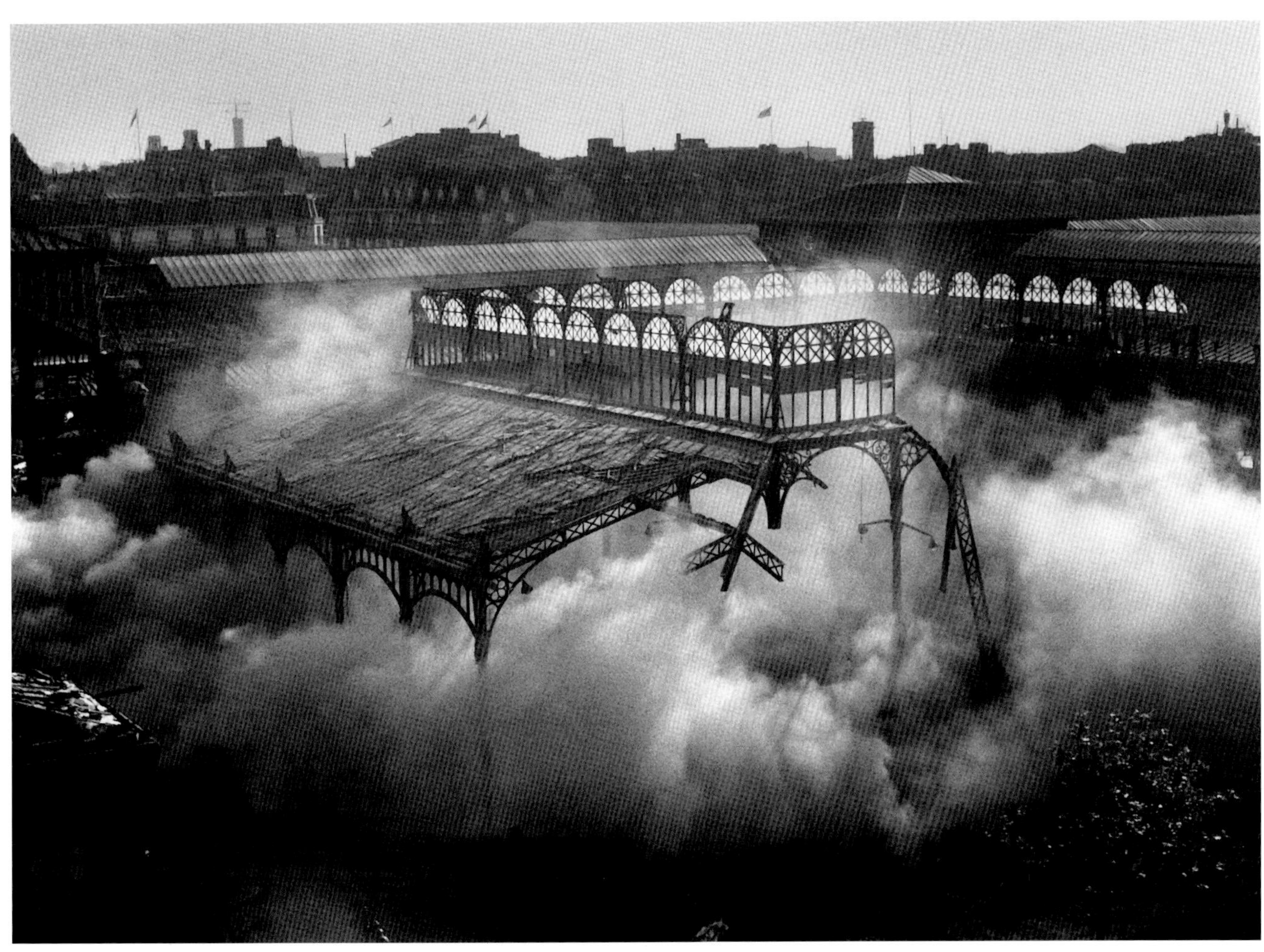

JEAN-CLAUDE GAUTRAND. *L'assassinat de Baltard*, 1971.

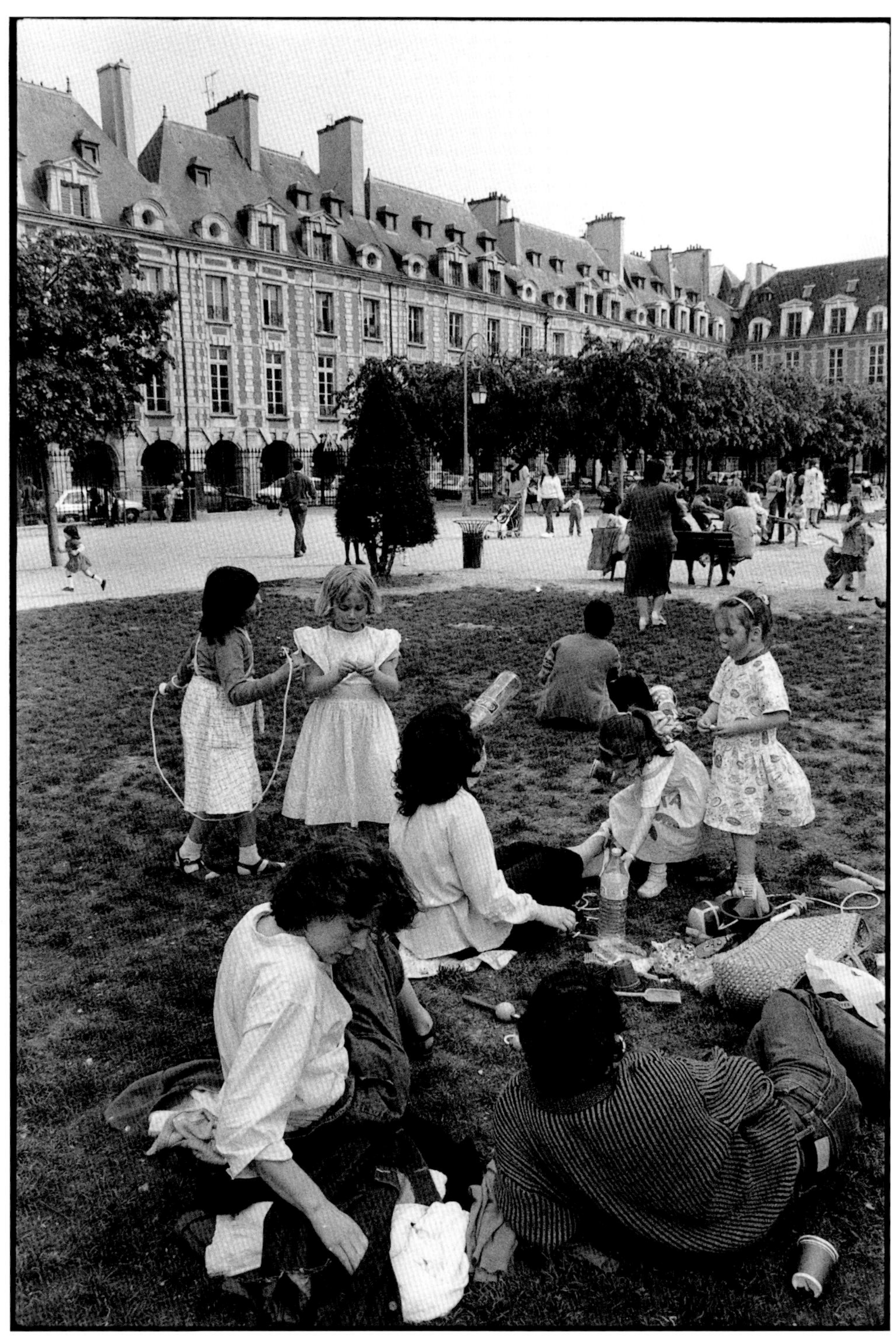

 WILLY RONIS. *Place des Vosges*, 1985.

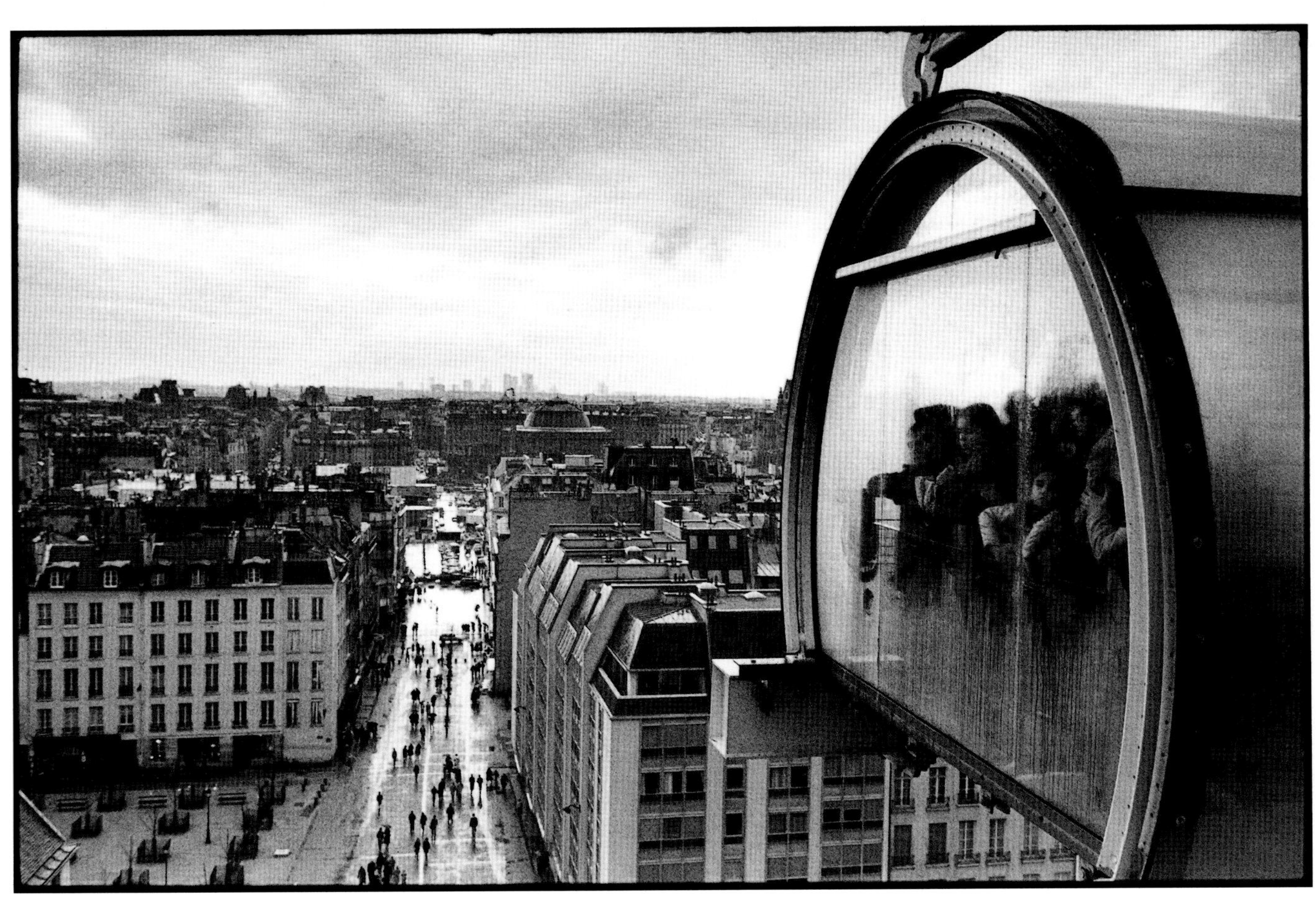

FRANÇOIS LE DIASCORN. *Centre Georges-Pompidou*, 1981.

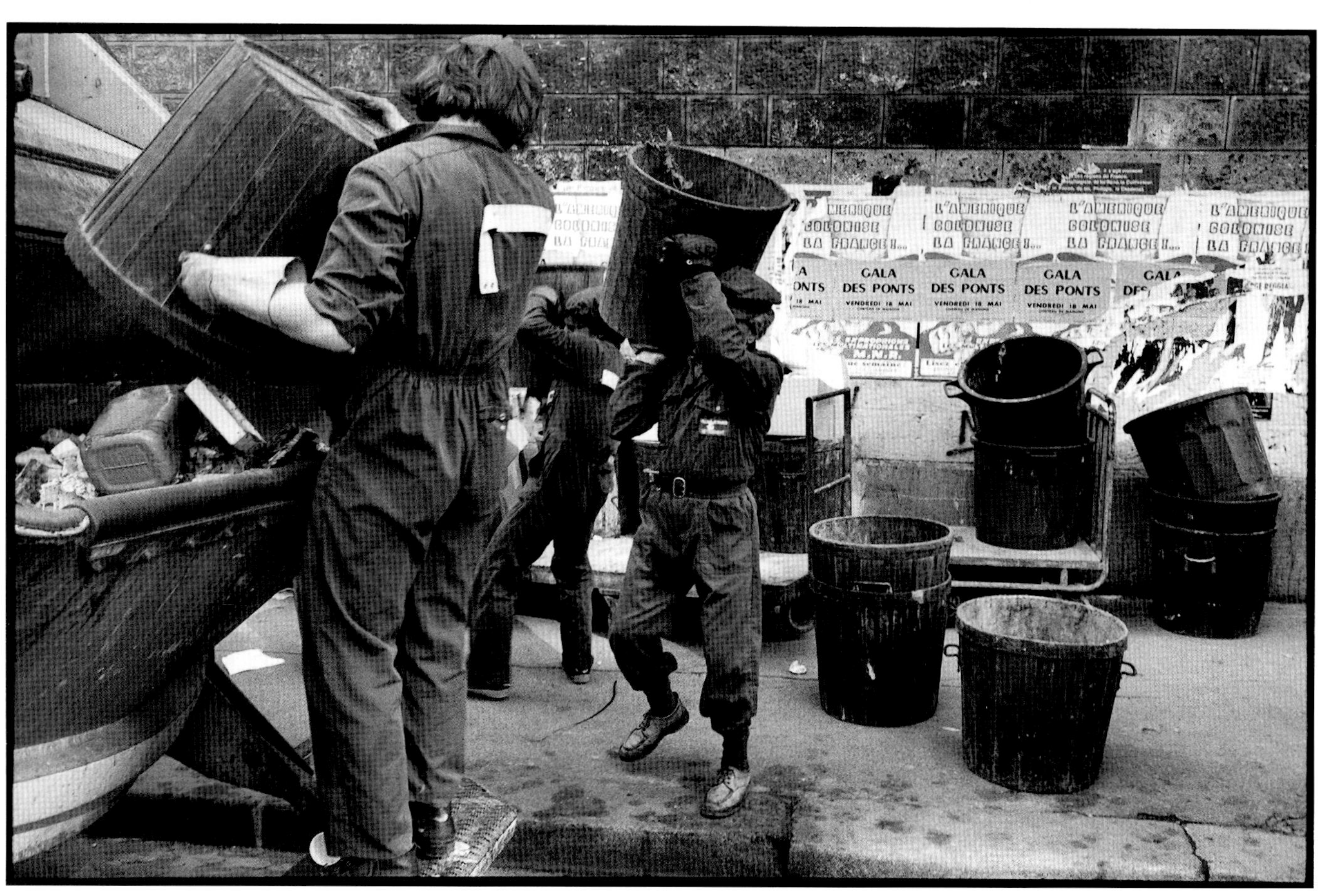

MARTINE FRANCK. *Éboueurs*, 1979.

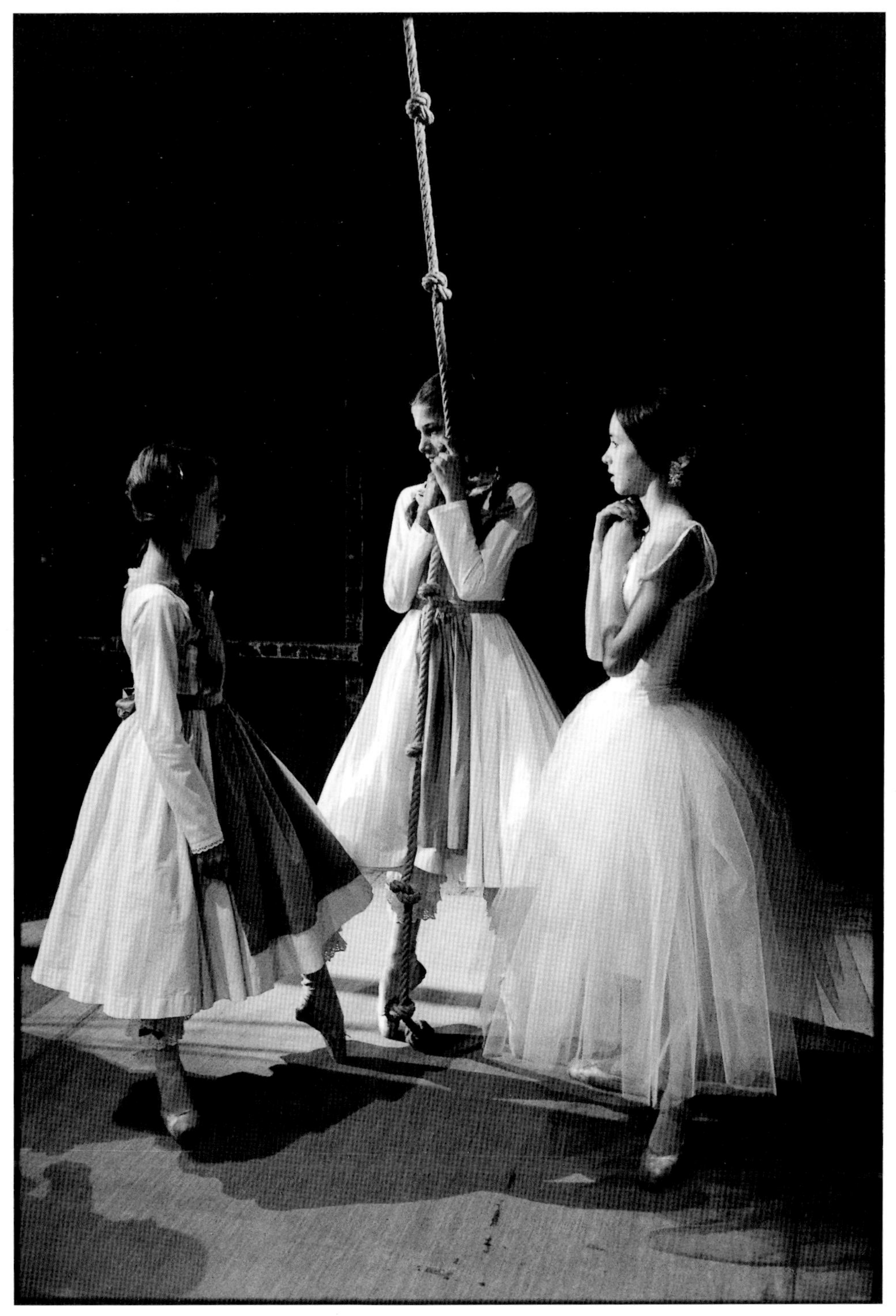

MARTINE FRANCK. *L'opéra de Paris*, 1979.

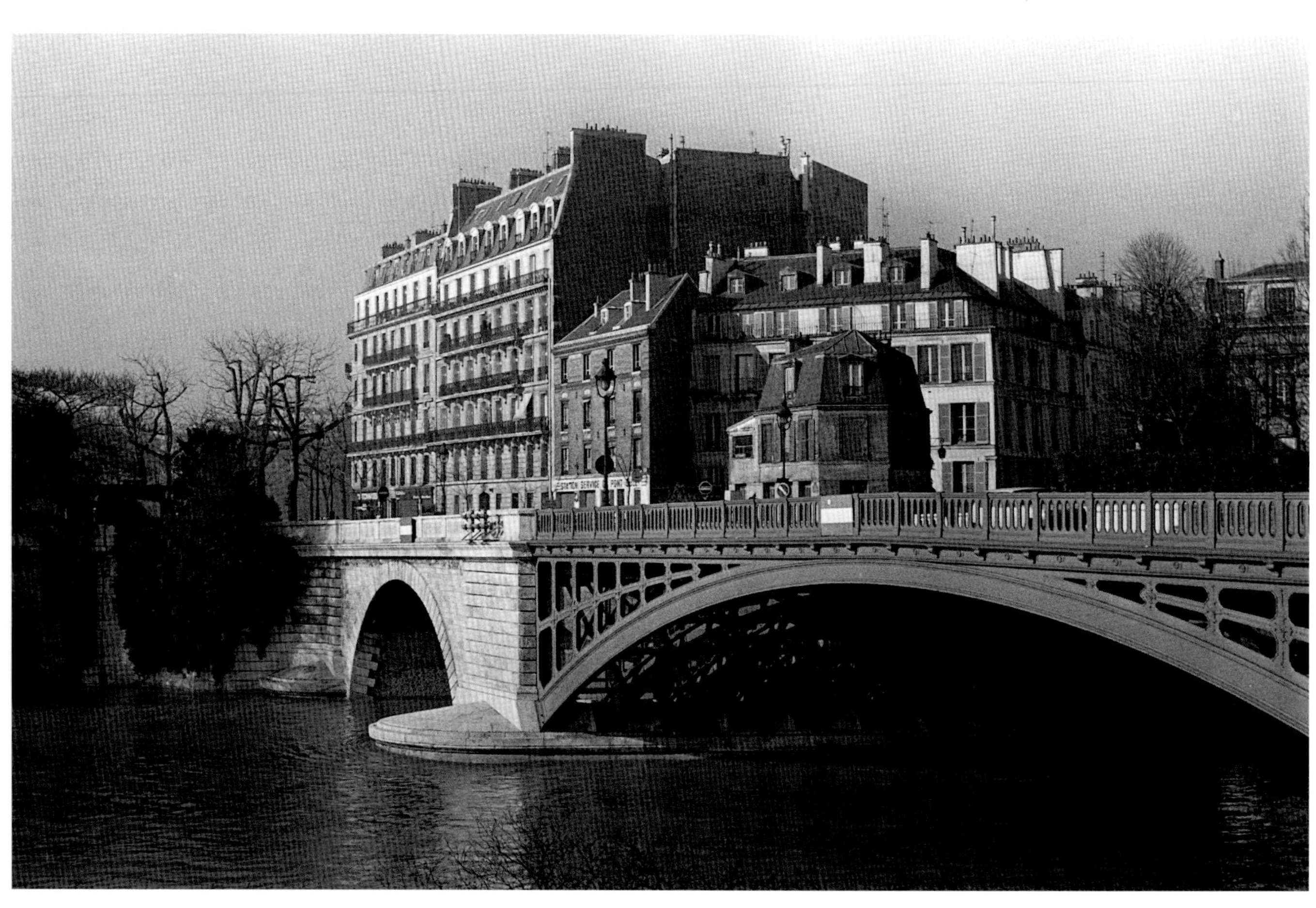

PIERRE DE FENOYL. *Paris, 1979.*

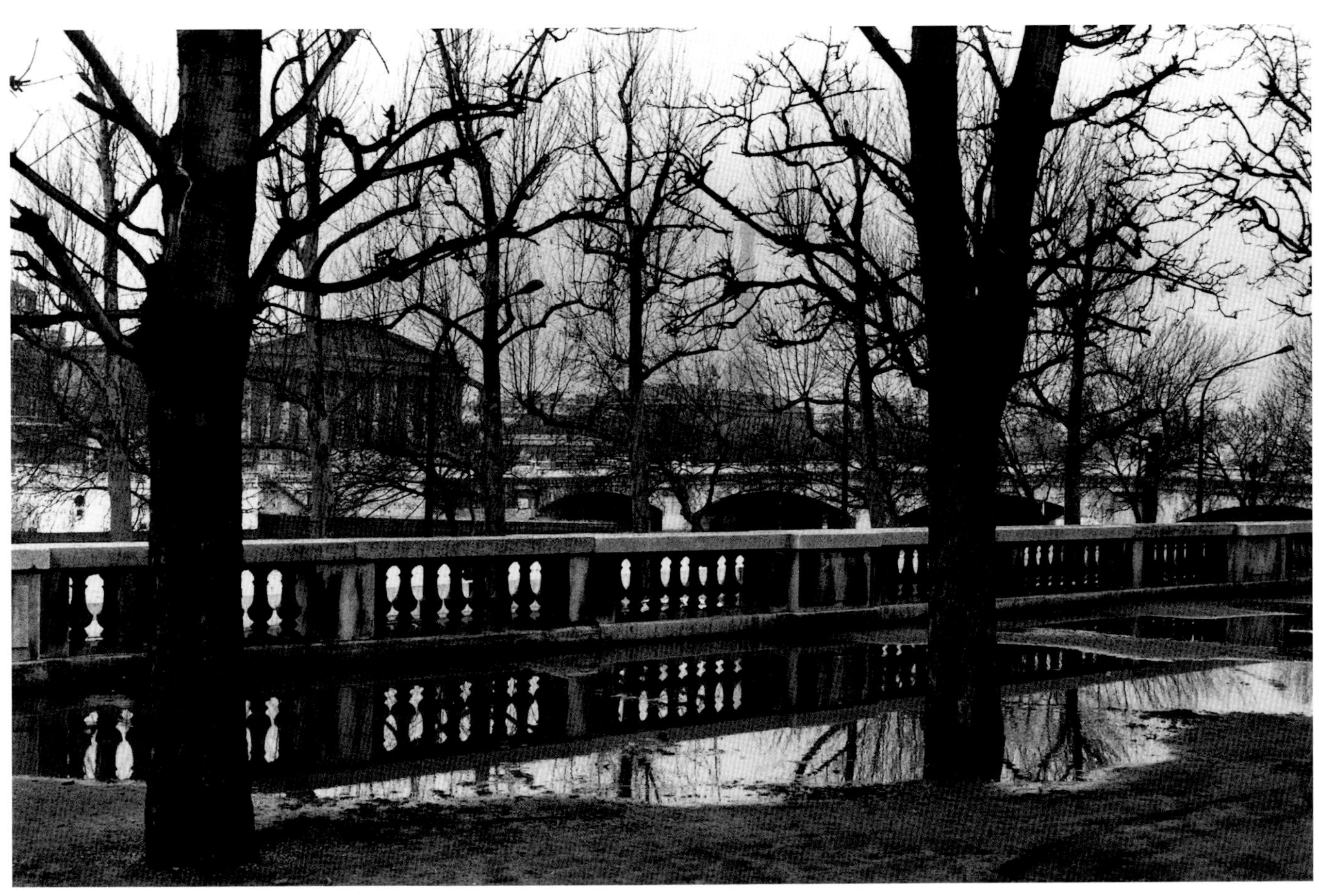

PIERRE DE FENOYL. *Paris, 1978.*

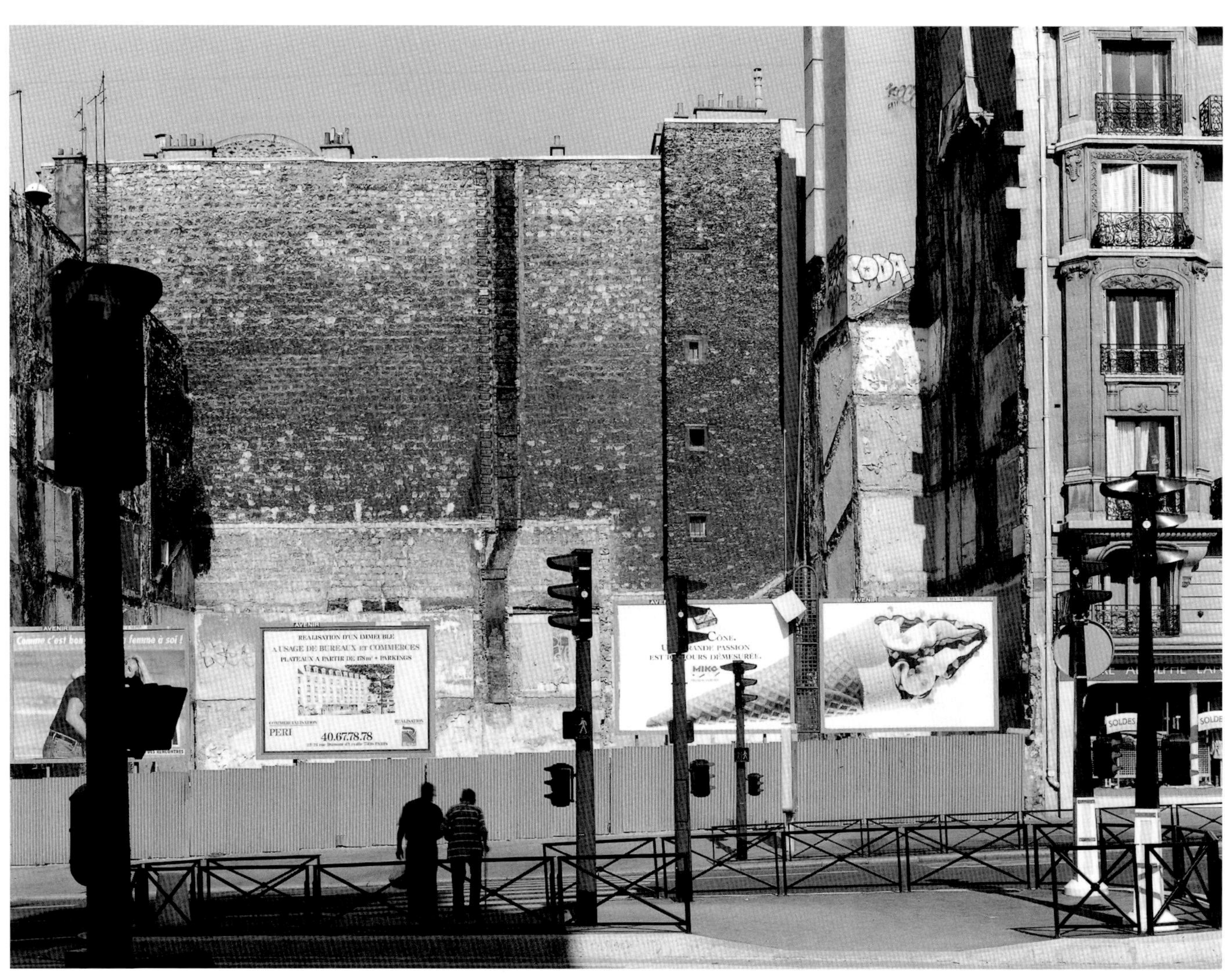

JEAN-CHRISTOPHE BALLOT. *Paris, 1994.*

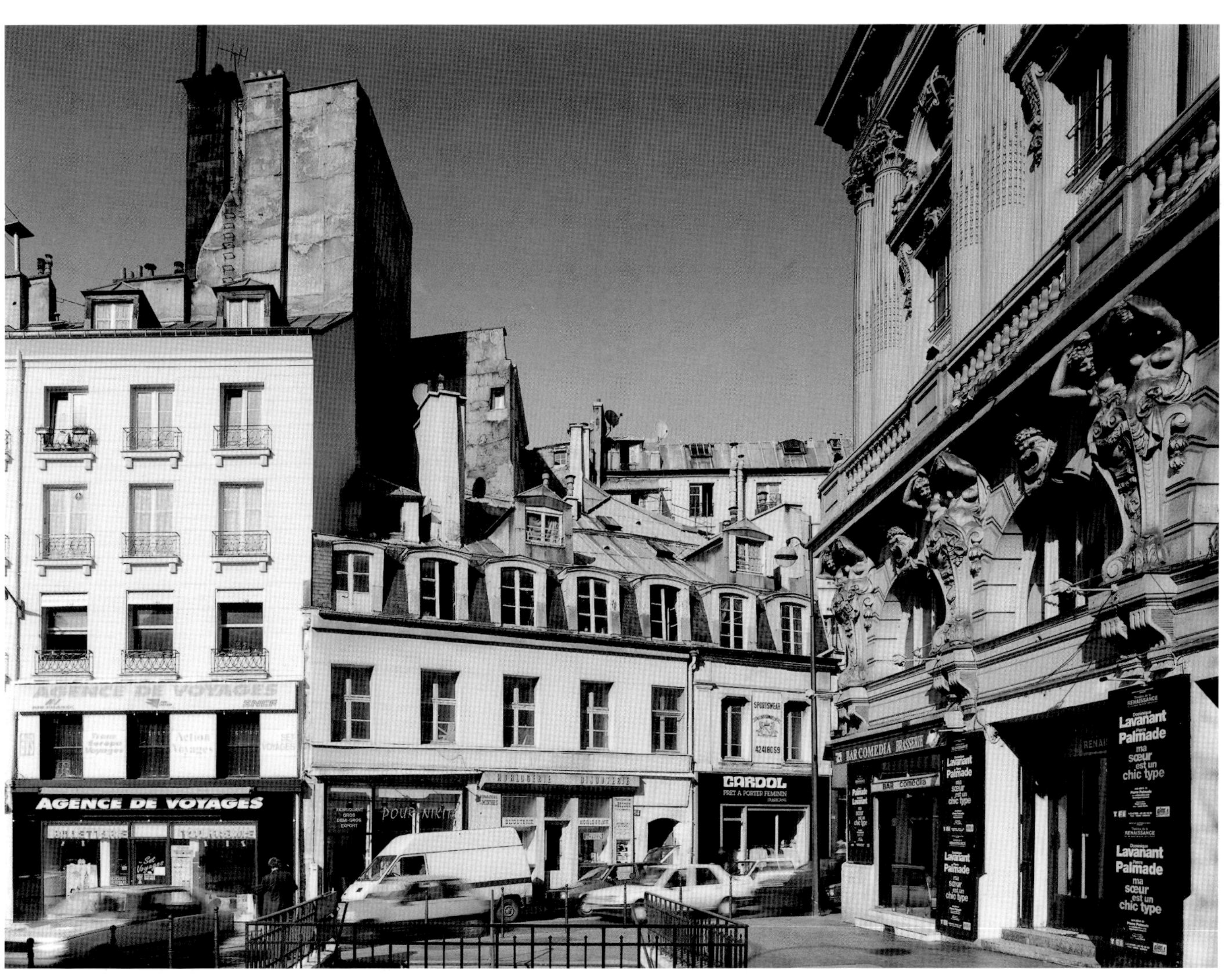

JEAN-CHRISTOPHE BALLOT. *Paris, 1994.*

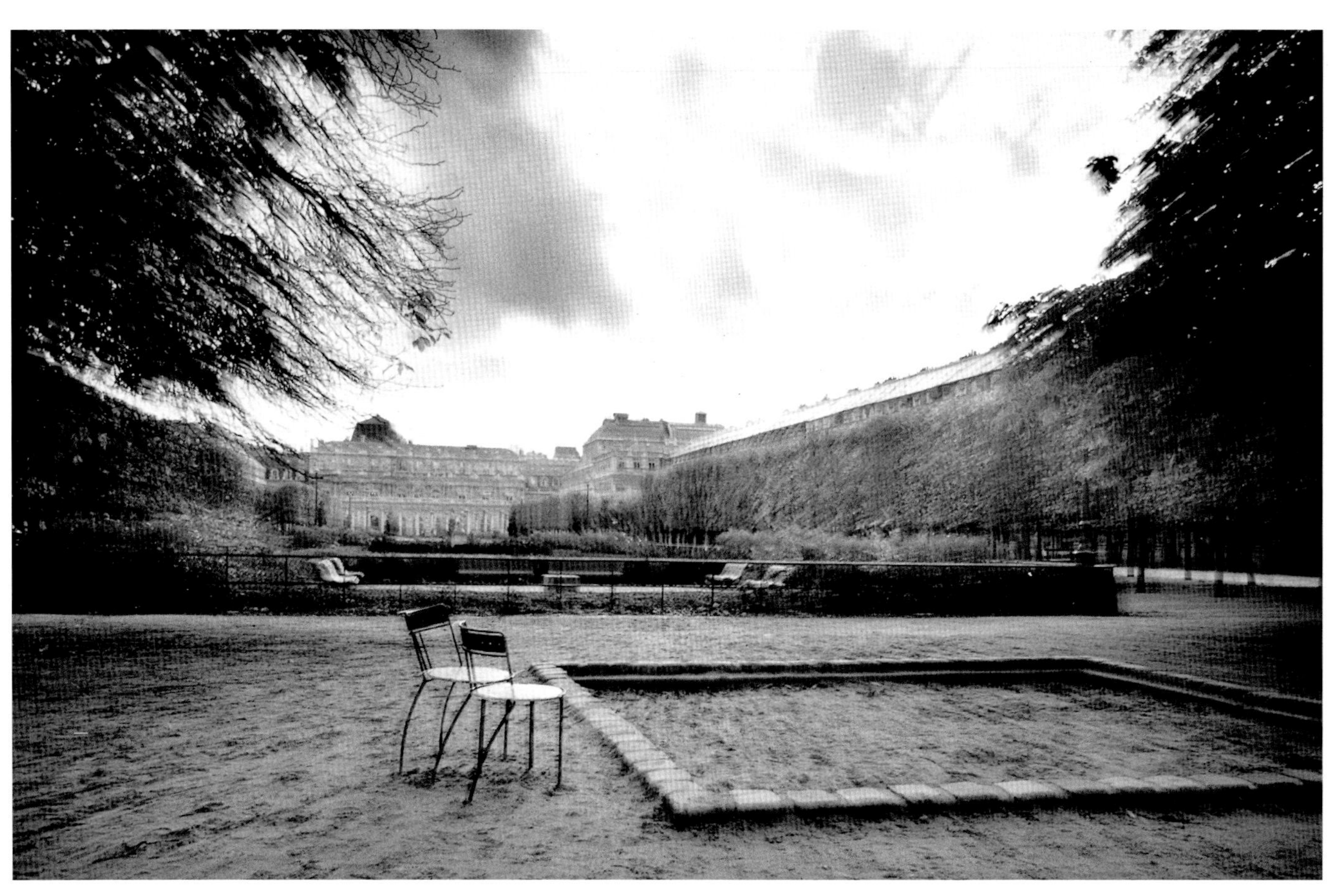

MIMMO JODICE. *Palais-Royal*, 1994.

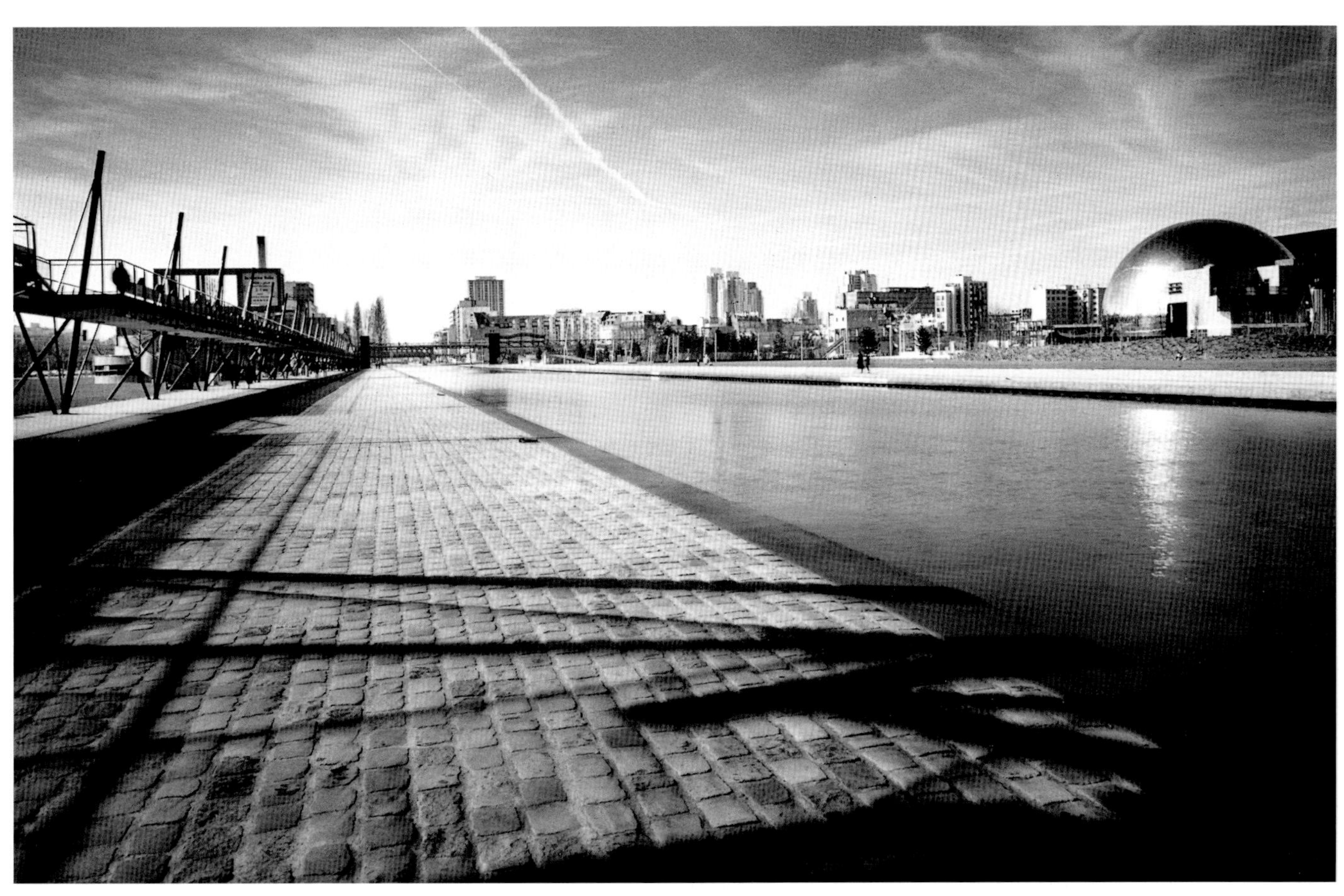

MIMMO JODICE. *La Villette*, 1994.

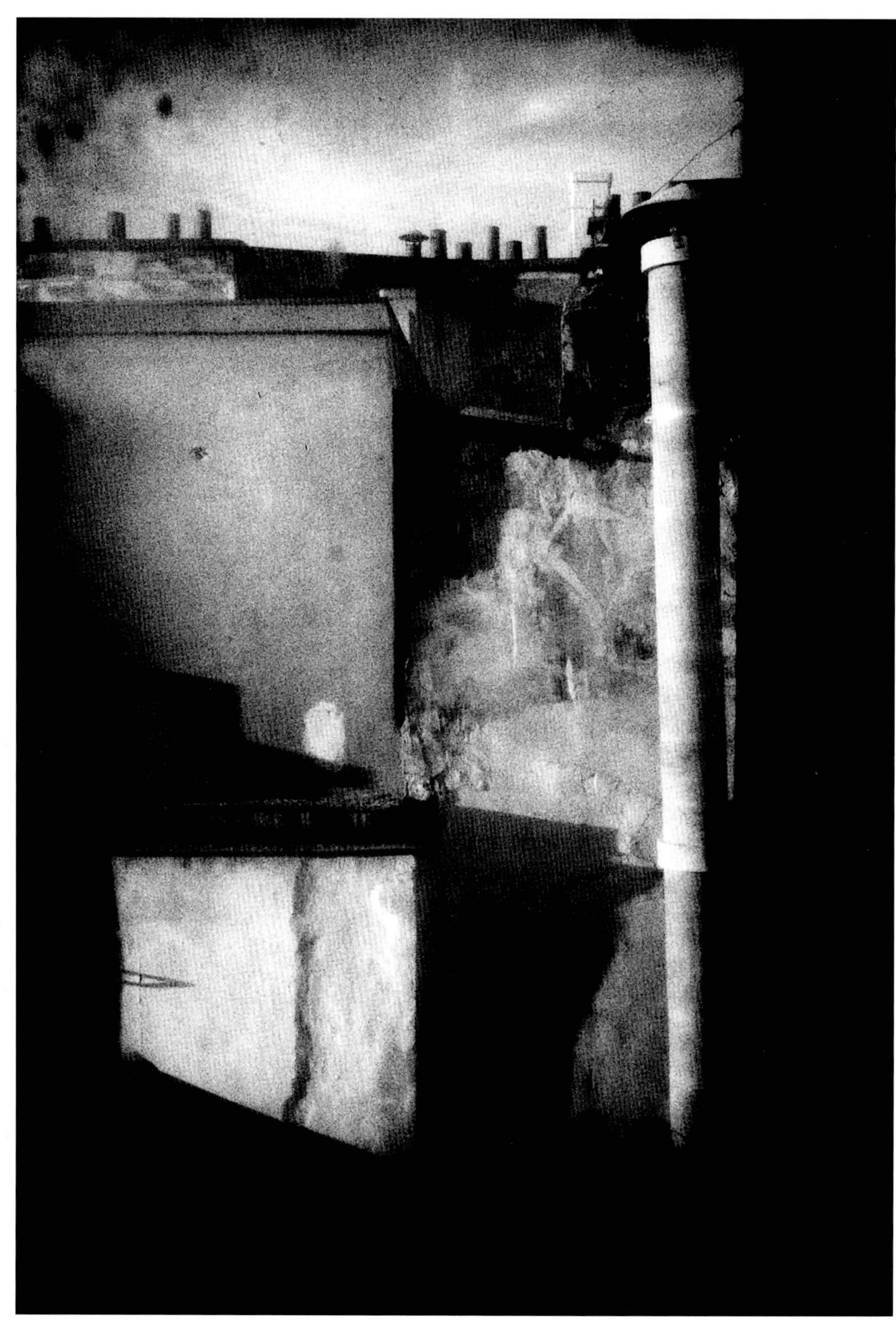

KEIICHI TAHARA. *Série de fenêtres*, 1973-1981.

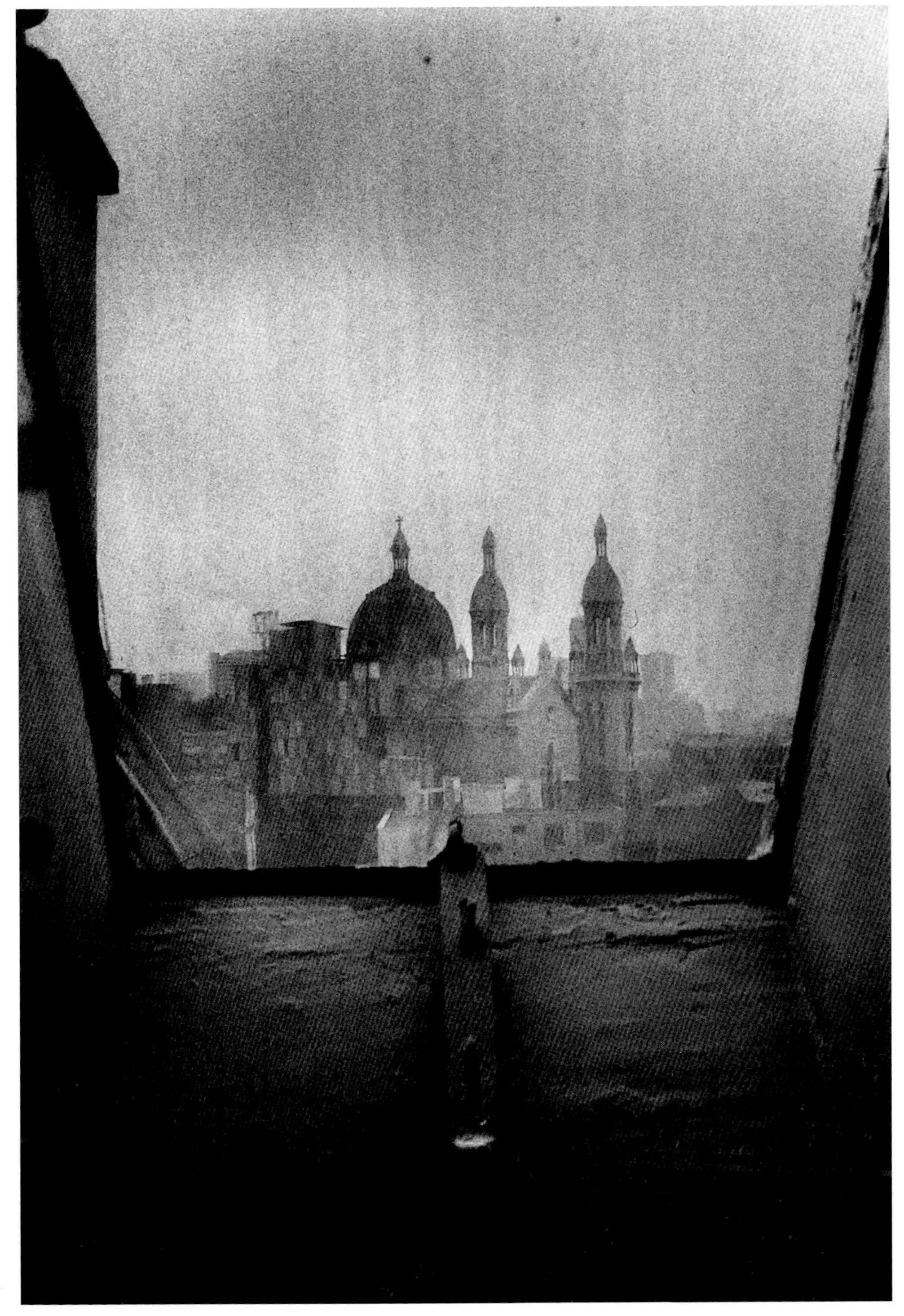

KEIICHI TAHARA. *Série de fenêtres*, 1973-1981.

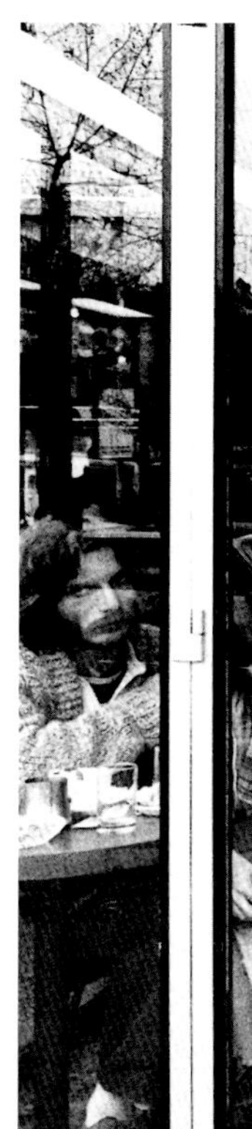
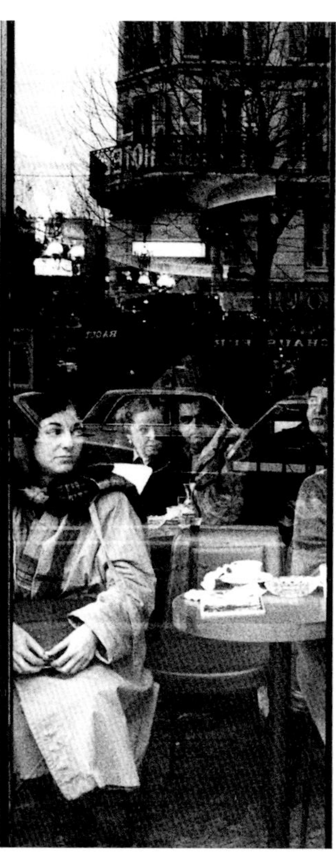
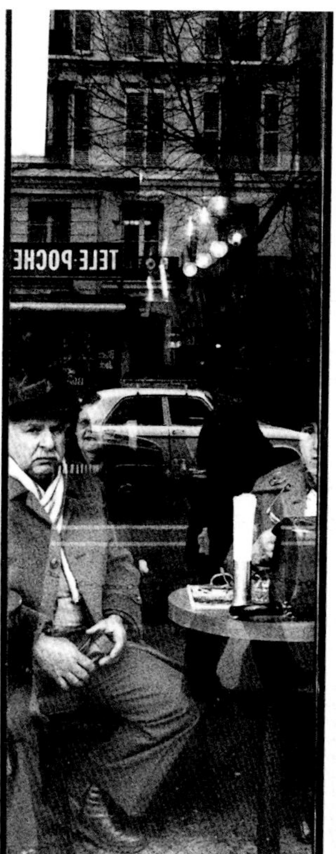
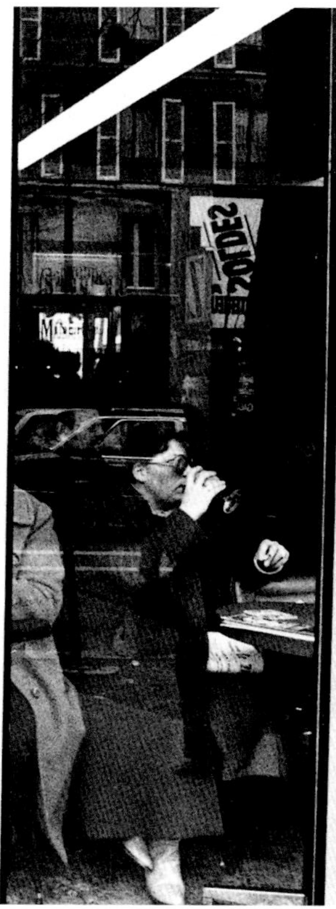
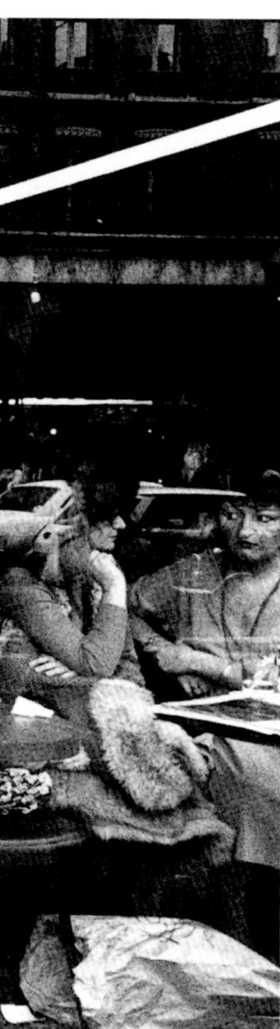

WILLIAM KLEIN. *Paris, café*, 1980.

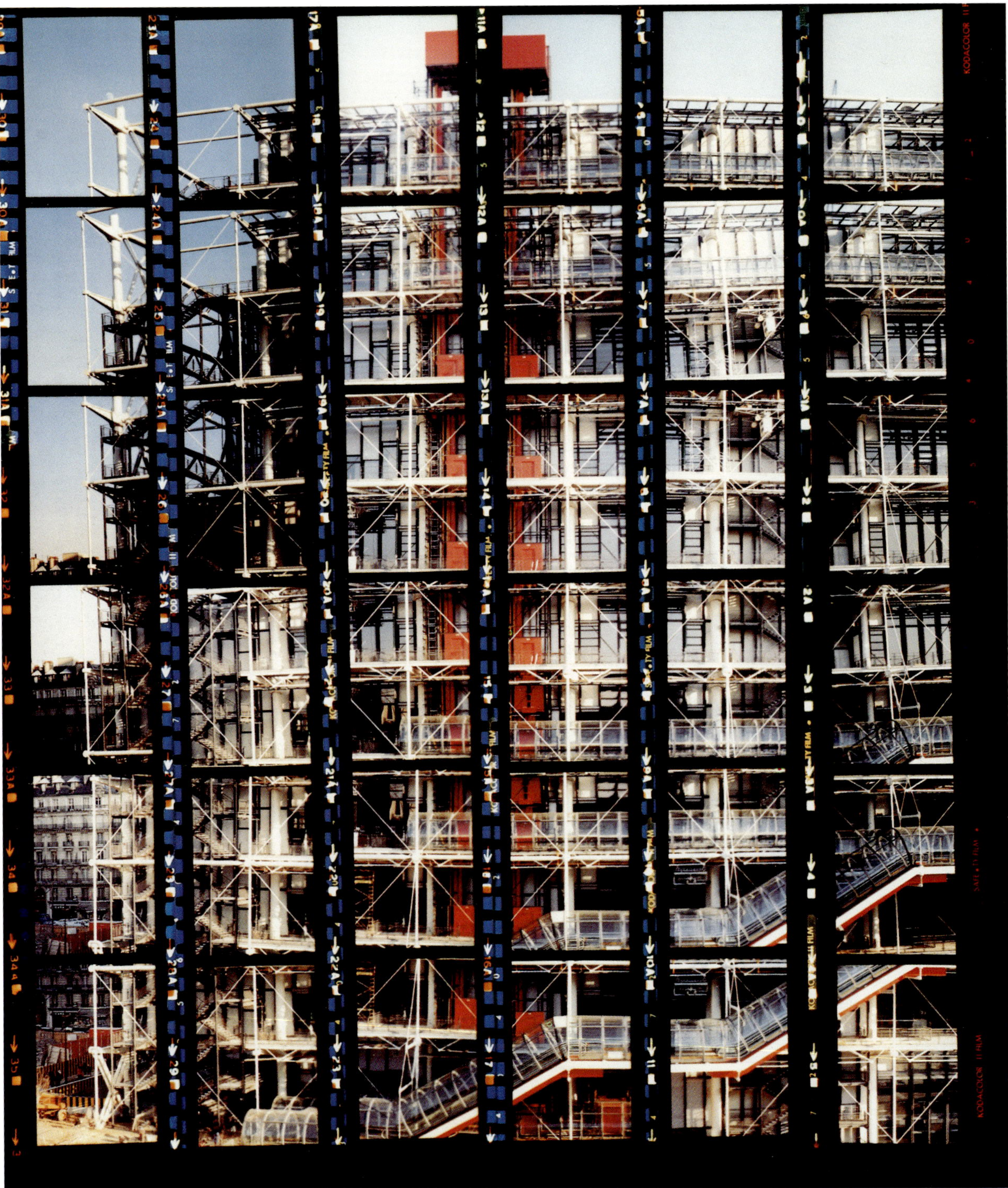

BRION GYSIN. *Sans titre (de la série « Le dernier musée »)*, 1977.

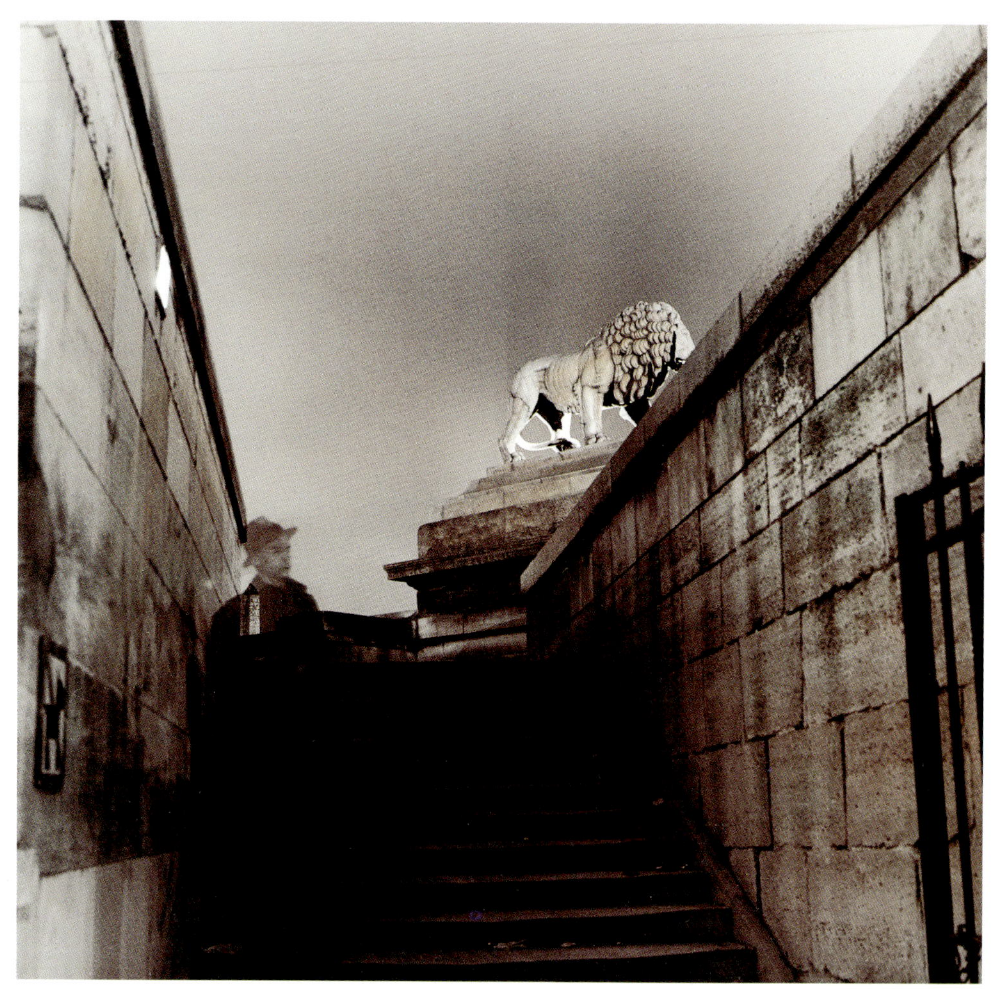

MARC LE MÉNÉ. *Tuileries, Paris*, 1986.

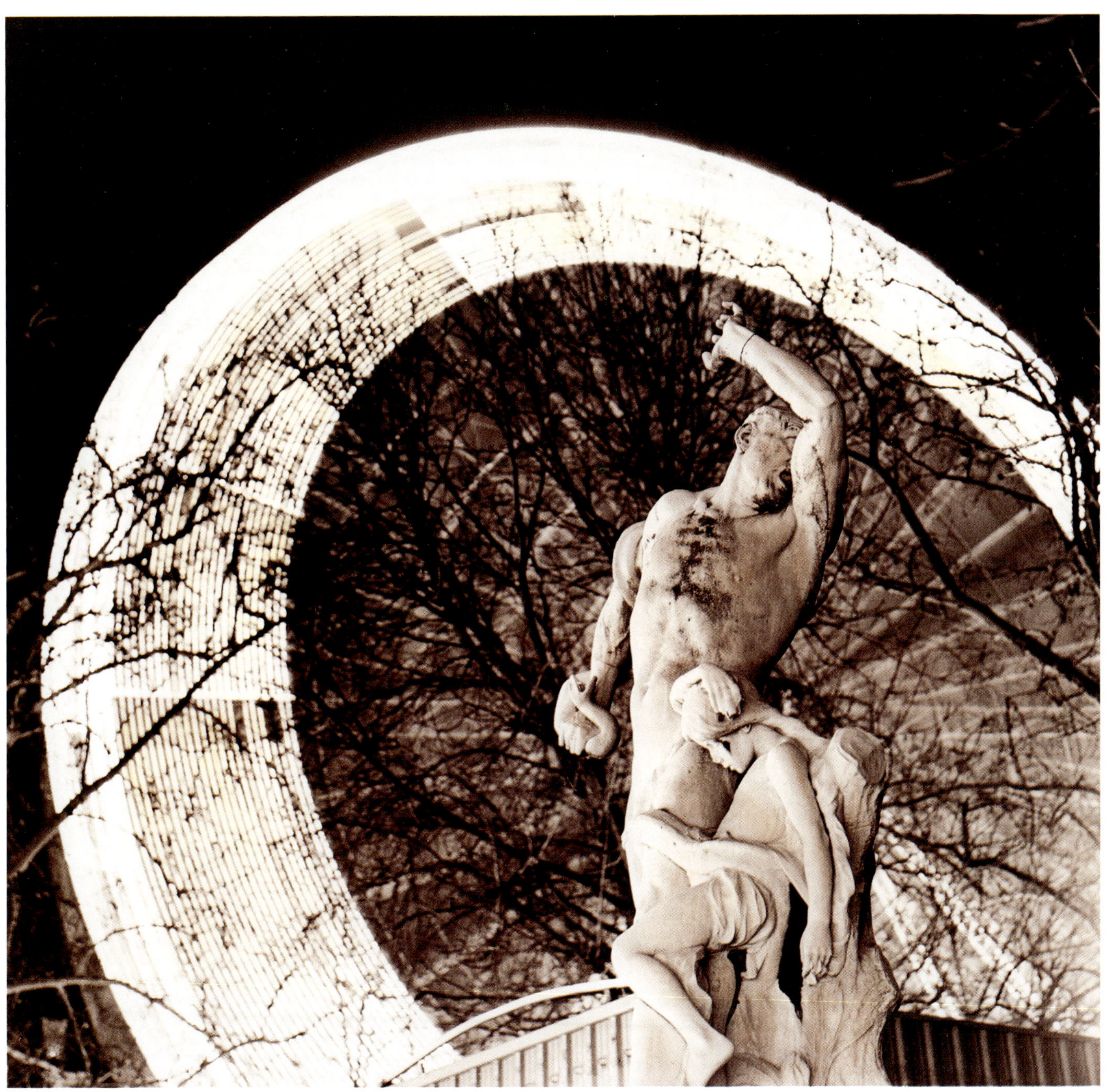

MARC LE MÉNÉ. *Tuileries, Paris*, 1985.

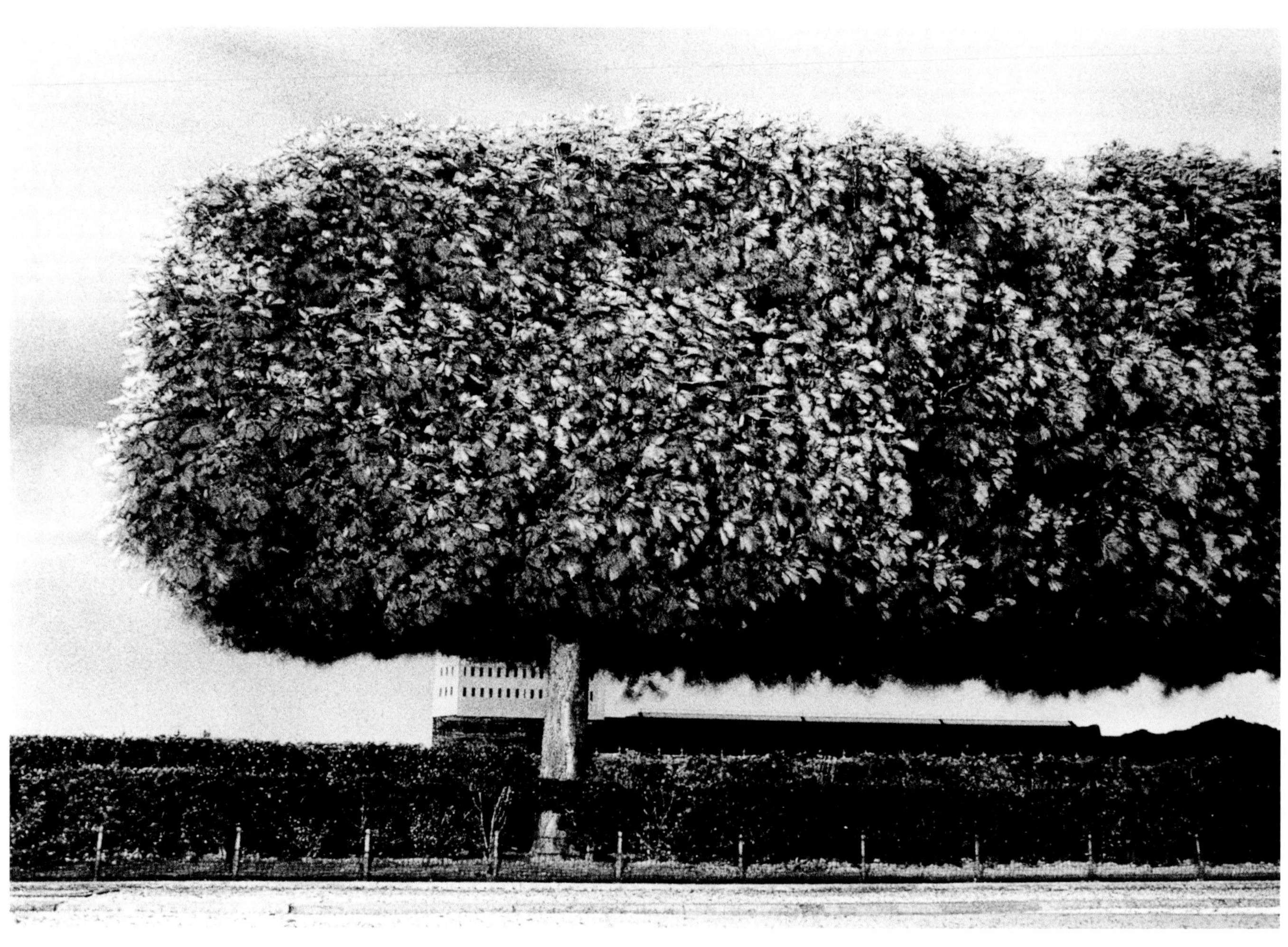

MICHAEL KENNA. *Windy Tree, Paris,* 1984.

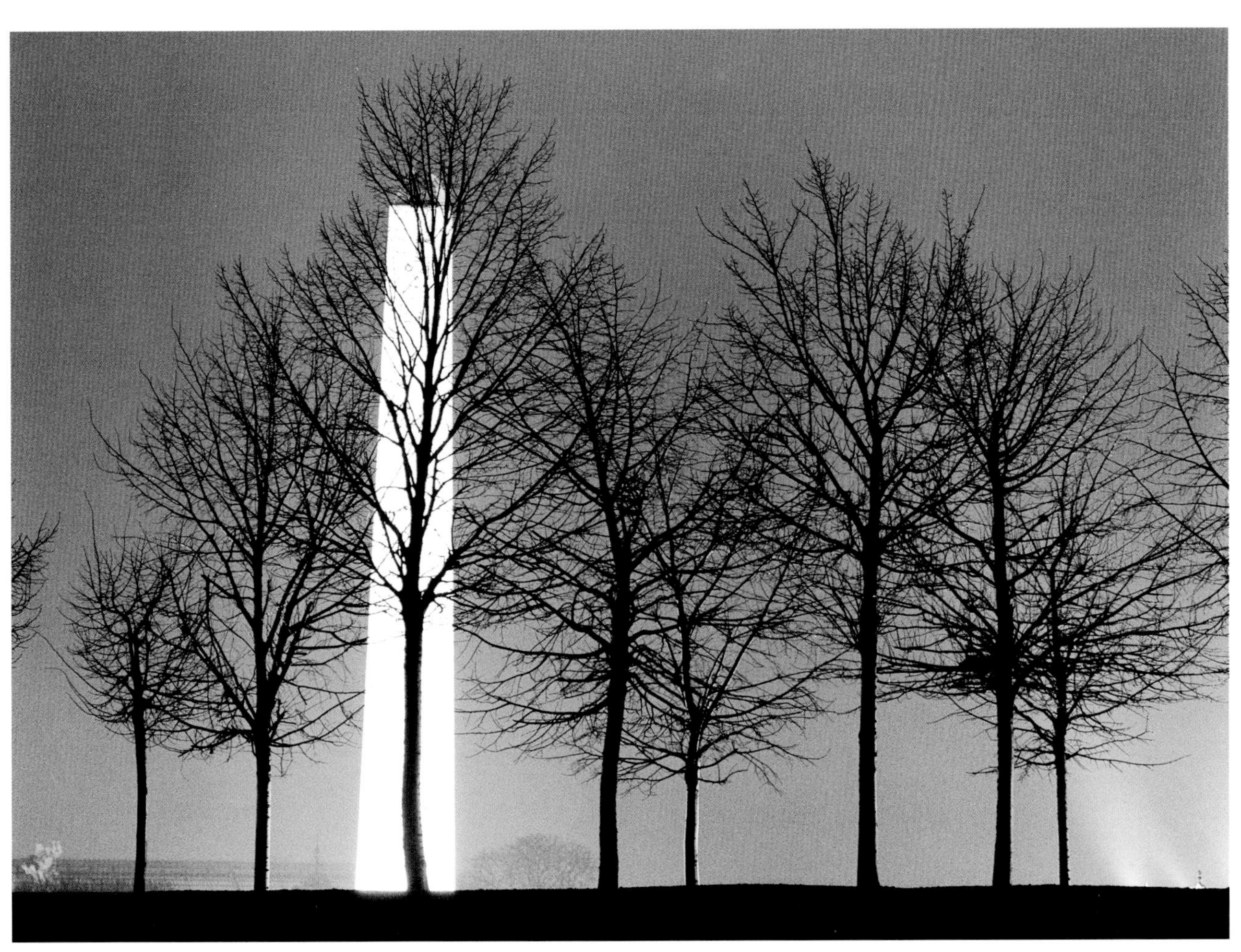

MICHAEL KENNA. *Place de la Concorde (study n° 2)*, 1988.

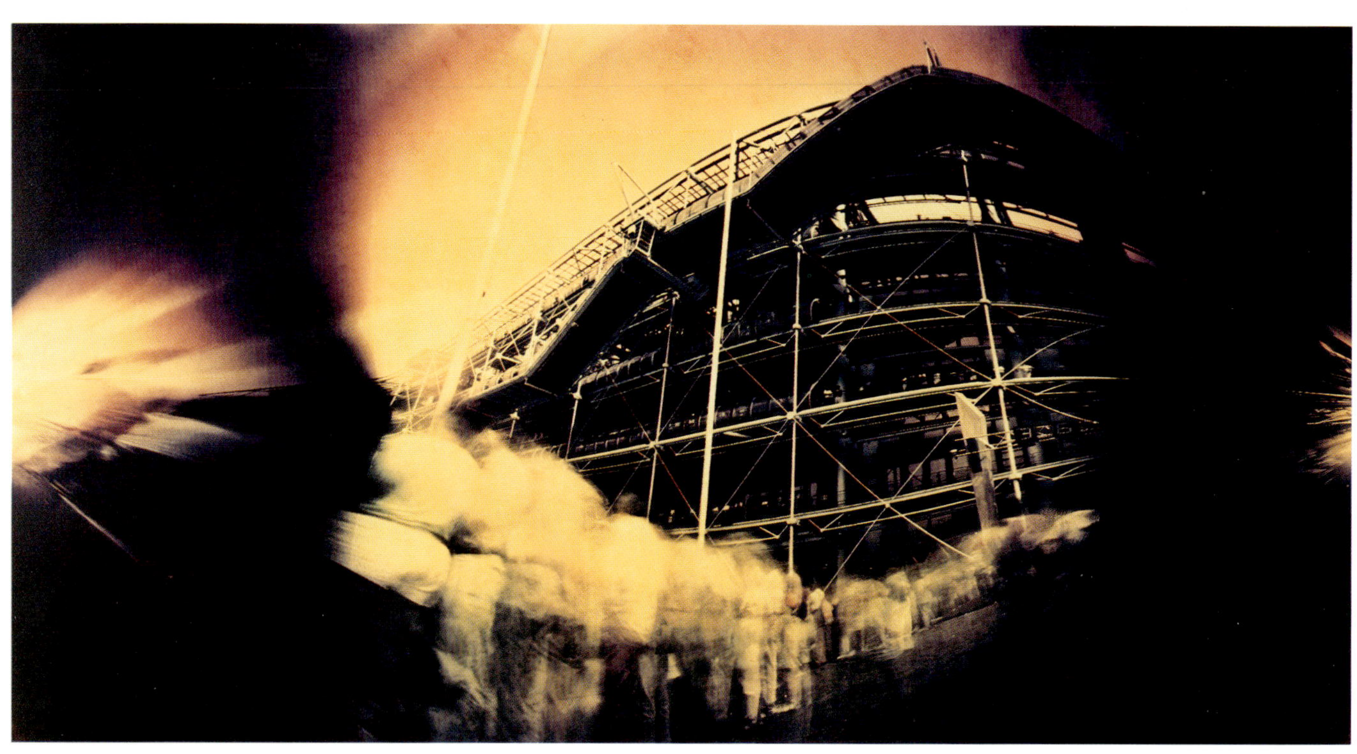

ILAN WOLFF. *Beaubourg*, 1988.

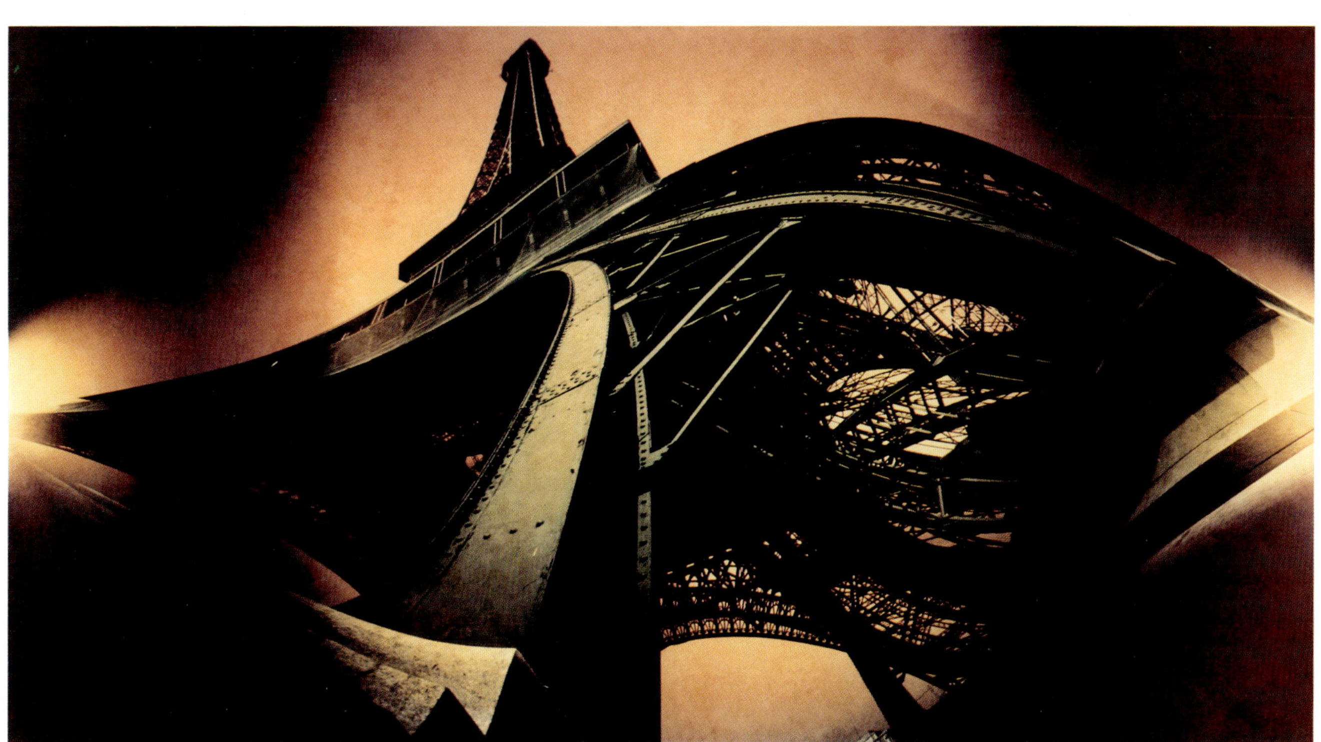

ILAN WOLFF. *La tour Eiffel*, 1988.

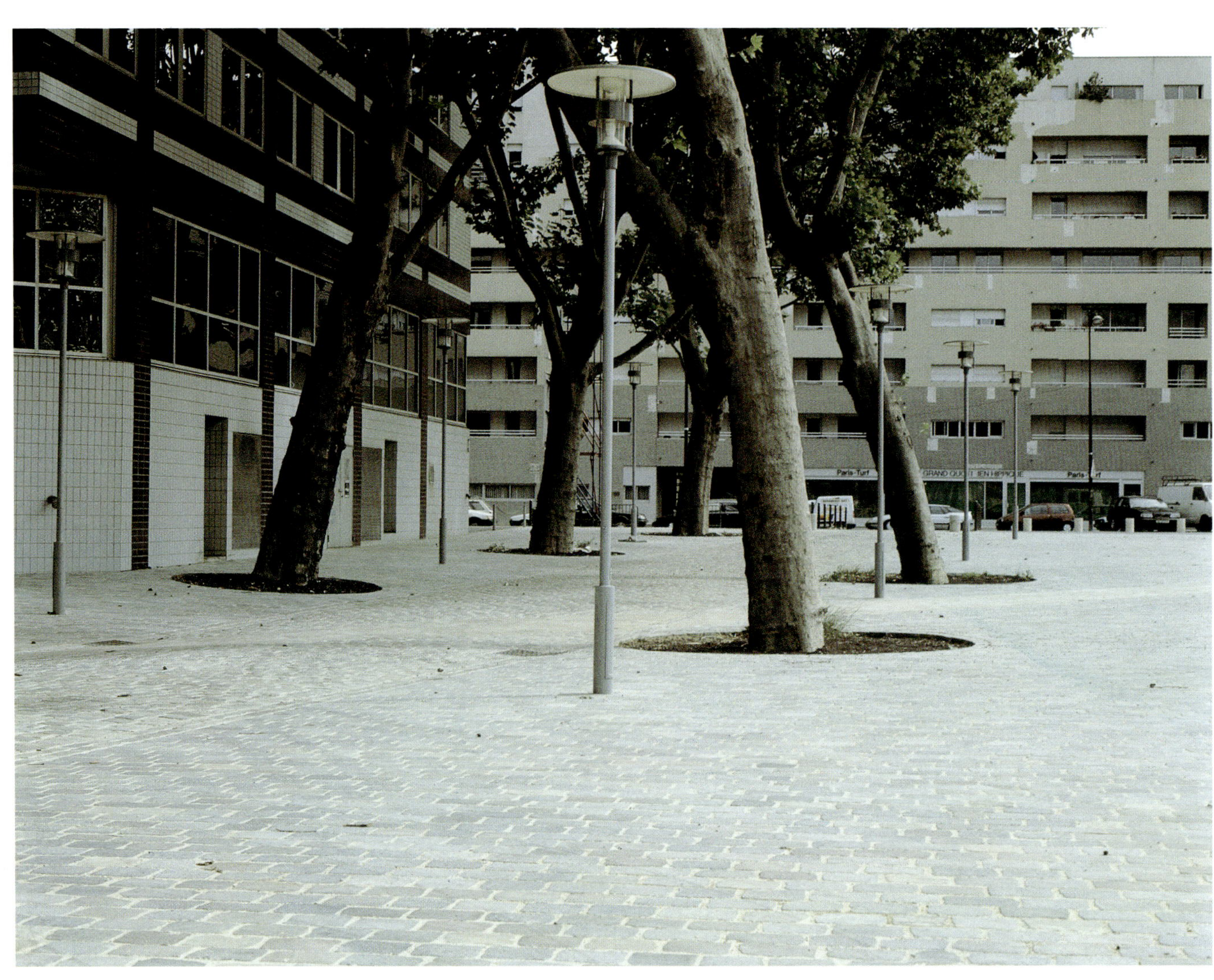

JEAN-LUC MOULÈNE. *Série « Monuments »,* (*Bercy*), 1994.

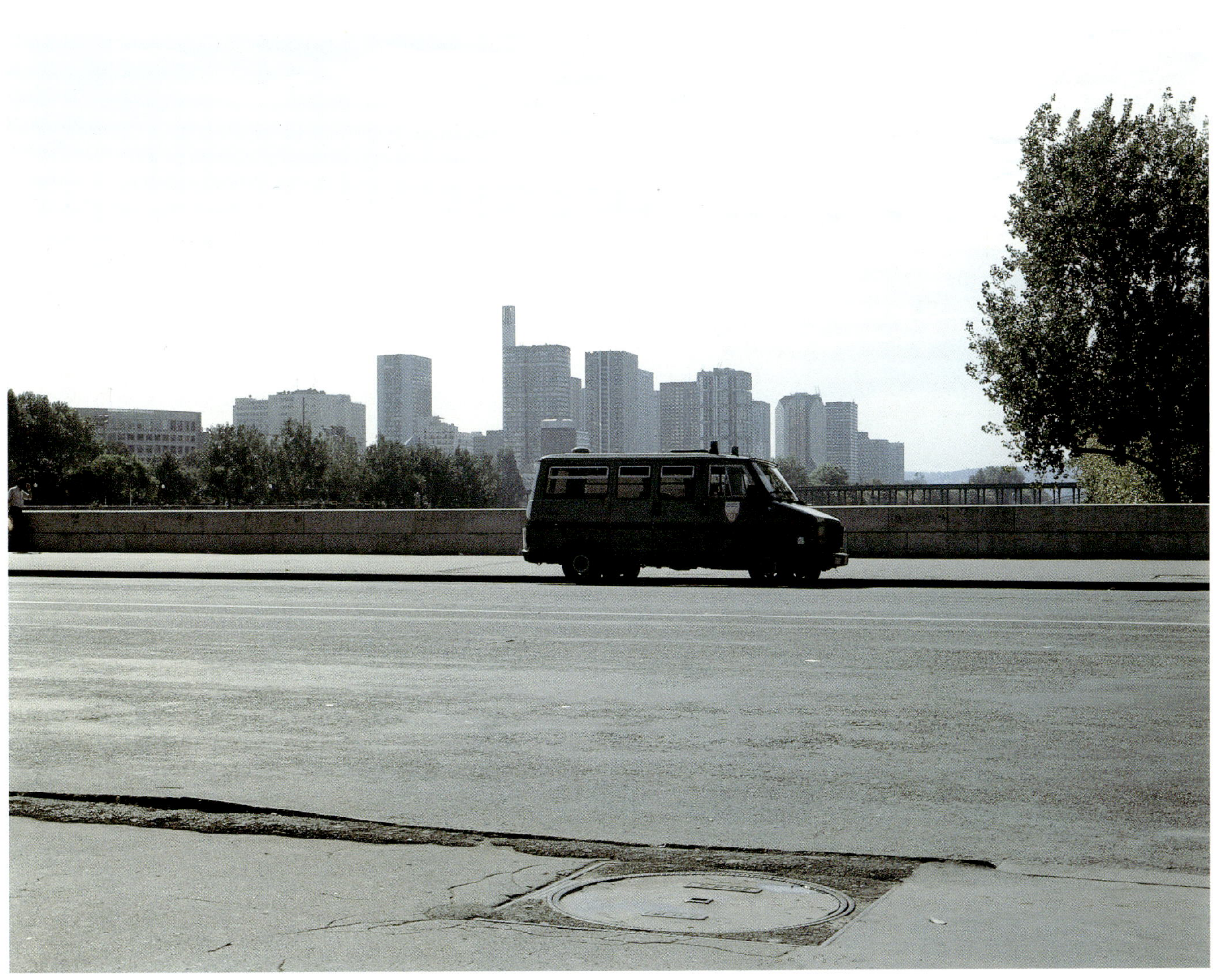

JEAN-LUC MOULÈNE. *Série « Monuments »,* *(pont d'léna)*, 1994.

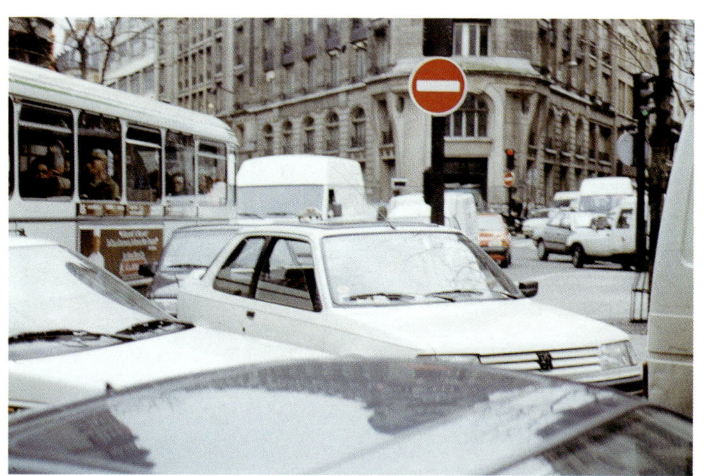

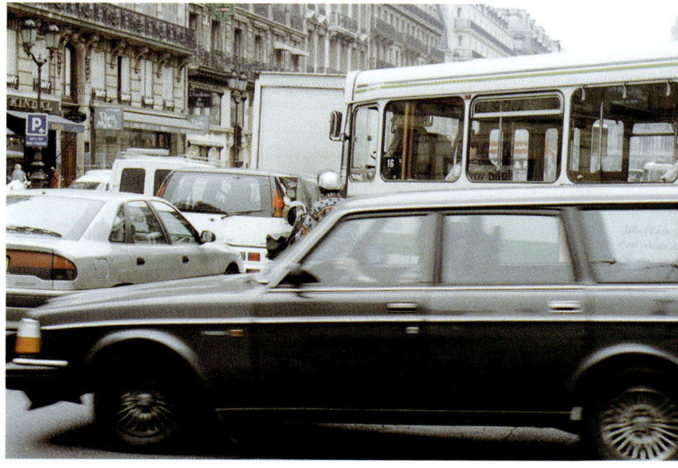

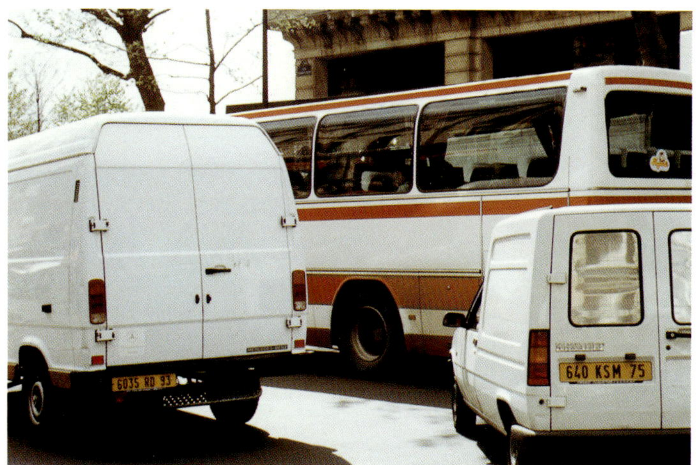

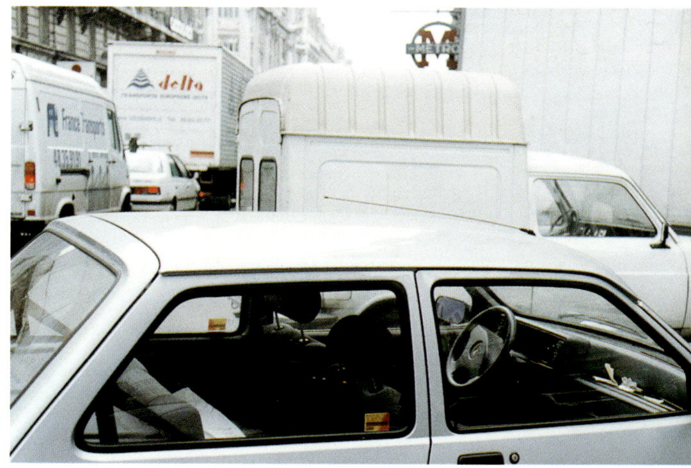

JEAN-CLAUDE MOUTON. *Sans titre*, 1994.

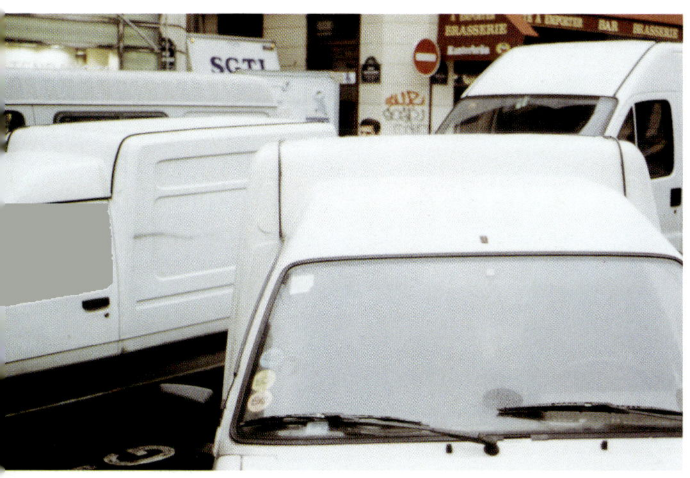
SGTI
BRASSERIE
BAR
BRASSERIE
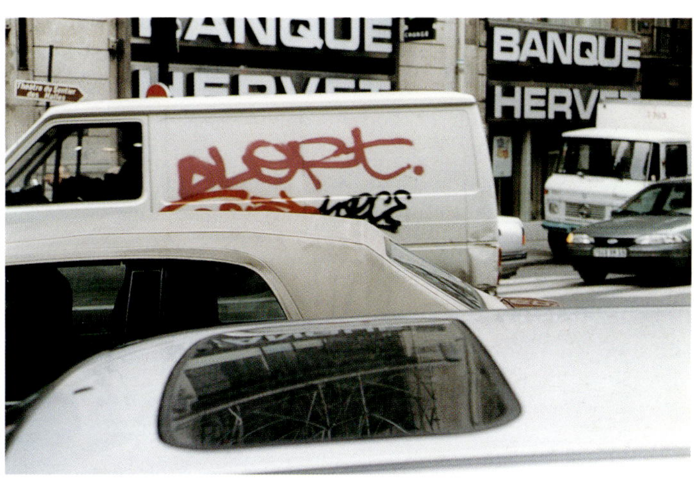
BANQUE
BANQUE
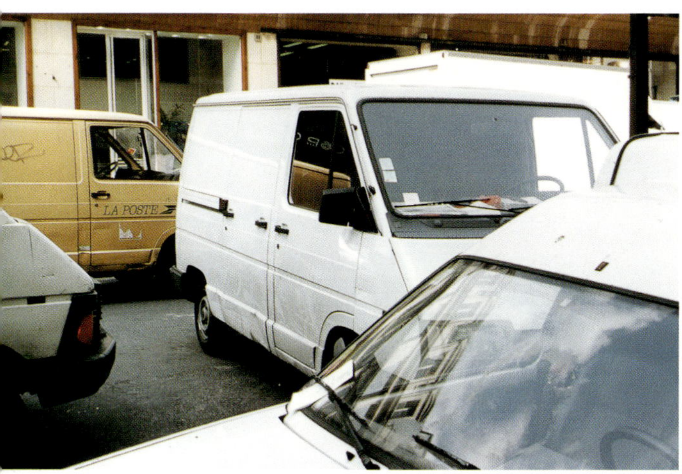
LA POSTE
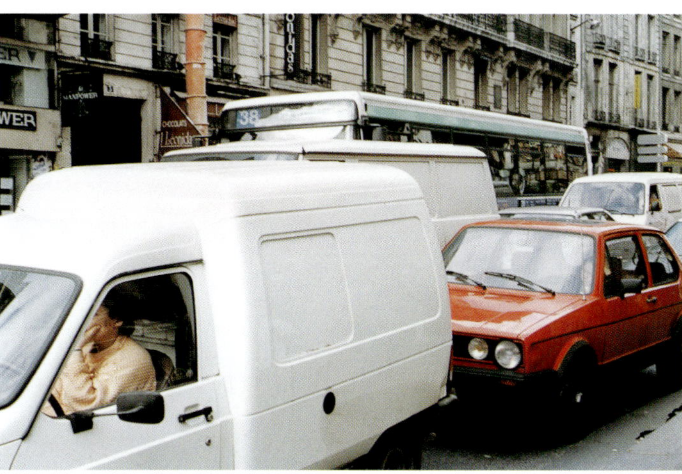
38

EUGÈNE ATGET

Né en 1857, à Libourne - mort à Paris, en 1927.

Un temps comédien, puis attiré brièvement par la peinture, Atget se lance en autodidacte dans la photographie. Dès 1888, il fournit des documents de référence aux artistes peintres, sculpteurs, décorateurs, architectes, graveurs, ainsi qu'à diverses collections publiques. Le musée Carnavalet devient alors un de ses principaux clients et ses photographies lui sont payées entre 1,25 et 1,50 franc pièce.

Entre 1904 et 1925, il confectionne plusieurs albums : Vieux Paris, coins pittoresques et disparus ; *L'Art dans le Vieux Paris ; Intérieurs parisiens du début du XXe siècle : artistiques, pittoresques et bourgeois ; Documents pour l'histoire du Vieux Paris : maisons historiques curieuses, anciens hôtels, vieilles rues, coins pittoresques*... Les titres de ces albums sont sans ambiguïté quant à la démarche de l'auteur, qui veut sauvegarder ce qui donne à la ville son charme pittoresque. Avec la patience d'un collectionneur, Atget photographie sans relâche les rues parisiennes. Le musée Carnavalet conserve aujourd'hui plusieurs milliers de tirages. Les thèmes en sont très variés : sculptures, intérieurs, voitures à cheval, détails d'architecture, enseignes, portes, rues, cours, ainsi qu'une série consacrée aux petits métiers de Paris (marchands de parapluies, d'abat-jour ou de fleurs, chiffonniers...). Conscient des sacrifices auxquels la ville se prête pour se moderniser, Atget essaye à sa façon de préserver de l'oubli le patrimoine artistique, social et historique de la capitale. Il photographie les reliques de la ville, tout ce qui est condamné, et c'est en amoureux qu'il traque les signes d'un autre temps.

Il parcourt ainsi pendant trente ans les rues de Paris avec une chambre 18 x 24 munie d'un objectif à courte focale, et, dans son sac, des plaques de verre au gélatino-bromure d'argent qui lui permettent de réaliser des tirages par contact, le plus souvent sur papier albuminé. Si l'originalité du travail d'Atget réside à la fois dans sa volonté de constituer un véritable corpus du Paris qui va disparaître – bien que l'auteur qualifie lui-même ses photographies de simples documents –, elle se caractérise surtout par sa démarche poétique.

Le haut des immeubles est souvent absorbé par la lumière du ciel et les parties les moins exposées forment, dans les vues d'intérieurs, de grandes masses noires. Les immeubles et les arbres sont confrontés les uns aux autres par des jeux d'ombres et de lumières qui donnent vie aux rues. Ce qui intéresse Atget, ce n'est pas la régularité des constructions haussmanniennes mais au contraire, dans les quartiers anciens, les déclivités du sol, le surgissement des bâtiments, le point de fuite des impasses et les trous noirs des portes cochères. Le photographe n'hésite pas, lorsque la composition s'y prête, à couper le haut des immeubles ou à jouer avec les reflets des vitrines. Il se sert aussi parfois des arbres pour rythmer ses compositions. Tous ces éléments donnent à la ville sa dimension humaine et participent à la modernité de ces images.

C. T.

JEAN-CHRISTOPHE BALLOT

Né en 1960 à Paris, vit à Paris.

Jean-Christophe Ballot est architecte, diplomé de l'École nationale supérieure des Arts décoratifs et de la Femis. Il poursuit une double activité de cinéaste (il est principalement l'auteur de documentaires autour de l'architecture ou de la photographie) et de photographe.

Lauréat de nombreux prix et bourses photographiques, il est pensionnaire de l'Académie de France à Rome (Villa Médicis) en 1990 et 1991. En 1992, il obtient une bourse photographique de la Ville de Paris pour réaliser ce qu'il nomme, après Berlin et Rome, le troisième volet des capitales européennes.

Jean-Christophe Ballot travaille à la chambre, format qui l'oblige à s'installer davantage dans le décor. Il investit le lieu pendant une heure ou deux afin d'être perméable à celui-ci et opte pour une certaine frontalité privilégiant la forme brute de l'architecture. Se référant à Atget, il réalise ses prises de vue avec un minimum d'effet pour rehausser la réalité, les architectures devenant les acteurs de ses compositions, révélant ainsi la mémoire des lieux et leur théâtralité.

P. H.

THÉRÈSE BONNEY

Mabel Bonney, née en 1894 à Syracuse (États-Unis) - morte en 1978 à Paris.

Après des études de littérature française en Californie, Thérèse Bonney arrive à Paris en 1919. Peut-être grâce à sa grand-mère qui était française, elle a déjà une passion pour le pays et notamment pour son théâtre. D'abord journaliste, elle débute sa carrière photographique vers 1925 et rachète des fonds photographiques, comme celui de Matthès, qu'elle exploite en même temps que ses propres clichés. Elle les diffuse dans les magazines américains, français et européens. En 1928, elle fonde une agence, le « Bonney Service », 32, rue des Petits-Champs.

Très active, elle a fait des reportages sur les diverses expositions parisiennes : l'Exposition des Arts décoratifs de 1925, l'Exposition coloniale de 1931, l'Exposition internationale des Arts et Techniques dans la vie moderne de 1937. Ce sont, à chaque fois, des ensembles exhaustifs sur les préparatifs, les pavillons et les objets présentés. Dans les années 1926-1932, elle fait de très nombreux portraits de personnalités des arts et de la mode, tant françaises qu'américaines du Paris de l'entre-deux-guerres. Elle photographie la rue parisienne : le marché aux fleurs, quai de la Cité, les façades des boutiques des couturiers, les forts des Halles ou toute autre curiosité.

Elle est également reporter de guerre : en mai 1940 dans les Ardennes lors de l'exode, lors du conflit entre la Finlande et l'URSS, à l'ouverture des camps de concentration en avril 1945. Lors de son séjour en Finlande, elle travaille avec un photographe finlandais, Eliot Elisofon, et réalise un reportage approfondi sur la vie finlandaise.

Elle arrête son activité en 1946.

La photographie présentée s'intègre dans une série de kiosques à journaux et de palissades, tous recouverts de publicité, que l'on peut rattacher à la série des photographies d'affiches publicitaires pour les Grands Magasins ou les tissus.

L. D.

ÉDOUARD BOUBAT

Né en 1923 à Paris, vit à Paris.

Édouard Boubat passe son enfance à Montmartre, puis entre à l'école Estienne où il apprend la photogravure, qu'il exercera en usine à partir de 1938. Il débute comme photographe en 1945 et, deux ans plus tard, reçoit avec Robert Doisneau le prix Kodak au Salon international de la photographie à Paris. Il commence alors à voyager, d'abord en Italie, puis en Espagne, et bientôt sillonne le monde, en passant par les États-Unis, la Jordanie, le Mexique, le Viêt-nam, la Côte-d'Ivoire, la Guinée, la Syrie, l'Inde, le Canada, le Kenya, l'Irlande, la Chine, le Japon… Il croise Robert Frank en 1949, puis, en 1951, expose à la galerie La Hune avec Brassaï, Doisneau, Facchetti et Izis. La même année, il rencontre Bertie Gilou, directeur artistique de *Réalités*, qui lui confie un reportage sur les *Artisans de Paris*, point de départ d'une collaboration qui durera jusqu'en 1967.

À partir des années soixante-dix de nombreuses expositions lui sont consacrées dans le monde entier, dont, entre autres, organisée par le Centre Georges-Pompidou, une rétrospective qui voyage à New York et Chicago et des présentations à Amsterdam (1977), Mexico et Londres (1978), San Francisco (1989), Paris (1990) et Tokyo (1995). L'édition concourt aussi dans une large part à la circulation de ses images, avec des ouvrages comme *La Survivance* (Mercure de France, 1976), qui reçut le Grand Prix du livre à Arles, *Femmes* (Chêne, 1972), *Vue de dos* (Gallimard, 1981), *Le Paris de Boubat* (Paris Audiovisuel/Paris Musée, 1990), etc.

De la photographie des *Bains Deligny* ou de cette image prise près de *Montmartre* émane la profonde ferveur avec laquelle Édouard Boubat appréhende l'humanité. Imagerie dénuée de tensions douloureuses, pleine de pureté, de poésie et de quiétude, son œuvre propose une vision contemplative de la vie, un point de vue empreint d'une certaine plénitude où l'homme apparaît en harmonie avec son environnement, une attitude qu'il synthétise lui-même quand il déclare que « photographier, c'est exprimer une gratitude ».

I. C.

BRASSAÏ

Gyula Halasz, né en 1899, à Brasso (Hongrie) - mort en 1984, à Nice.

Après des études à l'Académie des Beaux-Arts de Budapest, puis à celle de Berlin-Charlottenburg dont il est diplômé en 1922, Brassaï s'installe à Paris en 1924, où il peint et fréquente la bohème de Montparnasse, travaillant aussi comme journaliste. C'est là qu'en 1926, il rencontre Kertész qui l'initie à la photographie. À partir de 1930, il commence à gagner sa vie comme photographe indépendant. En 1932, il rencontre Picasso et photographie ses sculptures (il publiera, en 1962, ses *Conversations avec Picasso*). La même année, paraît son livre *Paris de nuit*, avec un texte de Paul Morand, aussitôt édité en anglais sous le titre *Paris After Dark*. En 1933, il est introduit par Albert Skira dans le cercle des surréalistes et publie les *Sculptures involontaires* et des *graffitti* dans la revue *Minotaure*. Avant et après la guerre, il continue de travailler pour de nombreuses revues, de *Détective* ou *Paris-Soir* à

Verve, *Picture Post* (de 1936 à 1963) ou *Harper's Bazaar* (de 1949 à 1960). D'importantes publications et expositions lui apportent la consécration à partir des années soixante.

La Môme Bijou est parmi les plus connues des photographies de *Paris de nuit*, l'ouvrage de Brassaï le plus célèbre, dont la publication annonçait un renouvellement de la photographie au seuil des années trente. Avec les *Deux voyous*, *La péripatéticienne, place d'Italie*, *Le bal-musette de la Boule rouge* ou *Le fort des Halles*, issues de la même errance noctambule à travers la capitale, que Brassaï poursuit bien après la parution de son livre, ces photos témoignent d'une proximité neuve avec le modèle, d'un regard où peuvent se lire les prémices de la photographie humaniste telle qu'elle se développera après-guerre. Mais, au-delà du reportage, le thème de la déambulation, l'inhabituelle (encore à l'époque) vision nocturne, n'est pas sans tisser des affinités avec le surréalisme, que *La vue nocturne de Notre-Dame sur Paris et la tour Saint-Jacques* rend plus sensibles. Ce regard, fortement expressif, avec ses multiples résonances, participe au développement d'une nouvelle approche de la photographie, d'une reformulation de sa modernité, indépendante des audaces constructivistes de la Nouvelle Vision.

G. A.

HENRI CARTIER-BRESSON

Né à Chanteloup en 1908, vit à Paris.

Dès 1925, Henri Cartier-Bresson fréquente le groupe surréaliste et, en 1927 et 1928, étudie la peinture chez André Lhote. Après des études à Cambridge en 1929, il voyage deux ans en Côte-d'Ivoire. De 1932 à 1934, il réalise ses premières photographies, en Europe et au Mexique. « J'ai été marqué par les conceptions de Breton, le rôle du jaillissement et de l'intuition et surtout par l'attitude de révolte. » Il expose pour la première fois en 1932 à la galerie Julien Levy à New York. En 1934, il passe un an au Mexique, puis travaille pour le cinéma avec Paul Strand aux États-Unis. De retour en France, il devient l'assistant de Jean Renoir. Puis, de 1937 à 1939, il travaille comme reporter pour le quotidien *Ce soir*, où il côtoie Robert Capa et David Seymour.

Les événements de l'époque – le Front populaire, la guerre d'Espagne, la Seconde Guerre mondiale durant laquelle il est fait prisonnier et s'évade trois fois –, influencent son évolution artistique. Libertaire, toujours possédé par les idéaux surréalistes, il se tourne alors vers des projets collectifs et sociaux, dont le principal est l'agence Magnum qu'il fonde en 1947 avec Robert Capa, David Seymour et Georges Rodger. De 1948 à 1950, il voyage en Orient puis, en 1954, il est le premier photographe occidental admis en URSS. Suivront la Chine (1958), Cuba, le Mexique (1960), l'Inde et le Japon (1965). En 1966, il quitte Magnum (qui continue de gérer ses archives). À partir de 1974, il se consacre presque exclusivement au dessin.

En 1952, il publie *Images à la sauvette* aux éditions Verve, texte fondateur dans lequel il développe la notion « d'instant décisif ».

Depuis toujours, entre ses séjours et voyages à l'étranger, Henri Cartier-Bresson n'a jamais cessé de photographier Paris, son port d'attache.

De par la perfection de son exécution, riche d'atmosphère et de détail, *Derrière la gare Saint-Lazare, le pont de l'Europe, Paris 1932* est devenu l'une de ses images les plus célèbres et témoigne de sa période surréaliste. L'homme qui saute compose une forme géométrique parfaite avec son reflet. Sur le mur du fond, la silhouette sur l'affiche effectue un saut symétrique. Dans *Images à la sauvette*, Cartier-Bresson raconte comment il a saisi cette image : « Une palissade entourait des travaux de voirie. J'ai passé mon objectif par une fente juste au moment où l'homme sautait. » On peut y voir le symbole de la théorie de « l'instant décisif » chère à Cartier-Bresson, pratique centrale de la photographie du XXe siècle que permit l'usage du Leica. Dans *Quai Saint-Bernard*, les deux énigmatiques personnages forment un V qui répond à l'angle des quais, au centre de l'image.

S'interdisant tout recadrage, Henri Cartier-Bresson s'intéresse avant tout à la composition, à la géométrie de l'image. Refusant toute anecdote ou événement, il choisit un décor avec des lignes de fuite qui déséquilibrent subtilement des compositions sagements ordonnées. Dans *Quai des Tuileries* et *Le Marais*, il laisse les personnages s'installer, et saisit l'instant où ils occupent l'espace de manière parfaite.

Rue de Vaugirard, Mai 68, est représentative de la deuxième partie de son œuvre. La composition est toujours achevée, mais le contenu narratif se charge d'une critique sociale évidente. Devant ce bon bourgeois qui contemple le slogan « Jouissez sans entraves », on ne peut que penser aux aspirations de jeunesse d'Henri Cartier-Bresson qui ne l'ont jamais quitté.

P. H.

JEAN-PHILIPPE CHARBONNIER

Né à Paris en 1921, vit à Paris.

Né d'un père peintre et d'une mère écrivain, Jean-Philippe Charbonnier débute en 1939 chez le portraitiste de cinéma Sam Levin. En 1941, il travaille aux laboratoires Blanc et Demilly à Lyon. En 1944, il collabore au journal *Libération* comme metteur en pages. Cette même année, il réalise son premier reportage sur l'exécution d'un collaborateur. Il travaille ensuite pour *France-Dimanche* puis *Point de vue* où Albert Plecy publie ses premières photographies. En 1950, il entre au mensuel *Réalités* pour lequel il effectue des reportages dans le monde entier jusqu'en 1974, parcourant la Chine, l'ancienne Afrique équatoriale française, l'URSS pendant la guerre froide, et même l'Alaska. Puis, Jean-Philippe Charbonnier photographie son environnement le plus proche, réalisant avec humour une chronique de la vie parisienne d'aujourd'hui. En 1983, le Musée d'art moderne de la Ville de Paris lui consacre une importante rétrospective.

L'œuvre de Jean-Philippe Charbonnier, dans la grande tradition française d'une photographie sociale et humaniste, est d'abord un document remarquable sur la transformation de la société de 1945 à nos jours. Photographiant la France profonde entre deux voyages, il fixe de nombreuses tranches de vie à l'ironie tendre.

Les deux soldats photographiés en 1945, place du Bourg-Tibourg (l'une de ses premières photographies prises dans le quartier du Marais, qu'il habite aujourd'hui et qu'il ne cessera par la suite de photographier), sont emblématiques de ces « scènes de vie » ordinaires, qui deviendront des documents d'histoire.

P. H.

CLAUDE DITYVON

Claude Raymond-Dityvon, né à La Rochelle en 1941, vit à Paris.

Originaire d'un milieu ouvrier, Dityvon arrive à Paris en 1962 et commence à photographier à la fin des années soixante. Les événements de Mai 68 sont pour lui la scène d'une expérience déterminante, à la suite de laquelle il s'emploie à photographier les états de crise et les drames urbains, les relations – ou absence de relations – entre les individus, mettant en place progressivement une écriture de la vie quotidienne, de la réalité sociale. Fort d'une riche culture cinématographique particulièrement tournée vers le Japon et les États-Unis, ses reportages sont principalement influencés par Robert Frank et Henri Cartier-Bresson.

Lauréat du prix Niepce en 1970, il participe deux ans plus tard à la fondation de l'agence Viva et à l'exposition collective « Famille en France », itinérante entre Milan, Rome, Londres, New York, Anvers et Montréal. Il expose également au Musée d'art moderne de la Ville de Paris en 1972, au Centre Georges-Pompidou en 1977, ainsi qu'à Stockholm, Rabat, Genève et Charleroi. Ses photographies sont diffusées dans la presse et font l'objet de publications (*Gens de La Rochelle*, Contrejour, 1979; *Album de tournage*, Les Cahiers du cinéma, 1985; *Mai 68*, Camera Obscura, 1988, ou encore *Dityvon : le toucher du regard 1967-1993*, Paris Audiovisuel/Centre régional de la photographie Nord-Pas-de-Calais, 1993) et de films bancs titres (*Est-ce ainsi que les hommes vivent ?*, 1976; *Un jour comme les autres*, 1977 ; *Basket*, 1983).

Images construites bien que saisies à la volée, esthétique dénuée de fioritures, la photographie de Dityvon semble empreinte d'une résistance sans cesse réactivée et d'un humanisme généreux qui le place, comme il se plaît lui-même à le rappeler, du côté de « ceux qui savent que le combat n'est pas derrière nous, de ceux pour qui la sagesse ne viendra jamais ».

I. C.

ROBERT DOISNEAU

Né en 1912 à Gentilly - mort en 1994 à Paris.

Après des études de graveur-lithographe à l'école Estienne, de 1926 à 1929, il reçoit une première formation de photographe à l'atelier Ulman, en 1930, puis devient opérateur d'André Vigneau en 1931. De 1934 à 1939, il est photographe industriel chez Renault, poste qu'il quitte après sa rencontre avec Charles Rado qui l'invite à entrer à l'agence Rapho qu'il vient de créer. Il la quittera, en 1945, pour Alliance-Photo, avant d'y revenir l'année suivante. Après la guerre il collabore au journal *Le Point*, dès 1945, à *Action*, en 1946, à *Vogue*, de 1949 à 1951. En 1949, la publication de *La Banlieue de Paris*, avec un texte de Cendrars, inaugure une série de livres consacrés à Paris et à la banlieue qui demeurent ses sujets exclusifs : *Les Parisiens tels qu'ils sont*, en 1954, *Instantanés de Paris* et *Le Vin des rues*, en 1955, *Pour que Paris soit*, en 1956, *Le Royaume d'Argot*, en 1965, jusqu'au *Paris de Robert Doisneau et de Max-Pol*

Fouchet, en 1974. Le prix Kodak en 1947, ainsi que des expositions collectives, avec Brassaï, Ronis et Izis, en 1951, au Museum of Modern Art de New York, ou personnelles, en 1960, à l'Art Institute de Chicago, à la Bibliothèque nationale, à Paris, en 1968, ou à la George-Eastman House, à Rochester, en 1972, installent sa réputation et en font l'un des principaux représentants, voire l'un des modèles, de la photographie humaniste, qui atteint son apogée durant les années cinquante.

Enracinée dans les années trente, comme en témoigne *Les petits enfants au lait*, cette vision faite de complicité fraternelle se développe avec beaucoup de pureté chez Doisneau qui sait y faire jouer le registre de l'humour ou de l'ironie tendre, comme avec *Fox-terrier au pont des Arts*. Telle une esquisse des premiers âges de la vie, allant de l'innocence curieuse à la pose affectée, *Place Hébert* témoigne de la plénitude du style de Doisneau dont on peut craindre parfois le côté anecdotique ; ici, la position d'égalité non démentie entre photographe et photographiés renvoie du portrait à la chronique sociale et par delà, à une narration existentielle que le regard ne peut s'empêcher de poursuivre.

G. A.

PIERRE DE FENOYL

Né à Caluire-et-Cuire en 1945 - mort à Castelnau-de-Montmiral en 1987.

Passionné depuis l'enfance par la photographie, Pierre de Fenoyl exerce d'abord tous les métiers de l'image fixe : photographe à l'agence Dalmas (1961), archiviste d'Henri Cartier-Bresson (1966) puis de Magnum, il crée en 1969 la première galerie de photographie de Paris (galerie Rencontre), puis l'agence Vu qui deviendra Viva. En 1975, il dirige la Fondation nationale de la photographie à Lyon, puis devient chargé de mission au Centre Georges-Pompidou, fonction qu'il quitte en 1981 pour se consacrer à son œuvre personnelle.

Il décide alors de voyager pour « regarder le temps passer et non passer son temps à regarder ». Après New York, il entreprend un retour aux sources, sur les traces de Maxime du Camp où, en archéologue moderne, il sonde, à travers signes, formes et empreintes, les vestiges d'une civilisation disparue. Sans renoncer à la vallée du Nil, Pierre de Fenoyl se consacre alors à Paris, à la Toscane et surtout au Tarn où il s'installe avec sa famille. La Mission photographique de la DATAR lui confie en 1984 le relevé des paysages ruraux du Sud-Ouest de la France.

Passionné par les problèmes d'édition et de diffusion de la photographie, il crée en 1985, l'association « La Multiplication photographique » qui publie des portfolios de photographes contemporains imprimés en phototypie.

Pierre de Fenoyl est mort brutalement le 4 septembre 1987. Ses images de Paris datent des années 1979-1981. Elles ont été réalisées essentiellement dans le jardin des Tuileries ou sur les quais de la Seine, sans action ni personnages. Procédant par plans successifs, fasciné par la lumière hivernale qui ne cesse de se transformer d'heure en heure, il entreprend sa réflexion sur le paysage et sur le temps, se proclamant « chronophotographe ».

P. H.

MARTINE FRANCK

Née à Anvers en 1938, vit à Paris.

Martine Franck bénéficie d'une éducation cosmopolite : école primaire aux États-Unis, classes secondaires en Angleterre puis études à l'Université de Madrid et à l'École du Louvre à Paris. En 1963, elle entreprend un voyage en Asie (Chine, Inde et Japon) dont elle rapporte ses premières photographies. Formée ensuite au laboratoire de *Time Life*, elle est d'abord assistante d'Eliot Elisofon et de Gjon Mili avant de s'installer comme photographe indépendante en 1965. Après une collaboration avec le Théâtre du Soleil, elle travaille pour *Fortune*, *Life*, le *New York Times*, *Sports Illustrated* et *Vogue*. Membre de l'éphémère agence Vu, elle participe ensuite à la fondation de Viva, en 1972, avec Dagbert, Gloaguen, Hers, Kalvar, Lattès, Le Querrec et Dityvon.

En 1979, dans le cadre du 33e Salon international de la photographie et du cinéma, elle obtient, avec Le Querrec et Dityvon, une bourse de Paris Audiovisuel. Elle en profite pour sortir quelque peu des contraintes de la photographie de commande, et entreprendre le travail sur Paris dont sont extraites les deux photographies présentées ici. Puis, au début des années quatre-vingt, elle est accueillie comme membre associé à l'agence Magnum. Ses images sont exposées en France et dans le monde, et font l'objet de publications : *Le temps de vieillir* (Denoël, 1980), *Des femmes et la création* (Macmillan, 1983), ou *Portraits* (Trois Cailloux, 1988).

Proposant une imagerie empreinte d'un certain classicisme, elle a su se frayer un passage dans le difficile monde du reportage de presse en proposant essentiellement des clichés de la vie quotidienne et de l'univers du travail (*Éboueurs* et *L'Opéra de Paris*) ; elle aborde principalement l'univers des enfants, des vieillards et des personnes en difficulté, et s'adonne aussi à la photographie de paysage. Toujours avec une certaine intimité, elle compose ses photographies en rapport avec le regard de ses modèles ; et non sans un certain degré d'humour ou d'étonnement, elle entend éduquer le regard par les témoignages imagés qu'elle expose : « Présenter des images qui posent une question, qui incitent à la réflexion. »

I. C.

JEAN-CLAUDE GAUTRAND

Né en 1932 à Sains-en-Gohelle (Pas-de-Calais), vit à Paris.

En 1933, la famille de Jean-Claude Gautrand s'installe à Paris, ville qui le marquera profondément. Il réalise ses premières images en 1945. En 1956, il découvre l'œuvre d'Otto Steinert, principal théoricien de la *Subjective Fotografie*, qui jouera un rôle essentiel dans son approche photographique. Il réalise plusieurs séries à la limite de l'abstraction, utilisant toutes les possibilités techniques qui lui sont offertes : *Metalopolis* (1964), *Filets* (1966), *Galet* (1968-1969), *Boues rouges* (1970-1974).

Co-fondateur du groupe « libre-expression » en 1963, il adhère au « Club des 30 X 40 » dont il sera le vice-président. Lauréat de nombreux prix, historien de la photographie, il devient l'un des acteurs essentiels du milieu de la photographie française : il est en effet rédacteur dans de multiples revues spécialisées, commissaire d'exposition et auteur d'ouvrages sur la photographie.

La mémoire est devenue le grand sujet de Jean-Claude Gautrand. En 1968, il publie son premier livre *Les Murs de Mai 68* (Éd. Pensée et action). En 1972 paraît *L'Assassinat de Baltard* (Éd. Formule 13), dans lequel il retrace la destruction au jour le jour des Halles de Baltard – cœur et ventre de Paris, architecture métallique exceptionnelle –, construites dans les années 1850. Amoureux de Paris, Gautrand joue ici de la lumière et du graphisme, magnifie l'ultime moment de ces architectures, réalisant un reportage exceptionnel sous la forme d'un vaste poème en images. En 1993, avec *Bercy, la dernière balade* (Éd. Marval), il réalise là encore l'inventaire de ce qui fut l'authentique dernier village parisien du XIXe siècle.

À ce chapitre qu'il intitule *Mémoire des lieux*, Jean-Claude Gautrand ajoute un second volet, *Mémoire des temps*, qui réunit son travail sur les blockaus du littoral français érigés pendant la Seconde Guerre mondiale (*Forteresses du dérisoire*, Presses de la connaissance, 1977) ainsi que ses travaux récents sur Oradour-sur-Glane ou le camp de concentration du Struthof, témoignant ainsi de son engagement social permanent.

P. H.

PAUL GÉNIAUX

Né à Rennes en 1873 - lieu et date de décès inconnus.

L'œuvre de Paul Géniaux est longtemps restée dans l'oubli. Plus connu, son frère aîné, l'écrivain Charles Géniaux, a vraisemblablement travaillé avec lui à ses débuts. Dans le Bottin de 1902, on trouve inscrit à la rubrique « Photographes » : « Géniaux (les frères) 32, rue Louis-le-Grand. » Le nom de Paul Géniaux subsiste seul, jusqu'en 1909, après quoi il n'est plus inscrit. Ses activités ne semblent reprendre qu'en 1914 au 39, rue du Faubourg-Poissonnière et s'arrêtent dans les années trente, date où un certain A. Moisson lui succède. Une autre adresse lui est connue : 74, rue du Cherche-Midi. Elle figure au dos de certaines photographies conservées au musée Carnavalet ayant pour thème *Les petits métiers de Paris*. Les costumes permettent de dater ces photographies de 1895-1905. Certaines, très réalistes et documentaires, ont été reproduites par l'éditeur de cartes postales J. J, avant 1903, dans une série intitulée *Scènes parisiennes*.

Boulevard sous la neige est un tirage au charbon réalisé sur un vélin très épais qui renvoie à la longue tradition pictorialiste (Constant Puyo, Robert Demachy...). Au tournant du siècle, entre 1890 et 1914, le mouvement pictorialiste regroupe autour de lui un grand nombre d'amateurs désireux de prouver que la photographie se rattache à l'art moderne. Ces adeptes prônent de nouvelles valeurs : à ceux qui expliquent que la photographie ne peut être un art, puisqu'elle se contente de copier la nature, les pictorialistes objectent qu'il existe une alternative à la production documentaire. On reproche à la photographie son exactitude ? Ils favorisent l'utilisation des flous et des aberrations optiques, expliquant que leur entreprise n'est pas de décrire le réel, mais au contraire de faire une synthèse et de révéler le sentiment et l'harmonie. On critique le fait que la photographie est monochrome ? Ils établissent une autre échelle de valeurs fondée sur les contrastes de clair-obscur.

Pour autant les pictorialistes ne méprisent pas la photographie documentaire. La présence de cette image esthétisante dans l'œuvre de Paul Géniaux (l'auteur l'a signée en bas à droite) est bien la preuve qu'à cette époque, de nombreux photographes ont été sensibles aux idées pictorialistes sans renier leur travail plus documentaire.

C. T.

HENRY GODEFROY

Lieux et dates de naissance et de décès inconnus.

Actif en France à partir des années 1880 et vraisemblablement au moins jusqu'à la Première Guerre mondiale, le nom d'Henry Godefroy n'apparaît cependant pas dans les annuaires parisiens du commerce de l'époque. La Bibliothèque historique possède un grand nombre de ses clichés sur plaques de verre de format 18 x 24 cm qui forment des reportages très complets sur les rues de Paris. Un certain nombre de plaques n'ont pas été achetées directement au photographe, mais par un intermédiaire et comportent légende et attribution. La Bibliothèque conserve également de très nombreuses épreuves originales collées sur carton et portant un tampon à son nom ainsi que les références des négatifs.

L. D.

BRION GYSIN

Né en 1916, à Taplow (Grande-Bretagne, nationalité canadienne à la naissance puis américaine) - mort en 1986 à Paris.

Brion Gysin n'est pas photographe, mais sa pratique de la photographie s'inscrit dans une démarche pluridisciplinaire où se mêlent peinture, calligraphie, écriture, cinéma, poésie sonore et action, qui est celle d'un personnage déterminant pour la Beat Generation, en particulier pour William Burroughs.

Arrivé à Paris en 1934, il fréquente les surréalistes avec lesquels il expose des dessins, galerie Les Quatre Chemins, où il a sa première exposition personnelle en 1939. La guerre le ramène aux États-Unis où, enrôlé en 1943, il apprend le japonais et s'initie à la calligraphie comme à une mystique du signe qui ne le quitte plus. Il retourne en France en 1949, puis s'installe au Maroc, à Tanger, en 1950, où il restera jusqu'en 1973, hormis des séjours à Paris, entre 1958 et 1964, pendant lesquels il retrouve au « Beat Hôtel » Ginsberg et Burroughs qu'il influence par ses *cut-ups* (découpages et réassemblages d'une page de texte) et ses *permutations*.

Ses recherches littéraires et picturales qui visent à couper l'œuvre de son auteur (notamment par la mécanique mathématique des permutations) le conduisent à la mise au point d'une grille, peinte au rouleau, qui sert de base à une composition combinatoire. L'apparition de photographies, collées sur les grilles, se substituant aux signes et jouant le rôle de « l'élément temps », s'inscrit dans cette logique comme plus tard l'utilisation directe de la planche contact.

En 1974-1975, alors que de retour du Maroc il occupe un atelier à la Cité internationale des arts, il réalise de très nombreuses photographies de la construction du centre Georges- Pompidou, jusqu'à son achèvement. Peu à peu, ses prises de vue s'organisent et il retrouve dans la composition en mosaïque où la planche contact reconstitue l'ensemble, le thème de la grille, du carré magique, sur lequel il travaillait. Plusieurs expositions on été consacrées à ce travail : «Beaubourg, le dernier musée», galerie Germain, 1975, «Le dernier musée vu par B. Gysin en Kodacolor II» et «Le dernier musée, suite», galerie Raph, en 1977.

Intégrant la photographie dans sa démarche plasticienne, Brion Gysin a aussi travaillé sur diapositives, peintes ou grattées. À sa mort, il a légué la majeure partie de son atelier au Musée d'art moderne de la Ville de Paris, incluant l'essentiel de son œuvre photographique.

G. A.

LUCIEN HERVÉ

Laszlo Elkàn, né en 1910 en Hongrie.

Lucien Hervé arrive à Paris en 1929. Il acquiert la nationalité française en 1937 et commence sa carrière de photographe l'année suivante. Prisonnier pendant la Seconde Guerre mondiale, il est contraint d'abandonner la photographie mais se tourne vers la peinture.

Il devra attendre 1948 pour se consacrer entièrement à la photographie et spécialement à la photographie d'architecture après sa rencontre avec Le Corbusier dont il sera, pendant seize ans, le photographe privilégié. Il collabore à de nombreuses revues d'architecture et, en 1951, a lieu sa première exposition, suivie de très nombreuses autres partout dans le monde. À l'occasion du centenaire de la naissance de Le Corbusier, une grande exposition itinérante lui est consacrée en 1987. En 1962, il est chargé par le directeur général des Musées de France d'une mission photographique en Syrie et au Liban.

Il publie de nombreux livres consacrés à l'architecture, en particulier à Le Corbusier. Il réalise aussi des portraits où, comme dans ses photos d'architecture, il utilise l'ombre et la lumière de façon tranchée.

Dans toutes ses photographies comme dans celle présentée ici, les lignes sont amplifiées, la structure est mise à nue grâce à de savants cadrages ; les personnages ne justifient leur présence que pour souligner l'échelle de l'architecture.

L. D.

IZIS

Israëlis Bidermanas, né en 1911 à Mariampolé en Lituanie - mort en 1980 à Paris.

Apprenti photographe dès l'âge de treize ans en Lituanie mais chassé par la misère, Izis arrive à Paris en 1930. Après quelques petits travaux dans le métier, il ouvre une boutique où il réalise des portraits inspirés par Arnal et Harcourt. Mais la guerre vient interrompre son entreprise florissante ; il se réfugie dans le Limousin, échappe miraculeusement à la persécution nazie et participe activement à la Libération. C'est à cette occasion qu'il réalise ses premiers travaux d'auteur, en fixant sur la pellicule les maquisards revenant des combats. Plusieurs expositions ont alors lieu à Limoges. En 1947, il retourne à Paris et prend la nationalité française ; la même année, il expose des photographies de Paris, images qui seront publiées par la suite sous le titre *Paris des rêves* (Claire Fontaine, 1949). En 1949, il entre à *Paris Match* où, pendant vingt ans, il se fait « spécialiste de l'endroit où il ne se passe rien ». Travaillant tantôt en couleurs tantôt en noir et blanc, il effectue des reportages à contre-courant de l'actualité directe et voyage quelque peu en Europe et en Afrique.

Parallèlement, il continue d'arpenter Paris, cette capitale qui le fascine et dont il ne cesse d'extraire des clichés noir et blanc pour son propre compte. Beaucoup de ses photographies font alors l'objet de publications, livres dont il travaille lui-même la mise en pages, et auxquels des personnalités telles que Jacques Prévert ou André Malraux apportent leur contribution littéraire : *Grand Bal du Printemps* (Claire Fontaine, 1951), *Le Cirque d'Izis* (André Sauret, 1965), *Le Monde de Chagall* (Gallimard, 1969), *De Paris et d'ailleurs* (Paris Audiovisuel, 1988), etc. Il collabore aussi avec Chagall, Colette, et bon nombre d'artistes et intellectuels de l'époque. De multiples expositions lui sont consacrées, dont celles de l'Art Institute of Chicago en 1952, de Tel-Aviv, d'Amsterdam ou encore les Rencontres d'Arles de 1978 où il est invité d'honneur.

Très marqué par ses débuts en photographie commerciale et influencé par la découverte d'Atget et de Brassaï, Izis trouve sa propre voie à travers la flânerie et les chemins de traverse ; les deux images présentées ici, *1er mai, place Victor Basch* et *Jardin des Tuileries* traduisent bien la simplicité et l'authenticité avec lesquelles il s'appliquait à appréhender la capitale, paisiblement, en « passant émerveillé », comme se plaisait à le dépeindre Jacques Prévert.

I. C.

MIMMO JODICE

Né en 1934 à Naples, où il vit.

Mimmo Jodice est profondément attaché à sa ville natale. D'origine modeste, il abandonne l'école à dix ans et commence à travailler. En 1964, il s'intéresse en autodidacte à la photographie, à laquelle il se consacrera exclusivement à partir de 1967. Il réalise alors sa première exposition à la librairie La Mandragola.

Dès ses débuts, se revendiquant de Bill Brandt, Jodice refuse tout réalisme et initie une série d'études sur les formes. En 1968, il entreprend une collaboration fructueuse avec la galerie Lucio d'Amelio. Il fréquente alors les plus grands artistes de l'avant-garde de l'époque : Warhol, Rauschenberg, Jaspers Johns, Sol Lewitt, Beuys, Kosuth, Merz, Kounellis...

Dans les années 1970, favorisé par l'atmosphère du néo-réalisme et par le développement de la photographie sociale à Naples, il s'intègre naturellement à ce courant et photographie la population de la ville, isolant le plus souvent les personnages en une série d'icônes dramatiques.

Depuis 1970, il enseigne à l'Académie des Beaux-Arts de Naples. Dans les années 1980, il élimine les figures humaines et s'intéresse à la représentation photographique de l'art sous ses diverse formes : l'archéologie, la sculpture et la peinture, Naples demeurant pour lui une source d'inspiration inépuisable. À partir de 1982, sa notoriété grandissante lui ouvre les portes de nombreux projets d'expositions et de commandes publiques, sur le territoire et l'architecture, à travers le monde. En 1993 l'association Paris Audiovisuel lui donne carte blanche pour réaliser un travail personnel sur Paris. Cet ensemble inédit « Le Paris de Mimmo Jodice » sera exposé pour la première fois à la Maison européenne de la photographie en mai 1998. Dans cette vaste fresque, Mimmo Jodice parcourt les hauts lieux de la ville, les musées, les jardins, les places, mais aussi La Villette, La Défense ou le périphérique.

Confronté à des architectures des temps modernes, jouant de la lumière et du vide, il tente d'exorciser cette relation visuelle parfois étrange entre le passé et le présent. Il ne saisit pas la réalité, mais donne à ses images urbaines une sensualité toute personnelle, créant un mouvement irréel qui traverse comme un souffle fantômatique des lieux fortement chargés d'histoire, comme si son propre regard était habité du poids de la connaissance.

P. H.

MICHAEL KENNA

Né en 1953 à Widnes, Lancashire, Angleterre.

Michael Kenna achève ses études artistiques au London College of Printing en 1976, et expose à partir de 1978 aux États-Unis et en Angleterre. En 1981, il est présent aux XVIe Rencontres internationales de la photographie, en Arles.

Ses images, de petit format, sont reconnaissables à leurs tonalités délicates et monochromes, à leurs tons noirs et blancs feutrés par des virages sépia, et au grain d'argent très présent qui donne comme une trame à ses photographies.

Images de paysages désertés, intemporelles, entre réalisme et abstraction, les photographies de Michael Kenna sont des « îlots de sérénité et de silence ». C'est un univers de contemplation où le paysage est « encadré » par la photographie, comme figé dans le temps. « Il pense à la lumière et à l'ambiance, écrit Peter C. Bunnell, à l'influence qu'elles peuvent avoir sur les formes, les contours et les perspectives. (...) Il sait que le matériel photographique est sensible au point de révéler des choses que l'œil ne peut voir, et que, grâce au temps de pose, il peut étirer le temps jusqu'à lui faire atteindre un univers imaginaire. » Les quelques éléments qui sont donnés à voir dans ses photographies le sont dans un rapport minimaliste, à la frontière entre l'obscurité et la lumière.

C. T.

ANDRÉ KERTÉSZ

Né en 1894 à Budapest - mort en 1985 à New York.

En 1912, jeune diplômé de l'Académie de commerce et employé à la Bourse de commerce de Budapest, André Kertész acquièrt son premier appareil photo, initiant ainsi la carrière « d'amateur » – *celui qui aime* – à laquelle il aspire toute sa vie. Mobilisé par l'armée austro-hongroise durant toute la Première Guerre mondiale, il continue cependant à photographier son entourage. C'est à Paris, en 1925, qu'il s'installe comme photographe indépendant. Il côtoie alors bon nombre d'artistes (Chagall, Mondrian, Colette, Eisenstein, Brancusi, etc.), fréquente les groupes avant-gardistes qui gravitent autour de Montparnasse, commence à publier portraits et scènes de rue dans des magazines tels que *Vu, Bifur, Frankfurter Illustrierte, Times* ou *Minotaure*, et expose une première fois à la galerie Le Sacre du Printemps en 1927. Il opère désormais au Leica, oscille entre les spécificités du reportage en instantané et un traitement plus abstrait de l'espace, échafaudant ainsi sa propre stylistique. La construction de ses cadrages, son traitement de la lumière et ses fréquentes prises de vue en plongée laissant plus de place à la terre qu'au ciel, imprègnent son œuvre d'une distanciation caractéristique.

Les expositions se succèdent : « Film und Foto » (Stuttgart), « Photographie contemporaine » (Essen), « Modern European Photography » (New York), et en 1933, la série de reflets de nus féminins dans des miroirs déformants commandée par le magazine *Le Sourire*, qui apparaît comme l'un des jalons de sa production. En 1936, il part pour New York s'installer avec sa femme, où la guerre le retient plus longtemps que prévu, et opte pour la nationalité américaine en 1944. Il travaille alors pour *Harper's Bazaar, Vogue, Look*, etc., puis signe un contrat d'exclusivité avec les éditions Condé Nast de New York, de 1949 à 1962. Si ses reportages restent longtemps incompris outre-Atlantique, ses photographies de mode et d'intérieur sont vites très appréciées. Ses images continuent de voyager dans le monde entier au travers d'expositions et de publications : médaille d'or à la IVe Biennale internationale de la photographie à Venise, exposition personnelle à la Bibliothèque nationale de Paris en 1963, au MoMA à New York en 1964, au Centre Georges-Pompidou en 1977 ainsi que plusieurs grandes expositions dans le monde au cours des années quatre-vingt ; publications de *Paris vu par André Kertész* (Plon, 1934), *Nos amis les bêtes* (Plon, 1936), *Day of Paris* (J.J. Augustin, 1945), *À ma fenêtre* (Herscher, 1982), etc. En 1984, il lègue à l'État français l'ensemble de ses négatifs et de sa correspondance.

Dans ses images de l'entre-deux-guerres, telles *Montparnasse 1928*, ou *Sur le pont des Arts*, est déjà présente l'écriture photographique qu'il a sans cesse approfondie, singulière et subtile, forte de tensions formelles, d'humanité et de nuances. Et comme le précise Ben Lifson, les photographies d'André Kertész continuent de nous persuader « qu'il regardait seulement le monde ».

I. C.

WILLIAM KLEIN

Né à New York en 1928, vit à Paris.

Après une enfance passée à Manhattan – sa famille est d'origine hongroise –, des études de sociologie et deux années de service militaire en Europe, William Klein s'installe à Paris en 1948, où il commence à peindre aux côtés de Fernand Léger. Au début des années cinquante, il s'intéresse à la technique photographique comme outil, pour réaliser des motifs abstraits sur des fresques murales. De passage dans sa ville natale en 1954, il amorce véritablement la phase photographique de sa carrière avec la réalisation d'un journal de bord en images, ouvrage qui sera édité deux ans plus tard sous le titre *New York* (Paris, 1956 ; rééd., 1995).

Si ce livre n'obtient pas l'accueil escompté en Amérique, il a un fort succès en France et reçoit le prix Nadar en 1957. Cette publication marque le début d'une création déroutante qui, par l'élaboration d'un style placé à contre-courant des modèles de l'époque, va s'imposer peu à peu jusqu'à devenir une référence incontournable de la photographie de ce siècle, entraînant dans son sillage une bonne partie de la production contemporaine. William Klein commet ses images à bout portant, à coups de cadrages très serrés taillés vifs dans la masse de la ville, de prises de vue au grand angulaire, d'éclairs de flash crus et sans indulgence, de tirages contrastés, de flou et de granulation excessive. Blancs saturés, noirs qui bavent, cadre instable, personnages coupés par les bords et différents plans de l'image mus de tangibles tensions : c'est dans cette même lignée que d'autres villes se retrouvent ainsi traitées au travers de livres dont il assume lui-même la conception graphique : *Rome* (Seuil, 1959), *Moscou* et *Tokyo* (Zokeisha/Silvana/Crown Publishers, 1964). Il est engagé par Fellini comme assistant, puis de 1955 à 1965, photographie la mode pour *Vogue* de manière parfaitement décapante.

Progressivement, il s'éloigne de la photographie et, à partir de 1958, se consacre au cinéma, réalisant des films documentaires, des publicités et des longs métrages : *Cassius le Grand* (1964), *Qui êtes-vous Polly Maggoo ?* (1966), *Le Couple témoin*, (1976), etc.

Au travers de nombreuses expositions, publications et distinctions, les années quatre-vingt rendirent très largement hommage à la « période argentique » de William Klein.

Les deux photographies reproduites ici, *Paris, 11 novembre 1962* et *Paris, café, 1982*, suffisent à nous plonger dans cette esthétique quasi subversive, cette appréhension immédiate, concise et exacerbée de la foule et de la rue.

I. C.

CHARLES LANSIAUX

Actif à Paris de 1903 à 1922.

Charles Lansiaux occupe successivement plusieurs ateliers, mais toujours dans le XIVe arrondissement. D'après sa marque publicitaire, il fait de la « photographie artistique et industrielle : travaux en ville, travaux d'urgence, intérieurs à la lumière artificielle, agrandissements, photographie documentaire pour amateurs ». Il est aussi rédacteur en chef de *Photo Index*. Il disparaît de l'Annuaire du Commerce parisien Didot-Bottin en 1923.

La Bibliothèque historique de la Ville de Paris possède un grand nombre de ses épreuves originales : 1001 épreuves originales montées sur carton, datées, légendées et signées de l'auteur lui-même. Elles forment un ensemble complet sur la vie à Paris pendant la guerre de 1914-1918. Celles-ci ont été achetées dès septembre 1914 et jusqu'à janvier 1919. La photographie présentée ici fait partie de ce reportage sur l'« arrière ».

Il existe également un grand nombre d'épreuves de format 18 x 24 cm fournies par la Commission du Vieux Paris, recensant les immeubles parisiens de 1916 à 1922. Plus spécialement axée sur l'architecture, cette série montre les façades d'immeubles privés ou commerciaux, les cours, certains intérieurs publics.

L. D.

FRANÇOIS LE DIASCORN

Né en 1947 à La Flèche, vit à Paris.

François Le Diascorn est diplômé de sciences politiques et licencié en droit. En 1971, il commence à photographier et part en reportage à Calcutta et au Bangla Desh. En 1978 il rejoint l'agence Viva qu'il quitte en 1986 pour l'agence Rapho. La démarche de François Le Diascorn est proche de celle de ces agences, qui diffusent une photographie d'information à l'écart des événements sensationnels tout en étant attentives aux problèmes quotidiens et proches des gens.

François le Diascorn a reçu de nombreux prix et bourses pour son travail. Grand voyageur, il ne cesse de parcourir le monde, avec une prédilection pour l'Inde, l'Égypte et les pays méditerranéens. En 1983-1984 il passe quinze mois aux États-Unis, parcourant 55 000 km et réalisant des photographies qui seront présentées aux Rencontres d'Arles. En 1985, il commence un projet sur les animaux, qui est récompensé par la

Fondation Angénieux. En 1990-1994, il photographie la Galerie de zoologie du Jardin des plantes, travail pour lequel il recevra le troisième prix du *World Press Photo* en 1995.

François Le Diascorn est à l'affût des endroits qui lui permettent d'enregistrer des instants hors du commun, d'ouvrir des portes sur l'irréel (les zoos, les musées d'histoire naturelle, les manifestations spectaculaires de toutes sortes). Il recherche « les instants de déformation de la vie, ceux qui mettent en question la réalité telle qu'elle est généralement conçue ».

Centre Georges-Pompidou est caractéristique de la force de ses images. Il règne ici un ordre harmonieux, mais le moment saisi paraît surnaturel. Les personnages sont suspendus au-dessus de la ville, leur fragilité tranquille face à l'immensité urbaine semble sortir d'un récit d'aventure imaginaire.

P. H.

MARC LE MÉNÉ

Né à Lorient en 1957.

Marc Le Méné vit et travaille à Paris depuis 1979. Il y apprend d'abord la maîtrise de la lumière et de la composition dans un grand studio publicitaire mais se consacre aussi à la peinture et à la photographie, tout en s'inspirant de littérature. En 1984, il réalise sa première exposition au Musée national d'art moderne. Après avoir reçu en 1985 le premier prix des photographes de moins de trente ans au Centre national de la photographie, Marc Le Méné devient pensionnaire à la Villa Médicis, à Rome, de 1989 à 1990. Pendant ce séjour il réalise une fiction photographique, *Le Songe d'Hebdomeros*, inspirée du roman de Giorgio De Chirico. En 1995, il obtient le Grand Prix photographique de la Société civile des auteurs Multimédia (SCAM).

Entre 1981 et 1991 il travaille sur une série de photographies prises de nuit à Paris, série qu'il poursuit à Rome pendant son séjour à la Villa Médicis. La nuit, les temps de pose sont longs et les rues souvent désertées sont animées de statues énigmatiques. Pour accentuer le caractère étrange de ses photographies, Marc Le Méné réhausse légèrement ses tirages noir et blanc de couleurs discrètes. Se situant à la frontière de la peinture et de la photographie, du rêve et de la réalité, il sait, à travers ses photographies, retrouver les sensations étranges et fantastiques qui prédominent la nuit dans les rues et les jardins publics.

C. T.

HENRI MANUEL

Né en 1874 à Paris - mort en 1947 à Paris.

Henri Manuel a vingt-six ans lorsque, en 1900, il fonde son propre studio de photographie d'art spécialisé dans le portrait : les « plus beaux portraits connus », indique l'annuaire à partir de 1911. En 1910, il crée un service de presse afin de commercialiser ses portraits de personnalités mais aussi ses reportages d'actualité, de mode, et ses travaux pour la publicité. L'Agence universelle de reportages Manuel travaille surtout à Paris. En 1925, il a accumulé 400 000 clichés et loue un immeuble entier, 27, rue du Faubourg-Montmartre qui comprend ateliers, laboratoires et appartement. Mais le Studio Henri Manuel est bientôt en perte de vitesse, dépassé par des concurrents plus modernes.

En juin 1940, les Allemands perquisitionnent son studio et s'intéressent aux clichés pris pendant la Première Guerre mondiale. L'autorisation d'exercer délivrée par les Allemands étant obligatoire, il se trouve contraint de fermer partiellement, puis, déclaré comme Juif, de céder son affaire à un collaborateur de longue date, Louis Silvestre. Ce qui devait être une cession de complaisance devient effectif en 1944, Louis Silvestre refusant de rendre l'affaire. Après avoir engagé une procédure de spoliation, Henri Manuel meurt après avoir pu récupérer son affaire.

Avant la guerre, une grande quantité de plaques de verre avaient été détruites ou vendues au prix du verre. L'activité dominante d'Henri Manuel était le portrait posé de notables, en studio. La Bibliothèque historique conserve 1450 plaques de verre qui montrent également la ville, ses jardins, places et fontaines dont des vues de nuit ainsi que des reportages sur la vie politique et sociale à Paris (élection en 1931 du président de la République, les cortèges funèbres de personnalités, l'Exposition coloniale de 1931).

L. D.

GODEFROY MÉNANTEAU

Actif à Paris aux alentours des années 1900-1915.

Établi au 9, rue Linné, Ménanteau a photographié les nombreuses transformations de Paris : construction du métro, disparition du marché aux chevaux boulevard Saint-Marcel, le Jardin des plantes après un cyclone, les destructions causées par les obus pendant la Première Guerre mondiale.

La Bibliothèque historique possède de nombreuses plaques de verre de format 18 x 24 cm qui ont pu lui être attribuées grâce à un petit nombre de tirages de même format qui comportent son tampon. Mais aucune trace de son activité n'a été décelée dans les annuaires de l'époque.

Cette photographie du métropolitain fait partie d'un ensemble montrant les diverses étapes de sa construction ainsi que les inaugurations de stations.

L. D.

JEAN-LUC MOULÈNE

Né en 1955, à Reims.

La démarche de Jean-Luc Moulène privilégie la photographie, mais pour en questionner les limites dans son usage médiatique et sa validité conceptuelle. En ce sens – et justement parce qu'elle se resserre sur ce que peut être la nature de l'image et de son usage – elle s'inscrit déjà au-delà de ce que l'on appelle la « photographie plasticienne » qui est l'appropriation de la photographie comme un médium parmi ceux dont use l'artiste contemporain.

Sa première série, *Disjonctions*, réalisée à partir des années 1980, consiste en « des photos à disjoindre, présentation standard en série », d'un format unique (80 x100 cm), interrogeant les catégories de l'image, « de la photo de famille à l'image de marque ». La série suivante, *Les Produits* (affiches de 3 x 4 m pour l'exposition « Figures de passage », Le Confort Moderne, Poitiers, 1994, mais aussi insertion dans un quotidien), joue sur le support et le format autant que sur le discours – ou le mutisme – de l'image (semblants d'images publicitaires laissées sans slogan, sans message), et sur notre consommation des images, elles-mêmes produits – ou œuvres. Le pouvoir, la communication, l'imaginaire se trouvent ainsi impliqués par ces images déroutantes sous leur masque de banalité.

À partir de la série *Monuments* (1993-1994), à laquelle appartiennent les deux photographies présentées ici (et que son travail récent sur Berlin développe), il s'intéresse à l'espace public, à la ville, à ses bâtiments qui sont aussi des lieux de pouvoir contre lesquels vient buter la frontalité de la prise de vue, du regard, et que perturbe, en un sens véritablement politique, l'environnement urbain, toujours un peu en décalage, à travers lequel on les perçoit.

Cette série a été présentée avec les 52 photographies de la série *Déposition*, qui donnait son titre à l'exposition à l'ARC, au Musée d'art moderne de la Ville de Paris, en 1997.

G. A.

JEAN-CLAUDE MOUTON

Né en 1962, à Castres.

Après des études à Toulouse et Paris, Jean-Claude Mouton travaille avec John Batho de 1986 à 1988. Boursier de l'Office franco-allemand pour la Jeunesse, il séjourne à Berlin de 1989 à 1991, où il réalise deux ensembles de photographies, *Berliner Licht* et *Berlin no man's land*. Depuis 1992 il travaille à Paris et aussi, régulièrement, en Allemagne. Il aime prendre le contrepied de certaines attitudes qui lui semblent trop convenues, affectionnant les petits formats ainsi que les interventions légères et alternatives.

Son œuvre *Sans titre*, 1994, est composée, dans la version que possède le Musée d'art moderne de la Ville de Paris, de 60 photographies d'un format 10 x 15 cm. Par leur format qui est celui des cartes postales, ces images jouent sur l'effet de contraste, substituant aux monuments et vues pittoresques, qui en sont habituellement le sujet, le spectacle quotidien de la circulation automobile et de ses encombrements, aux vues statiques et monumentales, des vues serrées de véhicules, excluant les passants, donnant une impression de dynamisme, dont les angles divergents accentuent le chaos.

Cette œuvre, cédée au Musée d'art moderne à la suite d'une bourse photographique de la Ville de Paris obtenue en 1993, s'inscrit dans un projet ouvert et encore inachevé ; la disposition et l'ordre de l'accrochage ne sont pas prédéterminés, non plus que le nombre des photographies qui continue de s'accroître, aujourd'hui d'environ 150.

G. A.

RENÉ-JACQUES

René Giton, né en 1908 à Phnom Penh (Cambodge).

Son père étant administrateur colonial, René-Jacques passe sa jeunesse au Tonkin (de 1912 à 1917), puis, après Royan jusqu'en 1924, s'installe à Paris avec sa famille. Il prend ses premières photographies d'amateur dans les années 1925-1928, mais c'est en 1930 qu'il renonce à une carrière d'écrivain pour se consacrer entièrement à la photographie, se spécialisant dans l'illustration d'œuvres littéraires et diversifiant son activité grâce aux portraits, reportages, photographie industrielle et photographie de plateau.

À partir de 1933 il publie dans de nombreuses revues françaises et étrangères et, en 1934, il réalise sa première exposition personnelle au Studio 28, un cinéma du XVIIIe arrondissement parisien. Il exposera ensuite régulièrement, seul ou en groupe, que ce soit en France ou à l'étranger.

Paris tient une place très importante dans l'œuvre de René-Jacques. Vers 1935, il s'y promène avec Léon-Paul Fargue, en vue d'illustrer un livre commandé par les éditions Grasset, projet qui n'aura pas de suite. En 1938 paraît *Envoûtement de Paris* de Francis Carco, illustré de 118 photographies.

Après la guerre, il s'implique dans le combat pour la reconnaissance des droits d'auteur des photographes : il est président, pour la photographie, du conseil d'administration du Syndicat de la propriété artistique. Pendant trente ans, son activité est foisonnante : nombreux reportages dans le Paris de l'immédiat après-guerre, ainsi que dans les environs : Versailles, Rambouillet, Ermenonville..., illustration de plusieurs textes littéraires ou d'ouvrages sur Paris et la France, collaboration d'une vingtaine d'années aux catalogues du grand magasin Aux Trois Quartiers, nombreuses expositions, seul ou avec le Groupe des XV, fondé après-guerre par Lorelle, Amson, Sougez. En 1951, il effectue un important reportage dans les usines Renault de Boulogne-Billancourt, Flins et Le Mans, dont une partie a été publiée par Renault.

René-Jacques n'exerce plus la photographie depuis 1975, mais ses images sont montrées ou publiées très régulièrement. La Bibliothèque historique possède 3000 de ses négatifs sur la capitale, achetés en 1983, ainsi que de nombreux tirages originaux achetés dans les années 1970.

L. D.

MARC RIBOUD

Né en 1923 à Lyon.

Marc Riboud commence à pratiquer la photographie en amateur, en 1936, avec un appareil Pocket Kodak que son père lui offre, puis avec un Leica dont il hérite à la mort de celui-ci, en 1939. Après avoir combattu dans la Résistance, il fait des études à l'Ecole centrale de Lyon puis, de 1948 à 1950, débute une carrière d'ingénieur à laquelle il renonce pour devenir photographe. Il travaille alors comme journaliste dans la région lyonnaise et rencontre Henri Cartier-Bresson qui, avec Robert Capa, le fait entrer chez Magnum en octobre 1952. Il réalise ainsi des photographies de rues à Paris, en 1952-1953, et à Londres, en 1954. En 1955, après avoir été initié à l'Orient par George Rodger lors d'un séjour à Beyrouth, il entreprend dès la fin de l'année un long périple en voiture de Paris à Calcutta, qu'il poursuit en Inde, au Népal et dans l'Himalaya, en 1956, puis en Chine communiste, en 1957, où il est l'un des premiers photographes occidentaux à se rendre. Il s'oriente dès lors vers le grand reportage et ne cesse de voyager et de publier dans la presse internationale (notamment sur l'indépendance du Congo, 1960-1961, ou de l'Algérie, 1962, la guerre du Viêt-nam, de 1966 à 1969). Vice-président de Magnum depuis 1959, il en est élu président en 1974, avant de quitter l'agence en 1978.

À l'opposé de Robert Capa, Marc Riboud privilégie, contre les images de guerre, celles de l'existence quotidienne, même lorsqu'il se trouve dans un pays en plein conflit. Il s'inscrit ainsi volontairement dans l'optimisme qui sous-tend la photographie humaniste.

En ce sens, ses photographies parisiennes ne font pas exception sur l'ensemble d'un corpus exotique, mais elles s'inscrivent dans le même parcours de l'espace, dans le même regard sur la vie des hommes. Regard dont les composantes apparaissent en place dès les débuts de sa carrière. Cette première période parisienne, à laquelle appartiennent toutes les images présentées ici, est marquée par la publication à la première page de *Life* du *Peintre de la tour Eiffel*. L'allure cocasse du personnage semble déjouer tous les dangers de la situation, sur fond de vue plongeante, dans la solide construction formelle du triangle où la silhouette vient s'inscrire avec sa posture et son geste. D'emblée, il livrait une icône dont la fréquence de reproduction ne semble pas user l'esprit.

G. A.

WILLY RONIS

Né à Paris en 1910.

Dès son adolescence Willy Ronis photographie Paris, et en 1932 choisit d'entrer dans l'atelier de photographe de son père. À la mort de celui-ci, en 1936, il commence à publier dans la presse et à travailler comme reporter-illustrateur indépendant. Il se lie alors avec Chim (David Seymour) et Robert Capa. En 1938-1939, les thèmes sociaux de ses reportages le disputent à ses travaux pour le tourisme. La guerre interrompt sa carrière et il exerce divers petits métiers, en zone Sud. Après la Libération, il renoue avec le reportage et la photographie de presse, en même temps qu'il travaille pour l'industrie, la publicité ou la mode. À côté, dans ses recherches personnelles, il se montre attentif au lien social qui unit l'homme à son espace de vie. Il entre à l'agence Rapho, puis fait partie du Groupe des XV. Le prix Kodak, en 1947, la médaille d'or à la Biennale de Venise en 1957, ou le Grand Prix national des Arts et Lettres couronnent sa carrière. En plus de publications et d'expositions nombreuses, à partir de la fin des années soixante, il se montre aussi soucieux de faire partager son expérience à travers l'enseignement ou l'animation d'ateliers.

À l'exception de l'époque de la guerre et d'une dizaine d'années (de 1972 à 1983) où il s'est installé dans le Midi, Willy Ronis a toujours habité Paris qui reste pour lui un thème de prédilection, comme la rétrospective au Pavillon des Arts, en 1996-1997, permettait d'en prendre la mesure, et comme en témoignent aussi les photographies présentées ici, prises à plus de trente ans d'intervalle. Elles traduisent un même regard, s'attachant au mouvement de l'existence : si le flou de *La rue de Mogador*, 1952, ou les jeux des enfants de *La place des Vosges*, 1985, en sont les moyens évidents de description, dans *Bistrot, rue Montmartre*, 1955, aussi, en dépit de sa frontalité, la buée, comme brossée sur la vitrine, et la capture des regards et des attitudes des déracinés construisent le dynamisme de l'image.

G. A.

JEAN-LOUP SIEFF

Né en 1933, à Paris.

Bien qu'il songe d'abord à devenir réalisateur de cinéma, Jean-Loup Sieff s'inscrit à l'École de photographie de la rue de Vaugirard, mais lui préfère bientôt celle de Vevey, en Suisse. Il est de retour à Paris en 1953 et décroche, en 1955, son premier reportage au journal *Elle*, pour lequel il réalise ensuite des portraits d'acteurs avant d'y travailler comme photographe de mode. Il abandonne cette voie pour se consacrer au reportage et entre chez Magnum, à l'été 1958. Il en démissionne au bout d'un an, pour exercer en indépendant, alors qu'il obtient le prix Niepce en 1959. En 1961 il part pour New York, où il rencontre Marvin Israël grâce à qui il collabore à *Harper's Bazaar*, tout en donnant des photos à *Life*, *Look*, *Esquire* ou à *Vogue*, en Europe. Rentré à Paris en 1965, et quoique continuant à publier dans les magazines de mode, il se consacre de plus en plus à ses recherches personnelles. À partir de la fin des années soixante, de nombreuses expositions font connaître son travail. Il publie aussi plusieurs ouvrages dont, en 1978, chez Denoël, dans la collection « Journal de voyage » qu'il a créée, *La Vallée de la mort*, qui révèle ses qualités de paysagiste au sein d'une œuvre où le corps féminin et le portrait tiennent les premiers rôles. Une importante rétrospective lui est consacrée en 1986, au Musée d'art moderne de la Ville de Paris, qui conserve dans ses collections un très large ensemble de ses photographies.

Paris, 1954, et *Concierges mère et fille*, 1955, lèvent le voile sur l'un des aspects les moins connus de l'œuvre de Jean-Loup Sieff, à savoir ses débuts, à son retour de Vevey. Ces images témoignent peut-être d'une concession à un style d'époque, aux scènes de rue chères à la photographie humaniste et qui furent le passage obligé pour plusieurs générations d'artistes. Cependant, plus de distance avec le sujet – ici, le photographe s'excluant du conciliabule des enfants, là, un regard plus mordant, plus frontal et interrogateur – donne l'indice de l'évolution que va connaître cette veine.

G. A.

LUCIEN SOLIGNAC

Lieux et dates de naissance et de décès actuellement inconnus.

Ce photographe n'est connu que par la quarantaine de photographies de Paris qu'il a vendues au musée Carnavalet, le 29 mai 1918. Le registre d'inventaire mentionne qu'il réside alors 29, rue de Valois, dans le Ier arrondissement et que ses photographies sont achetées par le musée Carnavalet pour 785 francs.

Sur la facture du 4 mai 1918, que nous conservons dans le dossier de la commission d'achat, se trouve la mention suivante : « Photographie d'art / Fournitures photographiques / Rue des Thermes / Amélie-les-Bains / (Pyrénées-Orientales) », ville où il travaille habituellement, comme en témoignent les deux autres lettres jointes au dossier. Dans la première, datée du 11 septembre 1918, l'auteur s'étonne de n'avoir pas reçu de nouvelles du musée Carnavalet depuis l'avis d'acquisition de ses photographies. La seconde, non datée, précise que par l'intermédiaire de sa femme, lui-même étant malade, il fait parvenir des cartes postales et remercie son interlocuteur de lui avoir ouvert les portes du musée Carnavalet.

Cette série est composée de tirages grand format noir et blanc sur papier mat, au gélatino-bromure d'argent. Un tiers des images sont des prises de vue du musée pendant la Première Guerre mondiale (vue du bâtiment, des salles vidées des œuvres et même des caves), et le reste porte sur les principaux monuments parisiens recouverts de sacs de sable savamment empilés, pour les protéger contre les bombardements, jusqu'à former parfois de véritables sculptures. Ce type de photographies illustre assez bien la variété du fonds conservé au musée Carnavalet, riche en images surprenantes.

C. T.

KEIICHI TAHARA

Né à Kyoto, Japon, en 1951.

À son arrivée en France en 1972, Keiichi Tahara s'installe à Paris dans une chambre de bonne du boulevard Saint-Michel et se consacre à la photographie. La lumière est au centre de ses préoccupations artistiques : « La lumière du Japon, toujours voilée, n'a rien à voir avec celle de la France, très brutale. Et la nature de la lumière, j'en suis persuadé, a une incidence sur le paysage, les gens et même la langue que l'on parle. » En 1973, il commence à photographier sa *Série de fenêtres*, qu'il n'achèvera que dix ans plus tard. Ses recherches se poursuivent avec les séries *Environnement* (1973), *Pièce* (1978), et de façon très abstraite avec *Éclats* (1980), où il expérimente de nouveaux supports. Puis il parcourt l'Europe pour photographier en couleurs l'architecture de la fin du XIXe et du début du XXe siècle. En 1984, il réalise des Polaroïds grand format au Japon. En 1987, en France, il commence la série *Transparence* dans laquelle il impressionne directement le film noir et blanc sur plaques de verre. Il utilise par la suite d'autres supports comme la pierre ou le métal. En 1988, Keiichi Tahara reçoit le prix Niepce pour l'ensemble de son travail photographique, exposé la même année au Centre national de la photographie. En 1991 et 1992, l'Espace photographique de Paris et la Galerie du Château d'Eau, à Toulouse, présentent une rétrospective de son œuvre. Les installations de lumière à Angers, en 1993, ou à Tarragone, en 1994, comptent parmi les plus importantes. En 1995, deux ans après avoir été fait chevalier des Arts et des Lettres, il reçoit le Grand Prix de la Ville de Paris.

Acquises par le musée Carnavalet, les photographies de la série *Fenêtres* touchent à l'abstraction. Ces châssis ouverts sur une lumière filtrée ont un caractère étrange et dramatique. Les traces de buée, de pluie ou de calcaire sur les vitres, le grain de la matière photographique, les tonalités de gris et de noir ainsi que les cadrages serrés forment un écran brouillant la réalité. Au caractère obsédant de sa démarche et à la rigueur de son approche, répond le jeu des matières. La fenêtre rendue opaque est une échappée vers le monde extérieur auquel le photographe est étranger.

C. T.

ROGER TOUCHARD

Actif à Paris de 1940 à 1945.

La Bibliothèque historique possède un millier de plaques de verre de Roger Touchard, montrant les rues de Paris pendant l'Occupation, vraisemblablement vers 1944, puis les différents événements après la Libération, tels les troupes américaines sur l'esplanade des Invalides, la projection du film de Chaplin, *Le Dictateur*, place Clichy... et les traces laissées par les combats.

L. D.

UNION PHOTOGRAPHIQUE FRANÇAISE (UPF)

Association ouvrière créée le 28 mai 1893 à Neuilly, enregistrée à Paris le 17 juin 1893 et dissoute le 9 avril 1920.

L'UPF, créée en 1893, est une association coopérative de production : les ouvriers mettent en commun le matériel, les locaux et se répartissent les revenus. Trois types de métiers sont représentés : les opérateurs, les tireurs et les retoucheurs. Lors de sa création, l'UPF est domiciliée à Paris au 7, boulevard Ornano jusqu'en 1894, puis de 1895 à 1899 au 60, rue du Château-d'Eau et enfin de 1899 à 1920 au 20, rue Boulitte.

Cette association est, à l'origine, constituée de dix-neuf membres : Fernand Thuillier, Gustave Van Rooy, Paul Cretin, Jean-Baptiste Laroche, Auguste Thiebault, Auguste Lalbrun, Marcel Montel, Petrus Montroché, Maurice Dubois, Jules Sachot, Adrien Chaupe, Henry Larrabure, Émile Capitaine, Eugène Bessé, Eugène Donat, Émile Machart, Alfred Kiefer, Gédéon Warchasky et Pierre Montnach. Au fil des ans, leur nombre varie, et ils ne sont plus que deux lors de la dissolution en 1920.

Dès 1898, l'UPF effectue des travaux sur commande pour la Commission municipale du Vieux Paris. Elle photographie les rues de Paris qui doivent être détruites ou transformées. Certaines séries constituent même, lorsqu'elles sont assemblées, de véritables panoramas restituant l'aspect des rues populaires. Il s'agit pour la plupart d'épreuves sur papier au gélatino-chlorure d'argent (collées sur carton bleu), de bonne qualité et relativement bien conservées.

Dans le procès-verbal de la création de la société, l'article 36 livre une information sur le fonctionnement de cette association : « Tout sociétaire doit se conformer strictement aux statuts et règlement de la Société, effacer en toute circonstance sa personnalité devant l'intérêt général, travailler et apporter tous les soins pour atteindre le but que propose la Société. » Le nom des auteurs n'est donc pas précisé sur les tirages et la cohérence des prises de vue est telle qu'il est impossible d'en distinguer les intervenants. Cette association n'est pas une agence de photographes au sens où nous l'entendons aujourd'hui mais s'apparente plutôt, loin de toute démarche artistique, à un regroupement d'artisans qui assurent une production cohérente et de qualité.

Contrairement aux autres photographies de la même époque conservées au musée Carnavalet, celles de l'UPF ont la particularité, comme les cartes postales d'alors, d'être très animées et vivantes. Il n'est pas rare de voir toute une famille poser devant un magasin, ou un groupe d'enfants accompagnés de leur tuteur s'immobiliser devant l'objectif, comme si les photographes avaient voulu conserver le souvenir de classes sociales souvent délaissées par la photographie professionnelle.

C. T.

LOUIS VERT

Né à Paris en 1865 - mort à Épluches (Seine-et-Oise) en 1924.

Les images de Louis Vert, conservées au musée Carnavalet, proviennent d'un don fait en 1932 par un photographe amateur, Marcel Pouzin. Il s'agit d'une série de retirages photographiques d'après les plaques de Louis Vert, imprimeur de son état et photographe amateur.

À la fin de 1904, Louis Vert devient membre de la Société d'excursions des amateurs de photographies (qui fusionne ensuite avec la Société française de photographie) et le reste jusqu'à sa mort. Cette société lui décerne plusieurs médailles pour ses épreuves papier et pour ses projections. Il s'intéresse à l'actualité (visites de souverains, incendies...), au sport (voitures, courses de chevaux, nageurs...) et à la rue parisienne. Pour cela, il utilise un appareil nouvellement mis au point par l'ingénieur Sigriste avec un obturateur focal qui lui permet de se tenir loin du sujet. En 1905, il projette « une série des types qu'on rencontre sur les bords de la Seine et sous les ponts : débardeurs, camelots, passeurs de sable, matelassiers, tondeurs de chiens, lézards, chineurs, poivrots, et même aussi des apaches ». Puis, en 1906, il présente 85 petits métiers « tous bien parisiens et pour la plupart pris et rendus merveilleusement ». Les images de clochards sont traitées différemment : elles sont tirées sur un papier brillant (celle que nous reproduisons ici est peut-être un tirage d'époque de Louis Vert), recadrées dans des formes rondes ou ovales, et sont parfois accompagnées de légendes ironiques : *Le quai de Gesvres. Doux repos*, ou encore *L'amour endormi*. Louis Vert s'inspire ici d'une tradition plus ancienne, celle de la gravure. Ce traitement particulier souligne la limite cruciale entre le pittoresque, qui reprend les conventions picturales, et le constat froid et réaliste d'une photographie plus objective.

C. T.

ILAN WOLFF

Né en Israël en 1955.

Ilan Wolff étudie la photographie à l'ORT Arts Highschool puis à la Neri Bloomfield Academy of Art de Haïfa en Israël. Il réalise des images au sténopé à partir de 1983. Le principe de cette technique remonte aux origines de la photographie. Il s'agit du procédé photographique le plus minimaliste : une boîte noire, hermétiquement fermée, percée d'un simple trou d'aiguille. L'ouverture pratiquée sur cette boîte, que l'on nomme aussi chambre noire (*camera obscura*), remplace l'objectif de l'appareil photo. Au fond, une surface sensible (papier photographique ou support transparent) est placée en face du trou. L'ensemble est ensuite insolé plus ou moins longtemps, sachant que les temps d'exposition varient souvent de plusieurs minutes, suivant l'intensité de la lumière.

Avec son sténopé, Ilan Wolff voyage et réalise des photographies dans de nombreux pays (USA, France, Irlande, Pays-Bas...). En 1992, il reçoit une bourse de la Ville de Paris et emménage à la Cité internationale des arts où il expose, en novembre 1993, le résultat de dix ans de travaux personnels. Cette exposition inaugure une nouvelle série dans laquelle Ilan Wolff transforme des intérieurs, dont certaines salles du musée Carnavalet, en sténopé, juxtaposant, sur des feuilles de papier photographique de très grand format, des objets (sous forme de rayogrammes) et des tirages négatifs.

Ilan Wolff a conçu un laboratoire photographique dans une camionnette afin de voir immédiatement le résultat souvent aléatoire de cette technique de prise de vue. Les photographies de la série, conservées au musée Carnavalet, sont réalisées dans de grandes boîtes en fer, « rondes comme nos têtes et nos yeux », et paraissent être prises à travers un judas. Ces images, aux perspectives courbes et déformées, aux angles sombres, surprennent non seulement par leurs formes mais aussi par leurs couleurs. En effet, le trou percé dans la boîte ne peut, à l'inverse des objectifs traditionnels pourvus de lentilles, corriger les aberrations chromatiques du papier photographique couleur. Le résultat obtenu déconcerte, fait perdre au spectateur ses repères et le renvoie à la propre subjectivité de ses perceptions.

C. T.

Les notices biographiques ont été rédigées par Gérard Audinet (G.A.), Isabelle Chesneau (I.C.), Liza Daum (L.D.), Pascal Hoël (P.H.) et Catherine Tambrun (C.T.).

EUGÈNE ATGET

Born 1857, Libourne. Died 1927, Paris.

Atget was an actor for a time, and then, after a brief flirtation with painting, he became a self-taught photographer. From 1888 onwards he supplied reference documents to painters, sculptors, decorators, architects, printmakers, and various public collections. The musée Carnavalet was one of his most important clients, paying him between 1.25 and 1.50 francs for each photograph.

He produced a series of albums between 1904 and 1925: *Old Paris, picturesque byways and forgotten corners ; Art in Old Paris: early twentieth-century Parisian interiors, artistic, picturesque, bourgeois"* and *"Documents on the history of Old Paris : historic and curious houses, mansions, old streets, picturesque byways."* The titles clearly demonstrate the photographer's intention, which was to record the features that gave Paris its picturesque charm. With the patience of a collector, Atget repeatedly photographed the same streets. The musée Carnavalet possesses several thousand prints by him. These cover a wide variety of subjects: sculpture, interiors, horse-drawn vehicles, architectural details, shop signs, doors, streets, courtyards, as well as a series on the small tradespeople of Paris – vendors of umbrellas, lampshades and flowers, rag-and-bone men etc. Atget was keenly aware of the efforts being made to modernize Paris and attempted, in his own way, to capture and preserve for posterity the city's artistic, social, and historical heritage. He photographed the relics of the old city – everything in it that was doomed to vanish – and lovingly hunted down vestiges of the past.

For thirty years, Atget roamed the streets of Paris with an 18 x 24 camera view, carrying in his bag silver bromide coated glass plates with a short focal-lenght lens, from which he made contact prints, usually on albumen paper. Atget's originality lies in his desire to create a body of photographs representing the parts of Paris that were on the verge of demolition. Although he himself described these as mere documents, it is undeniable that he treated them with poetic approach.

The tops of large buildings often disappear into the sky, whilst in interior scenes the less exposed areas form large masses of black. Effects of light and shade set buildings and trees against each other and bring the streets to life. What interested Atget was not the regularity of the streets laid out by Baron Haussmann but the old districts with their uneven terrain, the way the buildings loomed into the sky, the vanishing point of a little dead-end, or the black hole created by a *porte cochère*. If a composition required it, the photographer was not afraid to chop off the top of a tall building or to play games with the light reflected in a shop window. He often used trees as a way of giving rhythm to his compositions. All these elements lend a human dimension to the city as portrayed by Atget and bring about the modernity of these images.

C. T.

JEAN-CHRISTOPHE BALLOT

Born 1960, Paris. Lives in Paris.

Jean-Christophe Ballot is an architect, with a degree from the École nationale supérieure des Arts Décoratifs and the Femis. He is pursuing a two-pronged career as a filmmaker (he mainly makes documentary films about architecture and photography) and photographer.

He has won many photographic prizes and grants, and was resident at the Académie de France in Rome (Villa Médicis) in 1990 and 1991. In 1992 he was awarded a photographic grant by the city of Paris to work on what he calls: European capitals, part III, after Berlin and Rome.

Jean-Christophe Ballot works with a view camera, a format that forces him to settle into the location he is shooting. He occupies the place for an hour or two so that he becomes receptive to it, and opts for a certain frontal element that privileges the raw form of the architecture. Referring to Atget, he shoots with minimal recourse to effects when it comes to heightening reality. Architectural forms become the actors of his compositions, thus revealing the memories that these places evoke and their dramatic quality.

P. H.

THÉRÈSE BONNEY

Mabel Bonney, born 1894, Syracuse, N.Y. Died 1978, Paris.

After studying French literature in California, Bonney arrived in Paris in 1919. Thanks, perhaps to her French grandmother, she was already passionately interested in France, particularly in French theater. She initially worked as a journalist and began her career as a photographer in 1925. She bought up several photographic collections, including the Matthès collection, selling material from them alongside her own photographs, which she published in a variety of American, French, and European magazines. In 1928 she founded an agency, Bonney Service, at 32, rue des Petits-Champs.

Bonney was highly active as a photographer, producing comprehensive coverage of a succession of big exhibitions held in Paris : *the Exposition des Arts décoratifs* (1925), *the Exposition coloniale* (1931), and *the Exposition internationale des Arts et Techniques dans la vie moderne* (1937). Each time, she covered in exhaustive detail the preparations made for the exhibition, the pavilions, and the objects displayed. During the years 1926-1932 she took numerous portrait photographs of French and American personalities in the worlds of art and fashion, who happened to be in Paris between the wars. She also photographed the streets of Paris: the flower market on the quai de la Cité, the storefronts of the great couturiers, market porters at Les Halles, and all manner of other curiosities.

Bonney later worked as a war correspondent: in May 1940 she witnessed the exodus of civilians from the Ardennes, she covered the war between Finland and the USSR, and the liberation of the concentration camps in April 1945. In Finland she worked with a Finnish photographer, Eliot Elisofon, producing a detailed study of Finnish life. She retired from photography in 1946.

The photograph included in this exhibition is one of a group of pictures of newspaper kiosks and hoardings, associated with her larger series on the subject of department stores and textile posters.

L. D.

ÉDOUARD BOUBAT

Born 1923, Paris. Lives in Paris.

Édouard Boubat spent his childhood in Montmartre, and then attended the École Estienne, where he was trained in photogravure, a craft he pursued professionally from 1938 onwards. He embarked on his career as a photographer in 1945 and, two years later, together with Robert Doisneau, was awarded the Kodak Prize at the International Photographic Fair in Paris. After, he started to travel, first in Italy, then in Spain. Before long he was crisscrossing the world, taking in the United States, Jordan, Mexico, Vietnam, Côte d'Ivoire, Guinea, Syria, India, Canada, Kenya, Ireland, China, and Japan. He got to know Robert Frank in 1949, and in 1951 he had an exhibition at the La Hune Gallery, with Brassaï, Doisneau, Facchetti, and Izis. That same year, he met Bertie Gilou, artistic director of *Réalités*, who asked him to cover a story on the Artisans de Paris. This marked the debut of a collaboration that would last until 1967.

From the 1970s onward, there were many exhibitions of his work all round the world, including, among others, a retrospective show at the Georges Pompidou Center, which then went to New York and Chicago, and exhibitions in Amsterdam (1977), Mexico and London (1978), San Francisco (1989), Paris (1990), and Tokyo (1995). Publications also played a large part in making his pictures known, with books such as *La Survivance* (Mercure de France, 1976), which won the Grand Prix du Livre in Arles, *Femmes* (Chêne, 1972), *Vue de dos* (Gallimard, 1981), *Le Paris de Boubat* (Paris Audiovisuel/Paris Musee, 1990), and so on.

The deep-seated passion with which Edouard Boubat perceives humankind surges forth from the photograph of the *Bains Deligny* and that famous picture taken near *Montmartre*. His work, which consists of imagery stripped of painful tensions, full of purity, poetry, and calm, offers a contemplative view of life, imbued with a certain fullness where people appear to be in harmony with their environment – an attitude which he himself describes when he observes that"to take photographs is to express a sense of gratitude."

I. C.

BRASSAÏ

Gyula Halasz, born 1899, Brasso (Hungary). Died 1984; Nice.

After studying at the Academy of Fine Arts in Budapest and then at the Berlin-Charlottenburg Academy, from which he graduated in 1922, Brassaï settled in Paris in 1924, where he painted and frequented the Bohemian circles of Montparnasse, while also working as a journalist. It was there, in 1926, that he met Kertész, who introduced him to photography. In 1930 he began to earn his living as a freelance photographer. In 1932 he met Picasso and photographed his sculptures (in 1962 he would publish his *Conversations with Picasso*). That same year, his book *Paris de nuit* was published, with a text by Paul Morand, and then swiftly snapped up and published in English as *Paris After Dark*. In 1933 he was introduced into the Surrealist circle by Albert Skira, and published his *Sculptures involontaires* and various graffiti in the magazine *Minotaure*. Before and after the war, he carried on working for several magazines, from *Detective* to *Paris-Soir* to *Verve, Picture Post* (from 1936 to 1963) to *Harper's Bazaar* (from 1949 to 1960).

From the 1960s onward his many major publications and exhibitions won him recognition.

La Môme Bijou is one of the best-known photographs in *Paris After Dark*, Brassaï's most famous work – the publication of which harbingered a renaissance of photography in the early 1930s. The photos *Deux Voyous, La Peripateticienne de la place d'Italie, Le Bal musette de la boule rouge* and *Le Fort des Halles* – the outcome of the photographer's nighttime ramblings through the capital, which was a pastime Brassaï continued well after the book had appeared – all attest to a new closeness to the model, and a way of looking at things where it is possible to read the premises of humanist photography, as it developed after the war. But over and above reportage, the theme of wandering, and the (in those days still) unusual nocturnal view of things created certain affinities with Surrealism, which became more noticeable with *La Vue Nocturne de Notre-Dame sur Paris et La Tour Saint-Jacques*. This powerfully expressive eye, with its many different echoes, was part of the development of a new approach to photography, and a reformulation of its modernity, independently of the constructive daring of the "Nouvelle Vision".

G. A.

HENRI CARTIER-BRESSON

Born 1908, Chanteloup. Lives in Paris.

From 1925 on, Henri Cartier-Bresson mixed with the Surrealist group and studied painting with Andre Lhote in 1927 and 1928. After studying at Cambridge in 1929, he spent two years in Côte d'Ivoire. Between 1932 and 1934 he took his first photographs, in Europe and Mexico. "I was greatly influenced by Breton's ideas, by the role of outpouring and intuition, and, above all, by the attitude of revolt." His first exhibition took place in 1932 at the Julien Levy Gallery in New York. In 1934 he spent a year in Mexico, and then worked in film with Paul Strand in the United States. Back in France, he became Jean Renoir's assistant. Then, from 1937 to 1939, he worked as a photojournalist for the daily newspaper *Ce soir*, where he became close to Robert Capa and David Seymour.

The events of those times – the Popular Front, the Spanish civil war and the Second World War, during which he was taken prisoner and escaped three times – had a marked influence on his artistic development. As a libertarian, and still in the grip of surrealist ideas, he then turned to group and social projects, the main one being the Magnum agency, which he founded in 1947 with Robert Capa, David Seymour, and Georges Rodger. From 1948 to 1950, he travelled in the East, and in 1954 he was the first western photographer admitted to the USSR. This experience was followed by China (1958), Cuba and Mexico (1960), and India and Japan (1965). In 1966 he left Magnum (which still manages his archives). Since 1974 he has devoted his time almost exclusively to drawing.

In 1952 he published *Images à la sauvette* with the publishing house, Verve. This was a pivotal work in which he developed the concept of the "decisive moment."

In between his visits and trips abroad, Henri Cartier-Bresson has never stopped taking photographs of his home base, Paris.

As a result of the perfection of its execution, so rich in atmosphere and detail, *Derrière la gare Saint-Lazare, Le Pont de l'Europe, Paris 1932* has become one of his most famous pictures, and it offers a good illustration of his surrealist period. The man jumping forms a perfect geometric shape with his reflection. On the rear wall, the silhouette on the poster makes a symmetrical leap. In *Images à la sauvette*, Cartier-Bresson relates how he captured the shot: "A fence surrounded the roadworks. I poked my lens through a crack just at that split-second when the man was jumping." Here, we can see the symbol of the "decisive moment" theory, so dear to Cartier-Bresson, and so central to twentieth-century photography, as made possible by the use of the Leica. In *Quai Saint-Bernard*, the two enigmatic figures form a V which matches the angle of the embankments in the middle of the picture. His main interest being composition and the geometry of the picture refrained from any cropping of his photographs. He rejected anecdote and spectaculor events alike and rather, Henri Cartier-Bresson, chose a setting with vanishing points that subtly upset the balance of the carefully arranged compositions. In *Le quai des Tuileries* and *Le Marais*, he let people make themselves confortable and captured the moment when they filled the space in a perfect way.

Paris, Mai 68 is representative of the second part of his work. The composition is still complete, but the narrative content contains an obvious social critique. Confronted by the sound middle-class man looking at the slogan "Jouissez sans entrave" or "Enjoy to the hilt," one's thoughts stray inevitably to Henri Cartier-Bresson's youthful aspirations, which have never abandoned him.

P. H.

JEAN-PHILIPPE CHARBONNIER

Born 1921, Paris. Lives in Paris.

His father a painter and his mother a writer, Jean-Philippe Charbonnier started his career in 1939 with the cinema portrait photographer Sam Levin. In 1941 he worked at the Blanc & Demilly laboratories in Lyon. In 1944 he was on the staff of the newspaper *Liberation* as a make-up man. That same year saw his first photo-reportage on the execution of a collaborator. He then worked for *France Dimanche* and *Point de vue*, where Albert Plecy published his first photographs. In 1950 he joined the monthly *Réalités*, contributing reports from around the world until 1974. He travelled widely in China, former French Equatorial Africa, the USSR during the Cold War, and even Alaska. Jean-Philippe Charbonnier then photographed the place closest to him, producing a witty chronicle of contemporary life in Paris. In 1983, the Musée d'art moderne de la Ville de Paris held a major retrospective show of his work.

Jean-Philippe Charbonnier's work, in the great French tradition of social and humanist photography, is first and foremost an outstanding documentation of the changes that society has undergone between 1945 and the present day. In his photographs of France, taken in between journeys, he captures many different slices of life with gentle irony.

The two soldiers photographed in 1945 in Place du Bourg-Tibourg (one of his first photos taken in the Marais neighbourhood, where he now lives, and which he has been photographing ever since) are symbolic of those ordinary "scenes from life," which turn into historic records.

P. H.

DITYVON

Claude Raymond-Dityvon, born 1941, La Rochelle.
Lives in Paris.

Hailing from a working-class family, Dityvon went to Paris in 1962 and started to take photographs in the late 1960s. The events of May '68 were a turning point for him, following which he busied himself photographing states of crisis, urban dramas, and relationships – or the absence thereof – between individuals, gradually establishing a script of everyday life and social reality. Backed by an extensive knowledge of film, focused particularly on Japanese and American film, his photographs were largely influenced by Robert Frank and Henri Cartier-Bresson.

He won the Niepce prize in 1970 and, two years later, co-founded the Viva agency and took part in the travelling group show *Famille en France*, which was shown in Milan, Rome, London, New York, Antwerp, and Montreal. He also exhibited at the Musee d'Art Moderne de la Ville de Paris in 1972, at the Georges Pompidou Center in 1977, as well as in Stockholm, Rabat, Geneva, and Charleroi. His photographs have been published in books and magazines (*Gens de La Rochelle*, Contrejour, 1979; "Album de tournage," *Les Cahiers du cinéma*, 1985; "Mai 68," *Camera Obscura*, 1988; and *Dityvon: le toucher du regard 1967-1993*, Paris Audiovisuel/Centre Régional de la Photographie Nord-Pas-de-Calais, 1993) and shown in films (*Est-ce ainsi que les hommes vivent?* 1976; *Un jour comme les autres*, 1977; and *Basket*, 1983). Though the subject of his images appears to be caught in flight, one can also see that these pictures have been highly constructed with an aesthetic stripped of unnecessary flourishes. Dityvon's photographs seem to be marked by a constantly rejuvinated resistance, along with a generous humanism that places him on the side of – as he himself likes to say – "those who know that the combat is not behind us are those to whom wisdom will never come."

I. C.

ROBERT DOISNEAU

Born 1912, Gentilly. Died 1994, Paris.

Doisneau studied engraving and lithography at the école Estienne from 1926 to 1929, then trained in photography at the Atelier Ulman and became camera operator for André Vigneau in 1930. From 1934 to 1939, he worked as an industrial photographer at the Renault factory; he left after meeting Charles Rado, who had just set up the Agence Rapho, and who invited him to join. He left Rapho in 1945 for Alliance-Photo but returned the following year.

After the war he worked for the newspaper *Le Point* in 1945, for *Action* starting 1946, and for *Vogue* from 1949 to 1951. In 1949 the publication of his book *La Banlieue de Paris*, with text by Cendrars, led him to concentrate exclusively on a series of books about Paris and its suburbs: *Les Parisiens tels qu'ils sont* (1954), *Instantanés de Paris* and *Le Vin des rues* (1955), *Pour que Paris soit* (1956), *Le Royaume d'Argot* (1965), and finally, *Le Paris de Robert Doisneau et de Max-Pol Fouchet* (1974).

Doisneau's reputation as one of the principal representatives (indeed, one of the founding fathers) of the school of

Humanist photography – which reached its apogee in the 1950s – was endorsed by the award of the Prix Kodak in 1947 and by a succession of publications and exhibitions. A joint exhibition with Brassaï, Ronis, and Izis at the Museum of Modern Art in New York in 1951 was followed by solo shows at the Art Institute of Chicago in 1960, the Bibliothèque nationale, Paris in 1968, and the George Eastman House in Rochester in 1972.

Doineau's Humanist vision of brotherly love had its roots in the 1930s – as evidenced in *Les Petits enfants au lait* (Small Children with Milk). He provides a very pure example of the development of its humour and gentle irony in *Fox terrier au Pont des Arts. Place Hébert* is like a series of sketches of the *Ages of Man*, from innocent curiosity to affectation; it shows Doisneau during his mature period, when at times his style seemed in danger of becoming too cluttered with anecdote. In this photograph, the avowed equality of status between the photographer and his subjects turns a portrait into a social document, an existential narrative, into which the eye is inexorably drawn.

G.A.

PIERRE DE FENOYL

Born 1945, Caluire-et-Cuire. Died 1987, Castelnau-de-Montmiral.

Pierre de Fenoyl's passion for photography dates back to his boyhood. He began by learning and practising all the skills associated with the still picture, first as a photographer at the Dalmas agency (1961), then as Henri Cartier-Bresson's archivist (1966), and then as the archivist at Magnum. In 1969 he set up the first photography gallery in Paris (Rencontre Gallery), followed by the Vu agency, which would become the Viva agency. In 1975 he headed the Fondation nationale de la photographie in Lyon and later became the official representative at the Georges Pompidou Center, a post he gave up in 1981 to devote himself to his own work.

He then decided to travel, to "look at time passing rather than passing time looking." After New York, he staged a return to origines in the footsteps of Maxime du Camp, where, as a modern archaeologist, he investigated though signs, forms, and indexes the vestiges of a vanished civilization without giving up the Nile Valley, he devoted his attention to Paris, Tuscany, and above all, the county of the Tarn, where he settled with his family. In 1984 DATAR'S Mission photographique asked him to produce a survey of rural landscapes in southwest France.

With a deep interest in the publishing and distribution of photographs, in 1985 he set up the association La Multiplication photographique, which published portfolios of contemporary photographers, printed using collotype process.

Pierre de Fenoyl died suddenly on 4 September 1987. His pictures of Paris date from the years 1979-1981. They were taken for the most part in the Tuileries gardens and on the banks of the Seine, and involve neither action nor people. Using serial shots, and intrigued by the winter light that changes by the hour, he undertook his study of landscape and time as a self-styled "chronophotographer."

P. H.

MARTINE FRANCK

Born 1938, Antwerp. Lives in Paris.

Martine Franck had a cosmopolitan upbringing: primary school in the United States, secondary school in England, then studies at Madrid University and the École du Louvre in Paris. In 1963 she travelled in Asia (China, India and Japan), and brought back her first photographs. She then trained in the *Time Life* laboratory, and first worked as assistant to Eliot Elisofon and Gjon Mili before setting herself up as a freelance photographer in 1965. After working with the Théâtre du Soleil, she worked for *Fortune*, *Life*, The *New York Times*, *Sports Illustrated* and *Vogue*. Member of the short-lived Vu agency, she then co-founded the Viva agency in 1972 with Dahgert, Gloaguen, Hers, Kalvar, Lattès, Le Querrec, and Dityvon.

In 1979 for the 33rd International Photography and Film Fair, she was awarded the Paris Audiovisuel grant, together with Le Querrec and Dityvon. She used this to free herself a little from the restrictions of commissioned photographs, and embarked on the work on Paris, from which the two photographs shown here are taken. Then in the early 1980s, she was admitted to the Magnum agency as an associate member. Her pictures have been shown in France and throughout the world, and several books on her work have been published: *Le temps de vieillir* (Denoël, 1980); *Des femmes et la création* (Macmillan, 1983) and *Portraits* (Trois Cailloux, 1988).

Martine Franck offers imagery that is imbued with a certain classicism. She has managed to blaze a trail for herself in the difficult world of photojournalism, mainly by taking photographs of everyday life and people at work (*Éboueurs* and *Opéra de Paris*). As a rule, she deals with the world of children, the elderly, and people with difficulties. She also takes landscape photographs. With a certain invariable intimacy, she composes her photographes in a manner that engages the gaze of her models. And, not without a dash of wit and surprise, she attempts to train the gaze of the viewer through her photographic testimony: "Presenting pictures which raise questions, and prompt people to think".

I. C.

JEAN-CLAUDE GAUTRAND

Born 1932, Sains-en-Gohelle (Pas-de-Calais). Lives in Paris.

In 1933 Jean-Claude Gautrand's family settled in Paris, a city that was to leave a significant mark on him. He took his first pictures in 1945. In 1956 he discovered the work of Otto Steinert, the leading theorist of *Subjective Fotografie*, who would play a crucial role in the development of Gautrand's photographic approach. He produced several series of photographs that were on the borderline of abstraction, using every conceivable technical possibility that came his way: *Metalopolis* (1964), *Filets* (1966), *Galet* (1968-1969), and *Boues rouges* (1970-1974).

He was co-founder of the "libre-expression" group in 1963, and also belonged to the "Club des 30 x 40," of which he was vice-chairman. He won many prizes, and, as a photographic historian, he became one of the leading figures in French photographic circles. He edited many specialized magazines, organized exhibitions, and authored books on photography.

Memory became Jean-Claude Gautrand's primary subject. In 1968 he published his first book *Les Murs de mai 68* (Pensée et action). The year 1972 saw the publication of *L'Assassinat de Baltard* (Formule 13), in which he retraced the day-by-day destruction of the marketplace, the Halles de Baltard – the heart and guts of Paris– which was built with its outstanding iron architecture in the 1850s. Gautrand's love of Paris enabled him to juggle with light and graphics, blowing up the death throes of these structures, and producing an outstanding report in the form of a huge pictorial poem. In 1993 with *Bercy, la dernière balade* (Marval), he again drew up an inventory of what was the last genuine Parisian village of the nineteenth century.

To this chapter titled *Mémoire des lieux* Jean-Claude Gautrand added a second part, called *Mémoire des temps*, which brought together his work on the blockhouses built along the French coast during the Second World War (*Forteresses du dérisoire*, Presses de la connaissance, 1977), as well as his recent works on Oradour-sur-Glane and the Struthof concentration camp – all evidence of his on-going engagement with social concerns.

P. H.

PAUL GÉNIAUX

Born Rennes, 1873. Date and place of death unknown.

The photographic work of Paul Géniaux was forgotten for many years. Initially, he was probably in partnership with his better-known brother, the writer Charles Géniaux. In the Bottin trade directory for 1902, under the heading "Photographer," we find the entry "Géniaux (brothers) 32, rue Louis le Grand." Later, Paul Géniaux's name appears on its own until 1909, then disappears from the directory. He seems to have started up again in 1914 at 39, rue du Faubourg-Poissonnière, continuing there until the 1930s when one A. Moisson succeeded him. At some point he seems to have been based at 74, rue du Cherche-Midi. This is the address printed on the back of a series of photographs called *Les petits métiers de Paris*, now in the musée Carnavalet. On the evidence of the clothing worn, these photographs can be dated to the period 1895-1905. Some of them provide a particularly vivid documentary record and before 1903, were issued as postcards by the publisher J. J., before 1903, in a series entitled *Scènes parisiennes*.

Géniaux's *Boulevard sous la neige* (Boulevard under Snow) is a carbon print on thick vellum in the manner of the pictorialist tradition (Constant Puyo, Robert Demachy). At the turn of the century, between 1890 and 1914, the pictorialist movement in photography attracted a large number of adherents eager to demonstrate the connection between photography and modern art. The pictorialists were keen to promote new values: to anyone who claimed that photography could not be an art because it was limited to copying nature in precise detail, their rejoinder was that alternatives to documentary photography did exist. If photography was criticized for being too precise, they would refer their critics to the use of slightly soft focus and optical effects, explaining that their intention was not to describe reality but, by synthesizing it, to reveal emotion and harmony. If photography was criticized for being monochrome, they would describe their alternative scale of values based on contrasts of light and shade.

The pictorialists themselves certainly did not despise documentary photography. The existence of this "artistic" image in the work of Géniaux (his signature appears at bottom right) proves that at this period, although many photographers were interested in pictorialist ideas, this did not inhibit them from carrying out documentary work as well.

C.T.

HENRY GODEFROY

Active in Paris 1880s-1914?

Though he was working in France from the 1880s onwards, and probably at least until the First World War, Godefroy is not listed in any of the Paris business directories of the period.

The Bibliothèque historique has in its possession a large number of 18 x 24 cm glass plates, which constitute an extensive record of the streets of Paris. A number of these ones were not bought directly from the photographer but through an intermediary, and these include captions and attributions. The Bibliothèque historique also owns a very large number of original prints mounted on card, each bearing a stamp with Godefroy's name and the reference number of the negative.

L. D.

BRION GYSIN

Born 1916, Taplow, Buckinghamshire, (nationality at birth Canadian, subsequently American). Died 1986, Paris.

Gysin was not a photographer by trade, but he practiced photography as one part of a multidisciplinary approach, which combined painting, calligraphy, writing, cinema and sound and action poetry, these are the interests of one who became a key figure of the Beat Generation, particularly for William Burroughs.

When Gysin first arrived in Paris in 1934, he hung out with the Surrealists and exhibited his drawings with theirs at the galerie Les Quatre Chemins, and he had his own first one-man show there in 1939. He returned to the United States on the outbreak of war and enlisted in 1943. He learned Japanese and began a love affair with calligraphy that was to remain with him for the rest of his life. He returned to Paris in 1949, then moved to Tangier in 1959, staying there (apart from a spell in Paris 1958-1964) until 1970. In Paris he met Burroughs and Allan Ginsberg at the "Beat Hotel" and introduced them to his "cutups" (pages of text cut up and rearranged).

In his experiments with literature and painting, Gysin continued to cut and rearrange his own work (often using mathematical permutations, and combinations) and eventually invented a grid laid down with a roller, which he used for combined compositions. He soon replaced signs with photographs pasted down on the grids to stand for the "time element," and then went on to use contact sheets.

On his return from Morocco in 1974, Gysin occupied a studio in the Cité internationale des Arts, subsequently moving to another close by. It was at this period that he took many of photographs of the construction of the Georges Pompidou Center, right up to its completion. Gradually his shots became more structured, and he evolved a mosaic construction (in which the contact sheet reconstitutes the whole) which led him back to the theme of the grid and the magic square, on which he had previously been working. This body of work has been widely exhibited: *Beaubourg, le dernier musée*, Galerie Germain (1975), *Le dernier musée vu par B. Gysin en Kodacolor II* and *Le dernier musée, suite*, Galerie Raph (1977).

Gysin integrated photography into his mixed-media activities, sometimes painting and scratching photographic slides. When he died, he left most of the contents of his studio, including nearly all his photographic work, to the Musée d'art moderne de la Ville de Paris.

G. A.

LUCIEN HERVÉ

Laszlo Elkàn, born Hungary, 1910.

Lucien Hervé arrived in Paris in 1929. He obtained French nationality in 1937 and began his career as a photographer in the following year. Imprisoned during the Second World War, he had to abandon photography and took up painting.

It was not until 1949 that Hervé was able to devote himself entirely to photography, and in particular (after his meeting with Le Corbusier) to architectural photography. He was Le Corbusier's leading photographer for sixteen years. His pictures appeared in numerous architectural journals, and in 1951 he held his first exhibition, which was followed by many others all over the world. In 1980, to celebrate the centenary of the birth of Le Corbusier, there was a touring exhibition of Hervé's work. In 1962 the Director General of the Musées de France sent him on a photographic mission to Syria and Lebanon.

Hervé has published a large number of architectural books, including several on Le Corbusier. He has also taken portrait photographs, in which he makes the same distinctive use of light and shade as in his architectural shots. In the photograph reproduced here, as in all his work, lines are amplified and structures revealed by skill ful framing and cropping. The human figure is used only to emphasize the scale of the architecture.

L. D.

IZIS

Israëlis Bidermanas, born 1911, Mariampolé in Lithuania. Died 1980, Paris.

Izis became a photographic apprentice in Lithuania at the age of thirteen, but poverty forced him to flee to Paris in 1930. After various odd jobs in the trade, he opened a shop in which he produced portraits inspired by Arnal and Harcourt. However the war interrupted his thriving business. He took refuge in the Limoges region, miraculously escaped the Nazi persecution, and took an active part in the Liberation. It was in this period that he produced his first auteur works, film the resistance fighters returning from battle. Several exhibitions of his work were held in Limoges. In 1947 he returned to Paris and took French nationality. That same year he showed photographs of Paris – pictures that would subsequently be published under the title *Paris des rêves* (Claire Fontaine, 1949). In 1949 he joined *Paris Match* where, for twenty years, he became an "expert on places where nothing happens." Working in both colour and black and white, he produced reports that went against the grain of live news, and travelled a little in Europe and Africa.

At the same time, he continued to explore the length and breadth of Paris, the capital city, which held him spellbound and which he would endlessly photograph in black and white for his own purposes. Many of his pictures were then brought together in publications, for which he himself worked on the layout, and which had contributions by literary figures such as Jacques Prévert and André Malraux: *Grand Bal du Printemps* (Claire Fontaine, 1951); Le Cirque d'Izis (Andre Sauret, 1965), *Le Monde de Chagall* (Gallimard, 1969), *De Paris et d'ailleurs* (Paris Audiovisuel, 1988), etc. He also worked with Chagall, Colette, and many other artists and intellectuals of the day. Many shows of his work were held, including exhibitions at the Art Institute of Chicago in 1952, in Tel Aviv, in Amsterdam, and at the Rencontres d'Arles in 1978, where he was guest of honour.

Izis was deeply influenced by his beginnings in commercial photography, as well as by his discovery of Atget and Brassaï. He found his own voice, though, by indolently biding his time and taking out-of-the-way paths. The two pictures shown here, *1er mai, place Victor Basch* and *Jardin des Tuileries*, clearly convey the simplicity and authenticity with which he endeavoured to capture the capital, in a mood of peace and quiet through the eyes of – as Jacques Prévert fondly described him – "a wonderstruck passer by."

I. C.

MIMMO JODICE

Born 1934, Naples. Lives in Naples.

Mimmo Jodice has a deep attachment to his native city. Born into a modest family, he dropped out of school at the age of ten and got his first job. In 1964, acting as his own instructor, he became interested in photography and devoted himself to this activity from 1967 onward. He then had his first exhibition in the Mandragola bookstore.

From the outset, Jodice acknowledged the approach adopted by Bill Brandt and rejected all realism, embarking on a series of studies on form. In 1968 he developed a productive partnership with the Lucio d'Amelio Gallery. In this period he spent time with the greatest avant-garde artists of the day: Warhol, Rauschenberg, Jasper Johns, Sol LeWitt, Beuys, Kosuth, Merz, and Kounellis...

In the 1970s, encouraged by the neo-realist climate and by the development of social photography in Naples, he spontaneously became part of this tendency and photographed the city's inhabitants, usually isolating his subject in a series of dramatic iconic works.

In 1970 he started teaching at the Academy of Fine Arts in Naples. In the 1980s, he eliminated human figures from his work and developed an interest in the photographic representation of art in its various forms: archaeology, sculpture, and painting – and Naples was, for him, an inexhaustible source of inspiration. From 1982 on, his burgeoning fame opened doors to many projects for exhibitions and public commissions involving studies of land and architecture, all over the world. In 1993 the association Paris Audiovisuel gave him free rein to produce a personal study of Paris. This as yet unpublished work *Le Paris de Mimmo Jodice* will be shown for the first time at the Maison européenne de la photographie in May 1998. In this huge fresco, Mimmo Jodice visits the major sites of the city, the museums, gardens, and squares, as well as La Villette, La Défense, and the outskirts.

When he looks at modern architecture and juggles with light and void, he tries to exorcise the at times odd visual relationship between past and present. He does not grasp reality, but rather lends his urban imagery a quite personal sensuality, creating an irreal movement, which, like a ghostly breath, permeates places that are powerfully charged with history, as if his own eye were inhabited by the weight of knowledge.

P. H.

MICHAEL KENNA

Born 1953, Widnes, Lancashire, England.

Michael Kenna completed his studies at the London College of Printing in 1976 and began exhibiting his work in the United States and in England in 1978. In 1981 he took part in the sixteenth Rencontres internationales de la photographie in Arles.

His small images are easily recognizable by their delicate monochrome shades, by the soft blacks and whites with sepia toning, and by the persistent silver grain that runs though his work.

Michael Kenna's photographic images of timeless, empty landscapes, poised between realism and abstraction, are "islands of serenity and silence." His is a contemplative world; his landscapes are "framed" by photography, as if frozen in time. "He considers light and atmosphere, and the influence these may have on forms, contours, or perspective . . . He realizes that photographic equipment is sensitive enough to reveal things that the eye cannot see and that, thanks to the length of the exposure, he can stretch time so that it enters an imaginary universe." The few objects shown in his photographs are presented in minimalist juxtaposition, at the threshold between darkness and light.

C. T.

ANDRÉ KERTÉSZ

Born 1894, Budapest. Died 1985, New York.

In 1912, as a young graduate of the Académie de commerce and employee in the Budapest stock exchange, André Kertész bought his first camera and thus embarked on a career as an "amateur" (in the sense of someone who loves), something that had been his life-long aspiration. Enlisted in the Austro-Hungarian army throughout the First World War, he nevertheless continued to photograph his surroundings. In 1925 he settled in Paris as a freelance photographer. He mixed with many artists (Chagall, Mondrian, Colette, Eisenstein, Brancusi, and so on), hung out with the avant-garde groups that then gathered around Montparnasse, and started to publish portraits and street scenes in such magazines as *Vu, Bifur, Frankfurter Illustrierte, Times,* and *Minotaure*. He also had his first show at the Le Sacre du Printemps Gallery in 1927. From then on he used a Leica, wavering between the unique characteristics of snapshot reportage and a more abstract treatment of space, thus structuring his own personal style. The development of his framing technique, his treatment of light, and his frequent high-angle shots giving more room to earth than to sky – these elements combine to fill his work with a distinct sense of alienation.

Exhibition followed exhibition: *Film und Foto,* Stuttgart, *Photographie contemporaine,* Essen, *Modern European Photography,* New York, and in 1933 he did a series of reflections of female nudes in distorting mirrors, commissioned by the magazine *Le Sourire*, which became one of the landmarks of his work. In 1936 he left for New York, where he settled with his wife. As a result of the war, his stay turned out to be longer than planned and he decided to take American nationality in 1944. He then worked for *Harper's Bazaar, Vogue, Look,* and so forth, before signing an exclusive contract with the Conde Nast publishing house in New York, from 1949 to 1962. His work as a photojournalist was for a long time poorly understood on the other side of the Atlantic, but his fashion and interior photographs were swiftly appreciated. His pictures continued to travel all over the world in the form of exhibitions and publications. He won the gold medal at the Fourth International Biennale of Photography in Venice, had one-man shows at the Bibliothèque nationale in Paris in 1963, at the MoMA in New York in 1964, and at the Georges Pompidou Center in 1977, along with several other major exhibitions in different parts of the world during the 1980s. Publications included *Paris vu par André Kertész* (Plon, 1934), *Nos amis les bêtes* (Plon, 1936), *Day of Paris* (J.J. Augustin, 1945), *À ma fenêtre* (Herscher, 1982), amongst others. In 1984 he bequeathed to the French state his entire collection of negatives and his correspondences.

In his between-the-wars pictures such as *Montparnasse 1928*, and *Sur le pont des Arts*, it is already possible to detect the photographic style that he was forever developing and improving – it is singular and subtle, and strong in formal tension, humanity and nuance. As Ben Lifson points out, André Kertész's photographs continue to persuade us "that he was just looking at the world."

I. C.

WILLIAM KLEIN

Born 1928, New York. Lives in Paris.

After spending his childhood in Manhattan, studying sociology, and doing a two-year stint of military service in Europe, William Klein settled in Paris in 1948, where he started to paint alongside Fernand Léger. In the early 1950s, he became interested in photographic technique as a tool for making abstract motifs on wall paintings. Visiting his native city in 1954, he fully embarked on the photographic phase of his career when he produced his pictorial logbook. This was published two years later under the title *New York* (Paris, 1956; re-issued in 1995).

This book did not attract the acclaim he anticipated in America, but was very successful in France, where he was awarded the Nadar prize in 1957. This publication marked the beginning of a disconcerting body of work which, through the development of a style that ran counter to the models of the day, would gradually gain ground and finally become an important reference for twentieth-century photography. The pictures were taken from point-blank range and he hammers out tightly-framed shots that are hewn out of the mass of the city, with the instruments of wide-angle shots, stark unremitting flash, high-contrast prints, blur, and excessive grain. Saturated white, bleeding black, unstable framing, people cropped by edges, and excessibe grain. Saturated white, bleeding black, unstable framing, people cropped by edges, and tangible tension between the different planes of the image – il is with these with these same elements that he subsequently treated other citles, in books that he designed himself. These include Rome (Seuil, 1959), Moscou and Tokyo (Zokeisha / Silvana / Crown Publishers, 1964). He was taken on by Fellini as an assistant and then, between 1955 and 1965, worked as a fashion photographer for *Vogue*, introducing a thoroughly tongue-in-cheek style.

He gradually moved away from photography and, from 1958 on, devoted himself to film, making documentaries, commercials, and feature films: *Cassius le Grand* (1964), *Qui êtes-vous Polly Maggoo?* (1966), *Le couple témoin* (1976), and etc. With its many exhibitions, publications, and awards, the 1980s paid considerable tribute to William Klein's "silver print period."

The two photographs reproduced here, *Paris, 11 November 1962* and *Paris, Cafe, 1982* certainly plunge us into this almost subversive aesthetic, this immediate, concise, and exacerbated grasp of the crowd and the street.

I.C.

CHARLES LANSIAUX

Active in Paris 1903-1922.

Lansiaux occupied a succession of studios in Paris, all of them in the fourteenth arrondissement. According ti his advertisement, he did "artistic and industrial photography, jobbing work, urgent commissions, interiors under artificial lighting, enlargements, and documentary photography for amateurs." He was also editor-in-chief of *Photo Index*. His name disappears from the Didot-Bottin commercial directory in 1923.

The Bibliothèque historique de la Ville de Paris holds 1,001 of his original prints mounted on card, dated, captioned, and signed by the photographer. These constitute a comprehensive documentation of life in Paris between 1914 and 1918, during the war, and were purchased by the Bibliothèque between September 1914 and January 1919. The photograph presented here is from this body of reportage "from the home front".

There also exists a large collection of proofs in the format of 18 x 24 cm, which is housed at the Commission du Vieux Paris (Municipal Commission of Old Paris). These photographs were taken between 1916 and 1922, and the series concentrates on architecture and shows the façades of private and commercial buildings, courtyards and some interiors of public buildings.

L. D.

FRANÇOIS LE DIASCORN

Born 1947, La Flèche. Lives in Paris.

François Le Diascorn is a graduate in political science and also has a law degree. In 1971 he began taking photographs and went to Calcutta and Bangladesh as a reporter. In 1978 he joined the Viva agency, which he left for the Rapho agency in 1988. François Le Diascorn's approach is like the method adopted by these agencies, which distribute an informational photograph that has little to do with sensational goings-on, but which still focuses on daily problems close to people's hearts.

François Le Diascorn has won many prizes and grants for his work. An indefatigable traveller, he roams the world endlessly, with a soft spot for India, Egypt, and the Mediterranean countries. In 1983 and 1984 he spent fifteen months in the United States, covering some 35,000 miles, and taking photographs which would be shown at the Rencontres d'Arles. In 1985 he embarked on a project about animals, which was awarded a prize by the Angenieux Foundation. In 1990-1994, he photographed the Zoology Gallery in the Botanical Gardens in Paris, a project which earned him third place in the World Press Photo competition in 1995.

François Le Diascorn is always on the lookout for places that help him to record moments that are out of the ordinary and that open doors to the irreal (zoos, museums of natural history, and all manner of spectacular event). He is after "the split second when life is distorted; those distortions which call reality, as it is generally perceived, into question."

Centre Georges Pompidou, 1981 is typical of the power of his pictures. Harmonious order reigns here, but the moment captured seems supernatural. The people in it are suspended above the city. Their quiet fragility in the face of the city's immensity seems like something out of an imaginary adventure story.

P. H.

MARC LE MÉNÉ

Born 1957, Lorient.

Marc Le Méné has lived and worked in Paris since 1979. He first learned techniques of lighting and composition while he was working in a big advertising studio and devoting his spare time to painting, as well as to photography – both inspired by literature. He held his first exhibition of photography at the Musée national d'art moderne in 1984. In 1985 he received the top prize for a photographer under thirty the Centre national de la photographie and was granted a residency for 1989-1990 at Villa Medici, the French Academy in Rome. During this period he composed a work of photographic fiction, *Le Songe d'Hebdomeros* (The Dream of Hebdomeros), inspired by the novel by Giorgio De Chirico. In 1995 he won the Grand Prix for photography awarded by the Société civile des auteurs Multimédia (SCAM).

Between 1981 and 1991 he worked on a series of photographs of Paris at night, and while he was in Rome he pursued the same theme there. At night, exposure times are long, and the deserted streets often contain enigmatic statues. To accentuate the strangeness of his photographs, Marc Le Méné entrances his black and white prints with discreet color. In situating himself somewhere between painting and photography, dream and reality, he succeeds in capturing the strange and fantastic sensations that prevail in streets and public parks during the nighttime.

C.T.

HENRY MANUEL

Born 1874, Paris. Died 1947, Paris.

Henri Manuel was twenty-six when, in 1900, he set up his own photographic studio specializing in portraits: "the most beautiful portraits ever known," as we read in the 1911 trade directory. In 1910 he created a press service in order to sell his portraits of famous personalities, as well as news pictures, fashion photographs, and advertising work. The work of his agency, Agence universelle de reportages Manuel, was mainly in Paris. By 1925 he had accumulated one hundred thousand negatives and rented an entire building at 27, Rue du Faubourg Montmartre, which contained studios, laboratories, and an apartment. But the Studio Henri Manuel was soon in decline, overtaken by more modern competitors.

In June 1940 the German authorities requisitioned his studio, taking a particular interest in his collection of negatives of the First World War. Without an operating permit from the Germans, he was forced into partial closure and later, having been declared a Jew, had to hand over what remained of the business to his long-term collaborator Louis Silvestre. What should have been a purely formal arrangement became a practical reality in 1944, when Silvestre refused to hand the business back to its owner. Manuel took him to court for spoliation and was able to regain possession, but died soon thereafter.

Before the Second World War, a large number of Manuel's glass plates were destroyed or sold for the scrap price of the glass. His main speciality was studio portraiture of prominent persons. The Bibliothèque historique has in its possession 1,450 glass plates, which also include pictures of Paris and its parks, squares, and fountains (including nighttime views), plus coverage of political and social events, such as the presidential elections of 1931, celebrity funerals, and the *Exposition coloniale* of 1931.

L. D.

GODEFROY MÉNANTEAU

Active in Paris, 1900-1915.

Godefroy Ménanteau, who lived at 9, Rue Linné in the fifth arrondissement, photographed the radical transformation of Paris as it took place: the building of the métro, the demolition of the horse market in boulevard Saint-Marcel, the Jardin des plantes after a whirlwind, and the damage caused by shelling during the First World War.

The Bibliothèque historique holds a large collection of 18 x 24 cm glass plates, attributed to Ménanteau on the evidence of a small number of prints in the same format, which bear his stamp. There is no trace of his activities in the directories of his time.

This photograph of the métro forms part of a series showing the stages of construction of the underground railway and the inauguration of different stations.

L. D.

JEAN-LUC MOULÈNE

Born 1955, Reims.

Moulène's approach as an artist emphasizes photography, but in so doing it challenges its usage in media and questions its conceptual validity. Because his work concentrates on the nature of the image and its usage, it already transcends the idea of "art photography", that is, the contemporary use of photography as a medium in visual art. Moulène's first series, *Disjonctions*, launched in the 1980s, consists of "photographs to be diassembled, standard presentation in series," in a single format 80 x 100 cm. It calls in question successive categories of the image, "from the family snapshot to brand-name images." His next series, *Les Produits*, consists of 3 x 4 m posters for the exhibition *Figures de passage: Le Confort moderne* (Poitiers, 1994), which were also reproduced in a daily newspaper. The series plays on the idea of scale and the nature of the support of an image, as well as on the message conveyed by the image: or the lack there of these posters are simulacra of advertisements, with no slogan, no message. It also plays on our consumption of images that are products (or works) in themselves. Beneath a mask of banality, these disconcerting images also convey a message about power, communication, and imagination.

Moulène's interest in public space, the city, and its buildings began with his series *Monuments* (1993-1994), to which the two photographs published here belong; his recent work in Berlin continues this theme. These buildings that he choose are bases os power, with which the photographic shot and the eye collide head-on. In a truly political sense, they are destabilized by the urban environment against which they are viewed.

In 1997 this series was presented at the ARC, Musée d'Art moderne de la Ville de Paris, together with the fifty-two photographs of the series entitled *Déposition* – which, in fact, gave its name to the exhibition.

G. A.

JEAN-CLAUDE MOUTON

Born 1962, Castres.

After studying in Toulouse and Paris, Mouton worked with John Batho from 1986 to 1988. Having received a grant from the Office franco-allemand pour la Jeunesse, he spent the years 1989-91 in Berlin, where he produced two series of photographs, *Berliner Licht* and *Berlin noman'sland*. Since 1992 he has worked in Paris, with regular stints in Germany. He likes to challenge attitudes that he considers too conventional, and preferring a small format, his interventions are subtle and alternative.

The version of his *Sans titre* (1994) in the possession of the Musée d'art moderne de la Ville de Paris consists of sixty photographs measuring 10 x 15 cm. By adopting this postcard format, he can play with contrasting effects. Instead of monuments or picturesque views he depicts the daily routine of traffic and traffic jams. In place of elegant, static vistas, he photographs streets choked with vehicles, and a noticeable absence of pedestrians. The impression of chaos and dynamism is further enhanced by the divergent angles that he uses.

This work is open-ended and unfinished. The arrangement in which the pictures are to be hung has not been predetermined, nor has the ultimate number of photographs. The piece continues to grow and now stands at about 150.

The work was presented to the museum after Mouton had been awarded a photographic bursary from the city of Paris in 1993. By subsidizing a photographic study of Paris, the city thus makes it possible for the work of young photographers to enter the municipal collections.

G.A.

RENÉ-JACQUES

René Giton, born 1908, Phnom Penh, Cambodia.

René-Jacques's father was a colonial administrator and thus he spent his youth in Tonkin (1912-1917) then Royan and then in 1924, Paris. He took his first photographs as an amateur between the years 1925 and 1928, and in 1930 he gave up a career as a writer to devote himself exclusively to photography, specializing in the illustration of books and diversifying into portraits, news coverage, and industrial photography.

From 1933 his work appeared in a number of French and foreign magazines and in 1934 he held his first one-man exhibition at Studio 28, a movie theater in the eighteenth arrondissement. He subsequently exhibited regularly in solo and group shows, both in France and abroad.

Paris occupies a very important place in the work of René-Jacques. In the mid- 1930s he roamed the streets with Léon-Paul Fargue, with the idea of illustrating a book for the publisher Grasset; however, this project did not come to fruition. In 1938 Francis Carco published *Envoûtement de Paris*, illustrated with 118 of his photographs.

After the Second World War, he became involved in the campaign for the recognition of photographic copyright. He was joint president (for photography) of the administrative council of the Syndicat de la propriété artistique. René-Jacques was active on many fronts over the next thirty years: he produced several articles on post-war Paris and its' surrounding areas (including studies of Versailles, Rambouillet and Ermenonville), illustrated many books, worked for twenty years on catalogues for the department store Aux Trois Quartiers and held frequent exhibitions of his work (alone or with the Groupe des XV, set up after the war by Lorelle, Amson, and Sougez). In 1951 he undertook a major reportage project in the Renault factories at Boulogne-Billancourt, Flins, and Le Mans, part of which was published by Renault.

René-Jacques retired from photography in 1975, but his pictures are still exhibited and published with great regularity. The Bibliothèque historique owns three thousand of his Paris negatives, bought in 1983, and a large collection of original prints, purchased in the 1970s.

L. D.

MARC RIBOUD

Born 1923, Lyon.

Marc Riboud began taking photographs as an amateur in 1936, with a Pocket Kodak given to him by his father. Later he used a Leica that he had inherited upon his father's death in 1939. After fighting in the Resistance during the Second World War, he studied at the École centrale in Lyon and, from 1948 to 1950, embarked on a career as an engineer – which he gave up to become a photographer. He worked as a press photographer in the Lyon region, meeting Henri Cartier-Bresson who, with Robert Capa, introduced him to Magnum in October 1952.

Riboud subsequently took a series of photographs of the streets of Paris in 1952-1953 and of London in 1954. At the end of 1955, having been introduced to the Middle East by George Rodger during a trip to Beirut, he set out to travel by car, from Paris to Calcutta. He stayed on in India and visited Nepal and the Himalayas in 1956, and then in, 1957, travelled to China, where he was one of the first Western photographers to be given permission to travel. He began to concentrate on long-term reportage projects, travelling, and publishing his work in the international press. (He covered independence celebrations in the Congo in 1960-1961 and in Algeria in 1962, and documented on the Vietnam War between 1966 and 1969.) In 1959 he became vice-president of Magnum and president in 1974. He left the agency in 1978.

Unlike Robert Capa, Riboud concentrates on images of everyday life rather than on images of war, even when he is working in the middle of hostilities. This optimistic view of life marks him out as a Humanist photographer. In this, the photographs of Paris are no different from his work in more exotic locations: they show the same use of space and the same way of looking at the lives of people that runs through his entire career.

All the photographs in this exhibition are from his first Parisian period, when his *Peintre de la Tour Eiffel* (Painter of the Eiffel Tower) was published on the cover of *Life* magazine. The painter's comical look makes light of his dangerous situation, against a terrifying backdrop. His silhouette inside the solid triangle of steel is made memorable by his pose and his gesture. Frequent reproductions have done nothing to impair the sheer wit of the icon with which Riboud launched his career.

G.A.

WILLY RONIS

Born 1910, Paris.

Ronis began taking photographs of Paris while still an adolescent, and in 1932 he joined his father's photographic studio. When his father died in 1936, he turned to press photography, as a freelance photojournalist. He teamed up with Chim (David Seymour) and Robert Capa in 1937. From 1938 to 1939, he divided his time between social subjects and work for the tourist industry. The Second World War interrupted his career and he did a variety of odd jobs in the South of France. After the Liberation he renewed his links with the press and journalism but also worked for industry, advertising and the fashion trade. His private work shows his interest in the social links between man and environment. He joined the Rapho agency and became a member of the Groupe des XV. He won the Prix Kodak in 1947, the gold medal for photography at the Venice Biennale in 1957, and to crown his career, the Grand Prix national des Arts et Lettres. From the late 1960s, alongside his work on numerous publications and exhibitions, Ronis shared his experience by teaching and holding workshops.

Apart from the war period and the years 1972-1983, Willy Ronis has always lived in Paris, and the city has remained his favourite subject. His retrospective exhibition at the Pavillon des Arts (1996-1997) demonstrated the extent of this preference. The photographs presented here, taken over a period of more than thirty years, bear witness to the same feeling. All convey the same interest in the movement of life. Both the unstructured softness of *La rue de Mogador* (1952) and the depiction of children's games in *La place des Vosges* (1985) function as tools description.. Despite the frontality of *Bistrot, rue Montmartre* (1955), the picture derives a dynamic structure from the steam on the glass and from the eyes and attitudes of the rootless individuals inside.

G.A.

JEAN-LOUP SIEFF

Born 1933, Paris.

Although he initially wanted to become a film director, Jean-Loup Sieff began his studies at the school of photography on rue de Vaugirard in Paris; he soon transferred to the school in Vevey, Switzerland. On returning to Paris in 1953, he had his first exposure in the fashion weekly *Elle*, with a series of portraits of actors. He stayed on with *Elle* and became a fashion photographer before leaving the magazine in the summer of 1958 to join Magnum. He won the Prix Niepce before leaving Magnum in the following year, to work independently. In 1961 he left Paris for New York, where he met and worked with Marvin Israel on *Harper's Bazaar*. During this period he sold photographs to *Life, Look, Esquire,* and the European editions of *Vogue*.

Back in Paris in 1965, Sieff continued to work for fashion magazines but spent an increasing amount of time on his projects. Exhibitions in the late 1960s and 1970s helped make his reputation. He published a number of books, including *La Vallée de la mort* (the Valley of Death, 1978), a volume in the "Journal de voyage" series that he edited for the publisher Denoël. This revealed his skill as a landscape photographer, his previous work having been concentrated on portraits and the female form. A major retrospective of Sieff's work was held in 1986 at the Musée d'art moderne de la Ville de Paris, which possesses a large and varied collection of his photographs.

Paris, 1954 and *Concierge mère et fille*, 1955 reveal one of the lesser-known periods of Sieff's work – the early years, immediately after his return from Vevey. They show him pursuing a somewhat traditional route, photographing the streets in the manner so close to the heart of Humanist photography. This was an obligatory stage in the development of several generations of artists. Nevertheless, Sieff always keeps his distance from his subjects. Here, the photographer remains outside the gathering of children: his eye is more trenchant, more enquiring than that of his predecessors, and we catch an early premonition of his later development.

G.A.

LUCIEN SOLIGNAC

Date and place of birth and death unknown.

This photographer is known only through the forty or so photographs he sold to the musée Carnavalet on 19 May 1918. The inventory notes that, at the time, he was resident at 29, rue de Valois, in the first arrondissement of Paris, and that the musée Carnavalet bought his photographs for 785 francs.

His invoice of 4 May 1918, which is still on the files of the purchasing committee, gives the following details: "Photographie d'art/Fournitures photographiques [Art photography/Photographic Supplies]/Rue des Thermes/Amélie-Les-Bains/(Pyrénées-Orientales)." Amélie-les-Bains was the town where Solignac usually worked, as the two other letters in the file also demonstrate. In the first, dated 11 September 1918, the writer expresses surprise at having heard nothing from the musée Carnavalet since their purchase of his photographs. The second, which bears no date, says that he is asking his wife (he himself being ill) to send them some postcards. He thanks his correspondent for helping him to gain access to the musée Carnavalet.

The series is composed of large black and white prints on matt silver bromide paper. One-third are views of the museum during the First World War (exterior views, interiors showing rooms emptied of their exhibits, even views of the cellars), and the rest concentrate on the main monuments of Paris, carefully sandbagged to protect them from the bombardment. The heaps of sandbags look quite sculptural themselves. This series of photographs demonstrates the variety of the Carnavalet collection, which is well stocked with unusual and memorable images.

C.T.

KEIICHI TAHARA

Born 1951, Kyoto, Japan.

When he arrived in Paris in 1972, Tahara moved into a garret on the boulevard Saint-Michel and devoted himself to photography. His chief artistic preoccupation is with light: "The light in Japan is always veiled, totally different from the very brutal light of France. The nature of light, I am convinced, has an effect on landscape, on people, and even on the language they speak". In 1973 he began work on his *Série de fenêtres* (Series of Windows), which was not completed until ten years later. His photographic work continued with series entitled *Environnement* (1973), *Pièce* (Room, 1978), and the very abstract *Éclats* (Splinters, 1980), in which he experimented with new kinds of support.

After 1980 Keiichi Tahara travelled the length and breadth of Europe, taking color photographs of late-nineteenth-century and early-twentieth-century architecture. In 1984 he took a number of large Polaroids in Japan. In 1987, in France, he began a series entitled *Transparence*, in which he prints black and white film directly onto glass plates. Later he experimented with other supports, including stone and metal. In 1988 he received the Prize Niepce for his photographic work, which was exhibited in the same year at the Centre national de la photographie. In 1991 and 1992 a retrospective was held at the Espace photographique de Paris and at the Galerie du Château d'Eau, Toulouse. His light installations at Angers in 1993 and Tarragona in 1994 are among his most important pieces. In 1995, two years after having been appointed as chevalier des Arts et des Lettres, he received the Grand Prix de la Ville de Paris.

The images in *Série de fenêtres*, which was acquired by the musée Carnavalet, are almost abstract and the windows opening on to a veiled half-light are strange and dramatic. The traces of steam, rain or limescale on the panes, the grain of the photographic materials, the grey and black tones, and the tight framework – all of these elements have the effect of screening reality. This obsessional severity of the artist's approach creates a playful contrast with his subject. Rendered opaque, the window is an opening towards an outside world to which the photographer himself remains a stranger.

C.T.

ROGER TOUCHARD

Active in Paris, 1940-1945.

The Bibliothèque historique owns about a thousand glass plates by Roger Touchard depicting the streets of Paris during the occupation, probably taken in about 1944. Other plates depict events after the Liberation, such as American troops on the esplanade des Invalides, the showing of Charlie Chaplin's film *The Great Dictator* in place Clichy, and the traces left behind by the war.

L. D.

UNION PHOTOGRAPHIQUE FRANÇAISE (UPF)

Professional association established in Neuilly 28 May 1893, incorporated in Paris 17 June 1893, dissolved 9 April 1920.

The UPF, set up in 1893, was a cooperative whose members shared equipment and premises, and divided all income among themselves. Three trades were represented: photographers, printers, and retouchers. Initially, the UPF occupied premises in Paris at 7, boulevard Ornano, remaining there until 1894. From 1895 to 1899, it was at 60, rue du Château-d'Eau and lastly, from 1899 to 1920, at 20, rue Boulitte.

At the outset, the UPF boasted nineteen members : Fernand Thuillier, Gustave Van Rooy, Paul Cretin, Jean-Baptiste Laroche, Auguste Thiebault, Auguste Lalbrun, Marcel Montel, Petrus Montroché, Maurice Dubois, Jules Sachot, Adrien Chaupe, Henry Larrabure, Emile Capitaine, Eugène Bessé, Eugène Donat, Emile Machart, Alfred Kiefer, Gédéon Warchasky, and Pierre Montnach. Numbers varied over the years, however, and when the union was dissolved in 1920 only two members remained.

In 1898 the municipal commission of Old Paris ordered a series of photographs from the UPF, whose members photographed streets that were about to be demolished or radically altered. Some of the images in the series can be fitted together to recreate panoramas of whole streets. Most of the photographs are printed on aristotype paper (mounted on blue card) and they are in a relatively good state of preservation.

Article 36 of the Union's articles of association specifies that "all members must adhere strictly to the statutes and regulations of the society, in all circumstances giving precedence to the general interest of the society over their personal interests, and working diligently to achieve the society's aims." No photographer's name is given on any of the prints, and the shots are so well matched that it is impossible to identify the work of different hands. The UPF was not a photographic agency in today's sense; nor were its aims artistic. It was an alliance between tradesmen to supply a product of consistently high quality.

Unlike most of the photographs of the same period in the musée Carnavalet collection – but like the postcards of the day – the UPF images are remarkable for their liveliness. It is not unusual to see a whole family posed in front of a shop, or a group of children, accompanied by their tutor, standing stock-still for the camera. It is as if the photographers wanted to record social classes that other professional photographers usually chose to ignore.

C. T.

LOUIS VERT

Born 1865, Paris. Died 1924, Epluches (Seine-et-Oise).

The photographs by Vert in the musée Carnavalet formed part of a collection donated to the museum in 1932 by an amateur photographer, Marcel Pouzin. The series consists of photographic reprints made from the original plates of Vert, who was a printer by trade and an amateur photographer.

At the end of 1904, Vert became a member of the Société d'excursions des amateurs de photographie (which later merged with the Société française de photographie) and remained a member for the rest of his life. The society awarded him a number of medals for prints and transparencies. He was interested in current events (state visits, fires), sports (cars, horse racing, swimming), and in the streets of Paris. For the latter he used a camera newly invented by the engineer Sigriste, with a shutter built into the lens that allowed him to stand at a distance from his subject. In 1905 he showed "a series of types encountered on the banks of the Seine and under the bridges: dockers, hawkers, sand lightermen, mattress makers, dog clippers, idlers, junk dealers, drunks and even apaches." In 1906 he presented eighty-five pictures of tradespeople, "all typically Parisian and for the most part handsomely represented."

Unlike his other photographs, his images of tramps are on gloss paper (the one reproduced here may be a vintage print done by of Louis Vert), trimmed to a circular or oval shape and sometimes accompanied by an ironic caption: "Quai de Gesvres. Sweet Dreams" or "Sleeping Cupid." Vert was inspired by an older tradition, the tradition of engraving. The special treatment given to these portraits emphasises the important distinction between the picturesque, which carries on the conventions of painting, and the detached, realist statement made by more objective photography.

C. T.

ILAN WOLFF

Born 1955, Israel.

Ilan Wolff studied photography at the O.R.T. Arts High School and later at the Neri Bloomfield Academy of Art in Haifa, Israel. He has been using the pinhole camera since 1983. The principle of this goes back to the earliest days of photography. It is the simplest type of camera, consisting of a hermetically sealed black box pierced by a single hole. The hole in this box, which is also called a camera obscura, performs the function otherwise performed by the lens. A light-sensitive surface (photographic paper or a transparency) is inserted in the box opposite the hole. It is then exposed for as long as necessary; exposure times can vary by several minutes, according to the brightness of the light.

Ilan Wolff has travelled with his pinhole camera to a number of countries (among them the USA, France, Ireland, and Holland). In 1992 he was awarded a scholarship by the city de Paris and moved into the Cité internationale des arts, where in November 1993 he held an exhibition of ten years' work. This launched him into a new series, in which he photographed interiors (including some of the rooms in the musée Carnavalet) with his black box, juxtaposing objects (reproduced by Rayogram) with negative prints on very large sheets of photographic paper.

Ilan Wolff set up a photographic laboratory in a van, in order to have immediate access to the often unpredictable results of his technique. The photographs in the series now at the musée Carnavalet are produced in large iron boxes, "round like our own heads and eyes," and they look as if they were taken through the spyhole of a door. The images have dark corners and curved, distorted perspective. Their colors are as startling as their shapes. The pinhole in the box, unlike the traditional array of lenses, cannot modify or adjust the chromatic aberrations recorded by photographic color-printing paper. For the viewers, the result is surprising and disconcerting; we lose our usual point of reference and have to cope with our own subjective perceptions.

C.T.

LISTE DES ŒUVRES

P. 14
Eugène Atget
Les Halles, boucherie,
vers 1900
Tirage original sur papier albuminé
contrecollé sur carton bleu
17,5 x 22,7 cm
négatif n° ? 057 (premier chiffre illisible) sur plaque de verre 18 x 24 cm
au gélatino-bromure d'argent
Musée Carnavalet,
acquisition fonds ancien
Carph 001195

P. 16
Henry Godefroy
La Halle au blé et ses abords (1885)
Vue panoramique des alentours : en bas à gauche, les toits des Halles centrales, au fond à droite, les toits du Louvre
Vue prise vers le sud-ouest à partir des toits de l'église Saint-Eustache dans l'axe de la rue Oblin, Ier
28,9 x 38,6 cm
Tirage original gélatino-argentique d'après négatif sur support souple 18 x 24 cm, signé H.C. Godefroy 1885
Collection Bibliothèque historique de la Ville de Paris, (achat par intermédiaire ?) d'un tirage agrandi et du négatif au nitrate, s.d.
PM II, 4

P. 17
Henry Godefroy
La Bourse du commerce (ancienne Halle au blé) et ses abords, 1909
Vue panoramique des alentours : en bas à gauche les toits des Halles centrales, au fond à droite, les toits du Louvre
Vue prise des toits de l'église Saint-Eustache dans l'axe de la rue Oblin, Ier
28,9 x 38,6 cm
Tirage original gélatino-argentique d'après négatif sur support souple 18 x 24 cm, signé H.C. Godefroy (1909)
Collection Bibliothèque historique de la Ville de Paris, (achat par intermédiaire ?) du tirage agrandi et du négatif au nitrate
PM II, 5

P. 18
Eugène Atget
Marché des Carmes,
vers 1907
Tirage original sur papier albuminé 21,8 x 17,7 cm
Photographie extraite de l'album « Vieux Paris pittoresque ou disparu – Parc Delessert »,
E 10989, page 4
négatif n° 234 sur plaque de verre 18 x 24 cm au gélatino-bromure d'argent
au verso tampon de l'auteur
Musée Carnavalet,
acquisition septembre 1922
Carph 003717

P. 19
Eugène Atget
Au Petit Dunkerque – quai de Conti, VIe arrondissement, vers 1900
21,7 x 17,4 cm
Tirage original sur papier albuminé
négatif n° 4133 sur plaque de verre 18 x 24 cm au gélatino-bromure d'argent
Musée Carnavalet,
acquisition mars 1952
Carph 007198

P. 20
Anonyme
Construction du Métropolitain, place de l'Opéra : atelier métallique supportant la chaussée
Vue prise dans l'axe de la rue Auber, 9e, novembre 1903.
Épreuve aristotype à la gélatine 29,1 x 38,6 cm,
vers 1903
Collection Bibliothèque historique de la Ville de Paris, (achat ?) s.d.
PM Divers XXIX, 1

P. 21
Godefroy Ménanteau
Métropolitain. Intérieur de caisson en construction
Tirage original gélatino-argentique 18 x 24 cm (1905) d'après négatif sur plaque de verre n° 163, 18 x 24 cm
au dos du tirage original, tampon du photographe et indications manuscrites concernant le lieu
Collection Bibliothèque historique de la Ville de Paris, (achat ?) du tirage et du négatif sur plaque de verre
Paris album 4° 58, 1

P. 22
Anonyme UPF
Rue d'Angoulême n° 93, Paris, IXe arrondissement
Épreuve aristotype
Tirage d'époque signé et daté en bas à gauche dans l'imagenovembre 1905
23,20 x 29,60 cm
Négatif n° 7621
Musée Carnavalet, acquisition fonds ancien
Carph 009403

P. 23
Anonyme UPF
Rue Compans 36, à l'angle de la rue du Pré-St-Gervais 17,
Paris, XIXe arrondissement
Cinématographe
Épreuve aristotype
Tirage signé et daté en bas à gauche dans l'image juin 1907
23,10 x 29,50 cm
Négatif n° 8365
Musée Carnavalet,
acquisition fonds ancien
Carph 009431

P. 24
Louis Vert
Clocharde, quai de l'Hôtel-de-Ville, Paris
À l'arrière plan l'Hôtel-Dieu et le pont d'Arcole
Épreuve gélatino-argentique brillante
Tirage de Louis Vert (?)
vers 1905
Diamètre 15,7 cm
Musée Carnavalet,
acquisition 1932
Carph 001067

P. 25
Louis Vert
Marchand d'abat-jour sur le pont d'Arcole, Paris,

vers 1905
Épreuve gélatino-argentique mate
Tirage de Marcel Pouzin 1912
23,5x17,4 cm
Musée Carnavalet, acquisition 1932
Carph 001031

P. 26
Eugène Atget
Hôtel Lambert, quai d'Anjou, 1923
22,1 x17,6
Tirage original sur papier albuminé mat
Photographie extraite de l'album « Vieux Paris – coins pittoresques » N° 12 140, page 3, négatif n° 6439 sur plaque de verre 18 x 24 cm
au gélatino-bromure d'argent
Musée Carnavalet, acquisition mars 1928
Carph 003828

P. 27
Eugène Atget
Rue de Seine, 1924
22,2 x17,4
Tirage original sur papier albuminé mat
Photographie extraite de l'album « Vieux Paris – coins pittoresques » N° 12 140, page 3, négatif n° 6486 sur plaque de verre 18 x 24 cm au gélatino-bromure d'argent
Musée Carnavalet, acquisition mars 1928
Carph 003868

P. 28-29
Paul Géniaux
Boulevard sous la neige, Paris
Tirage original au charbon
29,9 x 49,8 cm
vers 1900
Tirage au charbon
Signature de l'auteur au recto en bas à droite
Musée Carnavalet, acquisition novembre 1987
Carph 002442

P. 30
Anonyme
*Inondations de 1910, rue de Lyon, XII*e *: débarcadère et barque*, janvier 1910
Épreuve gélatino-argentique
28,5 x 22 cm, vers 1910
Collection Bibliothèque historique de la Ville de Paris, s.d.
Divers XLII, 13

P. 31
Anonyme
Inondations de janvier 1910, les berges vers le Pont Royal : badauds sur les quais, au fond, la gare d'Orsay
Épreuve gélatino-argentique
22,3 x 16 cm, vers 1910
Collection Bibliothèque historique de la Ville de Paris, s.d.
Divers XLII, 393

P. 32
Lucien Solignac
La Porte Saint-Denis. Protection du monument pendant la guerre, Paris
Vue prise en direction du Xe arrondissement, mars 1918
Épreuve au gélatino-bromure d'argent
Tirage signé et daté sur le tirage
35,7 x 24,3 cm
Photographie contrecollée sur carton marron
Musée Carnavalet, acquisition 1918
Carph 009778

P. 33
Charles Lansiaux
Entre la foire aux Jambons et la ferraille à la terrasse d'un restaurant, c'est le coup de feu, les clients commençent à affluer : Gare aux pommes frites ! mars 1915
Tirage original gélatino-argentique
12,5 x 16,5 cm collé sur carton 18 x 24 cm, 1915, indication manuscrite Coll. Lansiaux
Collection Bibliothèque historique de la Ville de Paris, achat du tirage à l'artiste, mai 1915
LANSIAUX IX, 1

P. 34
André Kertész
Sur le pont des Arts, 1929
24,7 x 18 cm
Daté, titré au dos, cachet au dos
Tirage original au gélatino-bromure d'argent d'après négatif sur plaque de verre 4,5 x 6 cm
Maison européenne de la photographie, acquis en 1990
MEP 90.124

P. 36
André Kertész
Paris, 1928
24,5 x 19 cm
Daté, titré au dos, cachet au dos
Tirage original au gélatino-bromure d'argent d'après négatif 24 x 36 mm
Maison européenne de la photographie, acquis en 1980
MEP 80.9

P. 37
André Kertész
Montparnasse, 1928
24,9 x 19,8 cm
Signé au dos
Tirage original au gélatino-bromure d'argent
Maison européenne de la photographie, acquis en 1989
MEP 89.364

P. 38
Henri Cartier-Bresson
Derrière la gare Saint-Lazare, le pont de l'Europe,
Paris, 1932
Tirage original 1984
35,9 x 24 cm
Tirage original de 1984 au gélatino-bromure d'argent d'après négatif 24 x 36 mm
Maison européenne de la photographie, don de l'artiste en 1987
MEP 87.629

P. 39
Henri Cartier-Bresson
Quai Saint-Bernard,
Paris, 1932
Tirage original 1984
24 x 35,9 cm
Tirage original de 1984 au gélatino-bromure d'argent d'après négatif 24 x 36 mm
Maison européenne de la photographie, don de l'artiste en 1987
MEP 87.637

P. 40
Thérèse Bonney
*Kiosque à journaux et colonne Morris, rue Royale, VIII*e*; au fond, la Madeleine*, 1932.
Tirage original gélatino-argentique d'après négatif sur plaque de verre 9 x 12 cm, n° 14.847, 1932
Collection Bibliothèque historique de la Ville de Paris, don de l'artiste du négatif original sur plaque de verre, 1977

P. 41
Robert Doisneau
Les petits enfants au lait, 1937
30,4 x 26
Tirage original au gélatino-bromure d'argent d'après négatif 24 x 36 mm

Musée d'art moderne de la
Ville de Paris, achat, 1980
AMPH 112

P. 42
Brassaï
Le fort des Halles, 1939
Tirage original de l'auteur
n° 3/40
Épreuve au gélatino-bromure d'argent
26 x 20 cm
don de Mme Brassaï en 1989
Signé en bas à droite, numéroté en bas à gauche
Signé, daté, titré, numéroté au dos
Maison européenne de la photographie
MEP 89.362

P. 43
Brassaï
Deux voyous, 1932
27 x 21 cm
Tirage original au gélatino-bromure d'argent
d'après négatif sur plaque de verre recadrée 9 x 12 cm
Musée d'art moderne de la Ville de Paris, don de l'artiste, 1981
AMPH 146

P. 44
Brassaï
La péripatéticienne, place d'Italie, 1933
24 x 19 cm
Tirage original au gélatino-bromure d'argent
d'après négatif sur plaque de verre 6 x 9 cm
Musée d'art moderne de la Ville de Paris, don de l'artiste, 1981
AMPH 124

P. 45
Brassaï
Vue nocturne de Notre-Dame sur Paris et la tour Saint-Jacques, 1933
21,5 x 30 cm d'après négatif sur support souple 6 x 9 cm
Tirage original au gélatino-bromure d'argent d'après négatif sur support souple 6 x 9 cm
Musée d'art moderne de la Ville de Paris, don de l'artiste, 1981
AMPH 133

P. 46
Brassaï
La Môme Bijou au Bar de la lune, 1932
19,5 x 14 cm
Tirage original au gélatino-bromure d'argent d'après négatif sur plaque de verre 6 x 9 cm
Musée d'art moderne de la Ville de Paris, don de l'artiste, 1981
AMPH 1930

P. 47
Brassaï
Le bal-musette de la Boule rouge, rue de Lappe, 1933
28,7 x 19,5 cm
Tirage original au gélatino-bromure d'argent
d'après négatif sur support souple 6 x 9 cm
Musée d'art moderne de la Ville de Paris, don de l'artiste, 1981
AMPH 137

P. 48-49
Henri Manuel
Carrefour des boulevards Raspail et Montparnasse, la nuit
À gauche, le café Le Dôme et l'angle de la rue Delambre, XIVe, 1931
Tirage original au gélatino-bromure d'argent
d'après négatif sur plaque de verre 13 x 18 cm,
n° Ed. 33192, 1931
Collection Bibliothèque historique de la Ville de Paris,
achat du négatif sur plaque de verre en salle des ventes, 1988

P. 50
Roger Touchard
Libération de Paris, croix de Lorraine érigée en souvenir d'un combattant tué, au carrefour de la place de la Porte d'Orléans et de l'avenue Paul-Appell, XIVe,
août-septembre 1944
Tirage d'époque au gélatino-bromure d'argent d'après négatif sur plaque de verre
9 x 12 cm, n.n., 1944
Collection Bibliothèque historique de la Ville de Paris, achat du cliché sur plaque de verre, 1988
TOUCHARD

P. 51
Jean-Philippe Charbonnier
8 mai 1945, capitulation sans condition des Allemands, place du Bourg-Tibourg, Paris IVe
Tirage original au gélatino-bromure d'argent d'après négatif 24 x 36 mm
Tirage original n° 4/50 de Jean-Yves Brégand, 1980
24,7 X 37 cm
Signé en bas à droite, numéroté en bas à gauche
Maison européenne de la photographie, don de l'artiste en 1984
MEP 84.430

P. 52
Lucien Hervé
Du haut de la tour Eiffel, 1944-1946
Tirage original au gélatino-bromure d'argent d'après négatif 24 x 36 cm
18 x 24 cm, 1988
Collection Bibliothèque historique de la Ville de Paris,
achat à l'artiste du tirage, 1988
N.A. Album 4° 283, 32

P. 53
René-Jacques
Tour Eiffel, 1947
Vue prise des combles du Petit Palais vers le Grand Palais et la tour Eiffel
Tirage original au gélatino-bromure d'argent
18 x 24 cm, 1974
Au dos du tirage : tampon de l'artiste avec indication du sujet, mention du n° du négatif et date de prise de vue
d'après négatif 9 x 12 cm,
n° G 9106, 1947
Collection Bibliothèque historique de la Ville de Paris, achat à l'artiste d'un tirage, 1974, puis du négatif original, 1983
N.A. XXIX, 70

P. 54
René-Jacques
C.E.T.I.H., 1947
Centre d'études techniques des industries de l'Habillement, 29, rue des Pyramides,
1[er] = l'atelier de coupe
Tirage original (1974) au gélatino-bromure d'argent
16,5 x 22 cm
Au dos du tirage : tampon de l'artiste avec indication du sujet, n° du négatif et date de prise de vue
d'après négatif 18 x 24 cm,
n° T 3507, 1947
Collection Bibliothèque historique de la Ville de Paris, achat à l'artiste d'un tirage, 1974, puis du négatif original, 1983
N.A. Divers XXXI, 67

P. 55
Édouard Boubat
Montmartre, Paris, 1948
Tirage original (1992) au

gélatino-bromure d'argent
d'après négatif 24 x 36 mm
26,5 x 26 cm
Signé, daté, titré au dos
Maison européenne
de la Photographie, don
de l'artiste en 1992
MEP 92.505

P. 56
Marc Riboud
Le peintre de la tour Eiffel,
1953
Tirage original au gélatino-bromure d'argent d'après négatif 24 x 36 mm
50,3 x 40,7 cm
Musée d'art moderne de la Ville de Paris, achat à l'artiste, 1985
AMPH 1071

P. 58-59
Henri Cartier-Bresson
Quai des Tuileries, Paris, 1956
Tirage original (1984) au gélatino-bromure d'argent d'après négatif 24 x 36 mm
24 x 35,9 cm
Maison européenne de la photographie, don de l'artiste en 1987
MEP 87.644

P. 60
Marc Riboud
Les Tuileries, 1952
Tirage original au gélatino-bromure d'argent d'après négatif 24 x 36 mm
Musée d'art moderne de la Ville de Paris, don de l'artiste, 1998.
AMPH 2307

P. 61
Henri Cartier-Bresson
Le Marais, Paris, 1952
Tirage original (1984) au gélatino-bromure d'argent d'après négatif 24 x 36 mm
24 x 35,9 cm
Maison européenne de la photographie, don de l'artiste en 1987
MEP 87.647

P. 62
Marc Riboud
Station de taxi, quai Saint-Michel, 1953
Tirage original au gélatino-bromure d'argent d'après négatif 24 x 36 mm
Musée d'art moderne de la Ville de Paris, don de l'artiste, 1998
AMPH 2308

P. 63
Marc Riboud
Deux baguettes, 1953
Tirage original au gélatino-bromure d'argent d'après négatif 24 x 36 mm
50,5 x 40,4 cm
Musée d'art moderne de la Ville de Paris, achat à l'artiste, 1985
AMPH 1096

P. 64
Izis
1er mai, place Victor-Basch,
1950
Tirage original (1977) au gélatino-bromure d'argent d'après négatif 24 x 36 mm
32,9 x 26,9 cm
Signé en bas à droite
Daté, titré au dos, cachet au dos
Maison européenne
de la photographie
MEP 88.700

P. 65
Izis
Jardin des Tuileries,
Paris, 1950
Tirage original (1977) au gélatino-bromure d'argent d'après négatif 24 x 36 mm
33 x 26,8 cm
Signé en bas à droite, daté, titré au dos
Maison européenne de la photographie, acquis en 1988
MEP 88.701

P. 66
Willy Ronis
Rue de Mogador, 1952
Tirage original de Pierre Jean Amar (1985) au gélatino-bromure d'argent d'après négatif 24 x 36 mm
Issu d'un portfolio de 12 photographies, édité à 55 exemplaires
Exemplaire n° 26/55
30 x 23,5 cm
Signé en bas à droite
Maison européenne de la photographie, acquis en 1990
MEP 91.552 (5/12)

P. 67
Willy Ronis
Bistrot, rue Montmartre, 1955
Tirage orriginal au gélatino-Bromure d'argent d'après négatif 24 x 36 mm
30 x 40 cm
Musée d'art moderne de la Ville de Paris, don de l'artiste, 1998
AMPH 2309

P. 68
Jean-Loup Sieff
Concierges mère et fille, 1955
Tirage original au gélatino-bromure d'argent d'après négatif 24 x 36 mm
27,5 x 28,2
Musée d'art moderne de la Ville de Paris, don de l'artiste, 1986
AMPH 1309

P. 69
Jean-Loup Sieff
Paris, 1954
Tirage original au gélatino-bromure d'argent d'après négatif 24 x 36 mm
28,6 x 28,5 cm
Musée d'art moderne de la Ville de Paris, don de l'artiste, 1986
AMPH 1305

P. 70
Robert Doisneau
Fox-terrier au pont des Arts,
1953
Tirage original au gélatino-bromure d'argent d'après négatif 24 x 36 mm
29 x 26 cm
Musée d'art moderne de la Ville de Paris, achat, 1980
AMPH 113

P. 71
Robert Doisneau
Place Hébert, 1957
Tirage original au gélatino-bromure d'argent d'après négatif 24 x 36 mm
30,8 x 26 cm
Musée d'art moderne de la Ville de Paris, achat, 1980
AMPH 106

P. 72
Robert Doisneau
Une épaule rue de Meaux,
1959
Tirage original au gélatino-bromure d'argent d'après négatif 24 x 36 mm
26 x 34,4 cm
Musée d'art moderne de la Ville de Paris, achat, 1980
AMPH 115

P. 73
René-Jacques
Rue du Havre, la nuit (pharmacie et colonne Morris), 1960.
Tirage original (1973-1975) au gélatino-bromure d'argent
22,3 x 17,8 cm
Au dos du tirage : tampon de l'artiste avec indication du sujet, n° du négatif et date de prise de vue d'après négatif original, n° G 4265, 1968

Collection Bibliothèque historique de la Ville de Paris, achat à l'artiste d'un tirage, s.d. (1973-1975)
N.A. Album F° 5, 24

P. 74
Henri Cartier-Bresson
Rue de Vaugirard, Paris, mai 68
Tirage original (1984) au gélatino-bromure d'argent d'après négatif 24 x 36 mm
24 x 35,9 cm
Maison européenne de la photographie, don de l'artiste en 1987
MEP 87.587

P. 75
Édouard Boubat
Bains Deligny, Paris, 1960
Tirage original au gélatino-bromure d'argent d'après négatif 24 x 36 mm
Tirage original 1991
25,3 x 38,4 cm
Signé, daté, titré au dos
Maison européenne de la photographie, don de l'artiste en 1991
MEP 91.825

P. 76
William Klein
Paris, 11 novembre 1968
Tirage original (1982) au gélatino-bromure d'argent d'après négatif 24 x 36 mm
25,5 x 34,5 cm
Signé, daté, titré au dos
Maison européenne de la photographie, acquis en 1990
MEP 90.596

P. 77
Claude Dityvon
Paris, mai 1968
Tirage original (1993) au gélatino-bromure d'argent d'après négatif 24 x 36 mm
23 x 34,3 cm
Signé en bas à droite, daté, titré au dos
Maison européenne de la photographie, acquis en 1993
MEP 93.108

P. 78
Mimmo Jodice
La Défense, 1993
Tirage original au gélatino-bromure d'argent d'après négatif (en attente)
28,8 x 43,2 cm
Signé, daté, titré au dos
Maison européenne de la photographie, commande de Paris Audiovisuel en 1993
MEP 95 1162

P. 80
Jean-Claude Gautrand
L'assassinat de Baltard, 1971
Tirage original (1994) au gélatino-bromure d'argent d'après négatif 24 x 36 mm
24,5 x 34,4 cm
Signé, daté, titré au dos, cachet au dos
Maison européenne de la photographie, acquis en 1994
MEP 94.1257

P. 81
Jean-Claude Gautrand
L'assassinat de Baltard, 1971
Tirage original n° 7/30 (1986) au gélatino-bromure d'argent d'après négatif 24 x 36 mm
20,5 x 29,5 cm
Signé, daté, titré, numéroté au dos, cachet au dos
Maison européenne de la photographie, acquis en 1986
MEP 86.312

P. 82
Willy Ronis
Place des Vosges, 1985
Tirage original au gélatino-bromure d'argent d'après négatif 24 x 36 mm
30 x 40 cm
Musée d'art moderne de la Ville de Paris, don de l'artiste, 1998
AMPH 2310

P. 83
François Le Diascorn
Centre Georges-Pompidou, 1981
Tirage original au gélatino-bromure d'argent d'après négatif 24 x 36 mm
20 x 30,4 cm
Signé en bas à droite, cachet au dos
Maison européenne de la photographie, acquis en 1987
MEP 87.51

P. 84
Martine Franck
Éboueurs, 1979
Tirage original au gélatino-bromure d'argent d'après négatif 24 x 36 mm
16 x 23,7 cm
Cachet au dos, titré au dos
Maison européenne de la photographie, don de l'artiste en 1979
Bourse de Paris Audiovisuel 1979
MEP 79.38

P. 85
Martine Franck
L'Opéra de Paris, 1979
Tirage original au gélatino-bromure d'argent d'après négatif 24 x 36 mm
38,4 x 25 cm
Signé, titré au dos
Tampon sec bas droite
Maison européenne de la photographie, don de l'artiste en 1979
Bourse de Paris Audiovisuel en 1979
MEP 79.46

P. 86
Pierre de Fenoyl
Paris, 1979
Tirage original au gélatino-bromure d'argent d'après négatif 24 x 36 mm
35 x 53 cm
Daté, titré au dos
Maison européenne de la photographie, acquis par la Commission d'achat de la Ville de Paris en 1987
MEP 87.133

P. 87
Pierre de Fenoyl
Paris, 1978
Tirage original au gélatino-bromure d'argent d'après négatif 24 x 36 mm
32,5 x 47,5 cm
Daté, titré au dos
Tampon sec bas droite
Maison européenne de la photographie, acquis en 1989
MEP 89.149

P. 88
Jean-Christophe Ballot
Paris, 1994
Tirage original n° 1/10 au gélatino-bromure d'argent d'après négatif 4 x 5 inch
39,6 x 50 cm
Signé, daté, titré, numéroté au dos
Tampon sec bas droite
Maison européenne de la photographie, don de l'artiste en 1994
Bourse photographique de la Ville de Paris 1992
MEP 94.856

P. 89
Jean-Christophe Ballot
Paris, 1994
Tirage original n° 1/10 au gélatino-chloro-bromure d'argent d'après négatif 4 x 5 inch
39,4 x 49,9 cm
Signé, daté, titré, numéroté au dos
Tampon sec bas droite
Maison européenne de la photographie, don

de l'artiste en 1994
Bourse photographique de la Ville de Paris 1992
MEP 94.464

P. 90
Mimmo Jodice
Palais-Royal, 1994
Tirage original au gélatino-bromure d'argent d'après négatif (en attente)
28,6 x 43,5 cm
Signé, daté, titré au dos
Maison européenne de la photographie,
commande de Paris Audiovisuel en 1993
MEP 95 1184

P. 91
Mimmo Jodice
La Villette, 1994
Tirage original au gélatino-bromure d'argent d'après négatif (en attente)
28,5 x 43,5 cm
Signé, daté, titré au dos
Maison européenne de la photographie,
commande de Paris Audiovisuel en 1993
MEP 95 1161

P. 92
Keiichi Tahara
Série de fenêtres,
1973-1981
Vue prise d'une fenêtre de la rue Saint-Séverin, Paris, V[e] arrondissement, 1975
63 x 43,1 cm
Tirage original au gélatino-bromure d'argent
Musée Carnavalet, acquisition septembre 1991
Carph 004894

P. 93
Keiichi Tahara
Série de fenêtres,
1973-1981
Le dôme de l'église Sainte-Anne, vue prise du boulevard Auguste-Blanqui, Paris, XIIIe arrondissement, 1977
63 x 42,8 cm
Tirage original au gélatino-bromure d'argent
Musée Carnavalet, acquisition septembre 1991
Carph 004895

P. 94
William Klein
Paris, café, 1980
Tirage original (1983) au gélatino-bromure d'argent d'après négatif 24 x 36 mm
25,5 x 34,5 cm
Signé, daté, titré au dos
Maison européenne de la photographie, acquis en 1990
MEP 90.593

P. 95
Brion Gysin
Sans titre, de la série « Le dernier musée », 1977
planche contact sur papier couleur à développement chromogène d'après négatif kodacolor II, 24 x 36 mm
20 x 24 cm
Musée d'art moderne de la Ville de Paris, legs de l'artiste, 1986
AMPH 2038

P. 96
Marc Le Méné
Paris, Tuileries, Ier arrondissement, 1986
« Lion » de Franchi Giuseppe
25,1 x 24,9
Tirage original limité 1/25 (1986) au gélatino-bromure d'argent viré au sélénium
Musée Carnavalet, acquisition mai 1987
Carph 002210

P. 97
Marc Le Méné
Paris, Tuileries, Ier arrondissement, 1985
« L'Homme et sa misère » d'Hugues Jean-Baptiste, devant la grande roue
24,6 x 25,1 cm
Tirage original limité 1/25 (1985) au gélatino-bromure d'argent viré au sélénium
Musée Carnavalet, acquisition mai 1987
Carph 002207

P. 98
Michael Kenna
Windy Tree, France, Paris, Ier arrondissement, 1984
Le jardin des Tuileries pendant les travaux du musée du Louvre 15,9 x 22,2
Tirage original limité 9/45 (1986) au gélatino-bromure d'argent, virage sépia et sélénium
Photographie contrecollée sur carton blanc
Signature de l'auteur au verso
Musée Carnavalet, acquisition 1989
Carph 002916

P. 99
Michael Kenna
Place de la Concorde (study n° 2), Paris,
Ier arrondissement, 1988
L'obélisque de Louxor
17,30 x 21,90
Tirage original limité 9/45 (1986) au gélatino-bromure d'argent, virage sépia et sélénium
Photographie contrecollée sur carton blanc
Signature de l'auteur au verso
Musée Carnavalet, acquisition 1989
Carph 002920

P. 100
Ilan Wolff
Beaubourg, le centre Georges-Pompidou, Paris, Ier arrondissement, 1988
41,90 x 60,90
Tirage original limité 5/13 (1988)/Sténopé couleur
Œuvre signée au recto
Musée Carnavalet, acquisition septembre 1991
Carph 004854

P. 101
Ilan Wolff
La tour Eiffel, Paris, 1988
41,8 x 60,8
Tirage original limité 9/13, 1988/Sténopé couleur
Œuvre signée au recto
Musée Carnavalet, acquisition septembre 1991
Carph 004859

P. 102
Jean-Luc Moulène
Série « Monuments » (Bercy), 1994
Tirage original sur Ilfochrome d'après inversible 6 x 7 cm
136,3 x 168 cm
Musée d'art moderne de la Ville de Paris, achat, 1996
AMPH 2292

P. 103
Jean-Luc Moulène
Série « Monuments » (Pont d'Iéna), 1994
Tirage original sur Ilfochrome d'après inversible 6 x 7 cm
136,3 x 164,3 cm
Musée d'art moderne de la Ville de Paris, achat, 1996
AMPH 2294

P. 104-105
Jean-Claude Mouton
Sans titre, 1994
60 épreuves sur Ilfochrome 10 x 15 cm ; dimensions de l'ensemble variables selon l'installation, d'après inversibles 24 x 36 mm
Musée d'art moderne de la Ville de Paris, don de l'artiste à la suite de la bourse photographique de la Ville de Paris,
1994AMPH 2295

CRÉDITS PHOTOGRAPHIQUES

© Gilberte Brassaï
© Édouard Boubat
© Magnum Paris. Henri Cartier Bresson, Martine Franck
© Jean-Philippe Charbonnier
© Claude Dityvon
© Rapho. Robert Doisneau, Willy Ronis
© Pierre de Fenoyl
© Jean-Claude Gautrand
Brion Gyzin : © Musée d'Art Moderne de la Ville de Paris
© Lucien Hervé
© Izis
© Mimmo Jodice
© Michael Kenna
André Kertész : © Ministère de la Culture, AFDPP, Paris : coll. Mission du Patrimoine photographique
© William Klein
© François Le Diascorn
© Marc Le Méné
© Jean-Luc Moulène
© Jean-Claude Mouton
René-Jacques : © Ministère de la Culture, AFDPP, Paris : coll. Mission du Patrimoine photographique
© Marc Riboud
© Jean-Loup Sieff
© Keiichi Tahara
© Ilan Wolff

Éditorial : Anne Cartier-Bresson
Traduction : Caroline Beamish, David Britt, Simon Plaisance
Conception graphique : Thierry Dubreil
Réalisation : Maya Masson
Correction : Jian-Xing Too, Philippe de la Genardière
Fabrication : Claude Morin
Photogravure : Prodima, Bilbao
Impression : Castuera, Pampelune

ISBN 2 85025 649 8
Printed in Spain